田邊敏明
Toshiaki Tanabe

大石英史
Eiji Ohishi

沖林洋平
Yohei Okibayashi

小野史典
Fuminori Ono

押江　隆
Takashi Oshie

明日から教壇に
立つ人のための
教育心理・
教育相談

北大路書房

はしがき

　このたび,『明日から教壇に立つ人のための教育心理・教育相談』という教育心理と教育相談の双方を打ち出したテキストを刊行することになった。

　教育心理学は,発達や学習という子どもの理解には欠かせない内容が中心で,教員志望者の全員に受講してもらいたい科目である。学びをうまく進めるには発達段階の特徴を把握する必要があり,発達をふまえた学習指導は必須であろう。また授業の本来の目的は,学ぶ喜びを子どもたちに与えることであろうが,一方で学力のアップも求められる世の中では,学習意欲を向上させる学習方法も世間の関心の高いところである。

　教育相談も従来までは教育心理学の中に含められていた面もあるが,スクールカウンセラーの導入からも示唆されるように,そして難しい思春期の心理に対応したり,情報化の波に飲み込まれ子育ての指針を見失いがちな保護者への支援が求められているように,ますますその重要度を増している。複雑化した世の中に生きる子どもと保護者に対応する教員には,学校臨床についての深い知識が求められている。その場合にも,子どもの発達や学習の姿を十分にふまえたうえでの,教育相談であるべきと考える。

　したがって,教育心理学,とりわけ発達や学習にかかわる内容を学んだ後,それらを基盤にした応用としての教育相談を学ぶという一連の流れ考えると,テキストも基礎から応用への連続性をもたせる必要があると考えた。また教育相談でも,基本事項をふまえたうえで具体的な事例にあたることを意図した。教員免許を取得する学生が,教育心理と教育相談について,別々のテキストではなく一つのテキストで学ぶことができること自体にもメリットがあろう。

　そこで,山口大学教育心理学教室に所属する教育心理学および教育相談・進路指導を担当する教員5人が,分担してテキストを執筆しようとする運びとなったわけだが,内容を設定する段階では,現在話題となっている領域や今後必要となりそうな領域も取り入れることになった。

　簡単に,このテキストが新たに導入した内容について触れてみると,まずこれからの教員は科学における仮説検証の考え方を身につけることが必須であり,心理学の研究法についても詳しく教授したいと考えた。学習では自己調整学習や協同学習さらにはCSCLというネットを利用した学習という新しい内容も取り入れた。また

はしがき

　教育相談では，現実に解決困難な事例に遭遇することが多い教員にとって，実際にありえる解決困難な事例にあえて対面して深く論考することが必要であると考えた。さらに学校が今後コミュニティスクールとして再定義されるであろう姿を先取りして，学校と地域連携についての章も取り入れた。

　山口大学教育学部心理学教室（後に教育心理学教室）では，平成5年3月に，教育学部を定年退職された藤土圭三先生の監修のもとに，平成6年に当時の教育心理学教室に在籍されていた堂野佐俊先生をはじめとする教員が精力を込めて『心理学からみた教育の世界』という名著を書き上げた。本教室では，その本を長年にわたってテキストとして採用し，学生の教育に邁進してきた。本著は，その名著の優れた点を踏襲しつつ，しかも最近の動向をふまえた内容となるよう志したつもりであり，まさに明日から教壇に立つ学生のために必要な知識を集結させた内容であると自負している。

　また現在実施されている現職教員対象の更新講習では，学習指導要領の改訂の方向性を随時意識しつつ，子どもの難しい心理を理解する内容が求められており，その面でも，本著はふさわしい内容を含んでいると考える。加えて，教員自身のメンタルヘルスの維持に役立つ章も設けている。

　明日から教壇に立ちたいと望み，実習と勉学に励む教員志望の学生だけでなく，更新講習を受講して，新しい時代に生きる子どもたちと保護者に対応したいと願う教員にも読んでいただきたい。そして，その中から現場の教育に生かすヒントが見つかれば幸いである。

　最後に，ご多忙の中，早くから刊行の相談に乗っていただいた，北大路書房の編集部の皆様，とりわけ北川芳美さんには何から何までお世話になった。この場をお借りして厚くお礼申し上げる次第である。

　　　　　　　　　　　　　　　　　　　　2014年4月　著者代表　田邊敏明

はしがき

第1章　教育心理学の研究法 …………………………………… 1

1節　教育心理学の特徴　1
1．心の働きの調べ方　1
2．因果と相関　2
3．効果の確かさ　4
4．教育現場における実験者効果　6

2節　心理学の研究手法　6
1．良い研究とは　6
2．研究の流れ　8
3．剰余変数を統制する方法　11
4．横断的研究と縦断的研究　13

第2章　発達 ……………………………………………………… 15

1節　発達とは　15
1．心理学における発達のとらえ方　15
2．教育心理学における発達の重要性　17

2節　発達段階と発達課題　18
1．ピアジェの理論：個人の認知発達　18
2．ヴィゴツキーの理論：社会性の発達　19
3．コールバーグの理論：道徳性の発達　19
4．エリクソンの理論：生涯発達　22

3節　発達段階期の特徴　23
1．乳児期　23
2．幼児期　24
3．児童期　24
4．青年期　26
5．成人期　26

目 次

  4 節　現代発達事情　27

第 3 章　記憶と認知 … 29

 1 節　教育における記憶研究　29
  1．記憶の 3 つの区分　30
  2．記憶の特性　34
 2 節　教育における認知研究　40
  1．自己能力のメタ認知　40
  2．さまざまな認知研究　43

第 4 章　学習 … 47

 1 節　学習とは　47
  1．心理学における学習の従来の定義　47
  2．学校教育における学習活動　47
 2 節　学習の種類　48
  1．古典的学習理論　48
  2．認知的学習理論　51
  3．社会的学習理論　52
  4．21 世紀型学習理論：知識創造モデルによる学習指導　54
 3 節　学習の過程　55
  1．特性に応じた学習（適性処遇交互作用：ATI）　55
  2．学習の熟達　56
 4 節　学習の指導法　59
  1．一斉授業　59
  2．プログラム学習　59
  3．自己調整学習　60
  4．協同学習　60
  5．CAI と CSCL　62

第 5 章　学習の動機づけ … 65

 1 節　学ぶ意欲の変遷：外発的動機づけと内発的動機づけ　65
  1．内発的動機づけへの注目　65
  2．外発的動機づけの再評価と発展：自己決定理論から　66

2節　学習の意欲を高める要因の基本的次元　68
　　1．学習の手段・目的と自律・他律　68
　　2．学習内容の重要性と学習の効利性　69
　　3．学習の意欲を高める認知的要因　70
　　4．学習評価と学習意欲　72
　　5．子どもの学習意欲を育てる学習内容について：因果性と包摂性のある学習内容　73

　3節　キャリア教育から見た学習意欲　76
　　1．キャリア教育と学習意欲　76
　　2．各発達段階における学習意欲の姿　77

　4節　意欲を高める教師からの働きかけ　79
　　1．自律性を促す教師の働きかけ　79
　　2．みずから学習する子どもを求めた授業内容　80

第6章　学校教育相談のあり方　85

　1節　学校における生徒指導の中の教育相談　85
　　1．生徒指導における教育相談　85
　　2．生徒指導と教育相談の統合　85
　　3．子どもの変化に合わせた教育相談の意義　87
　　4．学校臨床心理士（スクールカウンセラー）の役割　88

　2節　学校教育相談におけるアセスメント（査定）　88
　　1．学校援助サービスという考えからのアセスメント　88
　　2．学校教育相談のアセスメントと流れ　90
　　3．生育歴や学校歴　91
　　4．学校に生かせる臨床心理アセスメント　92

　3節　学校教育相談の体制づくり：相談窓口の一元化と多様な目　98
　　1．教員同士の連携　98
　　2．ケース検討会議　99
　　3．保護者との面接におけるSCと教員の体制　99
　　4．校外連携　99
　　5．連携の具体例　100

　4節　学校教育相談の具体的方法　101
　　1．児童生徒理解のあり方　101
　　2．学校教育相談の構造　101

目　次

- 5節　気になる子への支援　102
  - 1．「気になる子」の定義から　102
  - 2．気になる子に表われるサイン：ストレス対処行動として　104
- 6節　保護者へのかかわり方　107
  - 1．現代の親が置かれている状況　107
  - 2．望ましい親のタイプ　107
  - 3．支援の基本的姿勢　108
  - 4．具体的な支援方法　108
  - 5．望ましい親を求めて　109
  - 6．学校教育相談の解決にいたる基本原則：弁証法的考え方　109

第7章　学校教育相談における具体的問題への対応　111

- 1節　現在の学校事情と悩める子どもたち　111
  - 1．教師と保護者の狭間に置かれる子ども　111
  - 2．子どもへのかかわりに自信をなくしていく教師　115
  - 3．学校や地域から孤立していく保護者　115
- 2節　具体的な事例における対応　116
  - 1．不登校　116
  - 2．発達障害　121
  - 3．いじめ　124
  - 4．虐待を背景にもつ問題行動　128
- 3節　教師に求められる態度：カウンセリング・マインド再考　131

第8章　教育相談と臨床心理学　135

- 1節　教育相談における臨床心理学　135
- 2節　教育相談と心理アセスメント　136
  - 1．アセスメントの方法　136
  - 2．代表的な心理テスト　137
- 3節　教育相談と心理療法　140
  - 1．精神分析的心理療法　140
  - 2．クライアント中心療法　144
  - 3．行動療法・認知行動療法　147
  - 4．プレイセラピー　150
  - 5．エンカウンター・グループ　151

目　次

第9章　教育相談と地域臨床 …………………………………………… 155

1節　コミュニティの視点　155
1．本当に役に立つ教育相談を展開するために　155
2．コミュニティの視点　156
3．コミュニティ臨床と共創　157
4．教員と臨床心理士との共創によるエンカウンター・グループの事例　158

2節　個人臨床から地域臨床へ　161
1．地域臨床の必要性　161
2．教育相談におけるボランティアの活用　162
3．地域における不登校や発達障害などの子どもの居場所づくりの事例　164

3節　地域で子どもを育てる　166

第10章　教師のためのメンタルヘルス ………………………………… 169

1節　学校メンタルヘルスの現状　169

2節　教師の仕事の特色　171
1．教師という職業の独自性　171
2．時代背景　172

3節　バーンアウト発生のメカニズムとリスク因子　173

4節　教師のメンタルヘルスに必要なこと　177
1．リジリエンス　177
2．「セルフケア」意識の育成　178
3．教師支援システム　178
4．中高年期への支援　180

引用・参考文献　183
人名索引　195
事項索引　198

第1章 教育心理学の研究法

1節 教育心理学の特徴

1. 心の働きの調べ方

「心についての科学」の起源を紐解くと、その始まりは古代ギリシャにまでさかのぼる。その時代では、有識者は経験や事実によらず、みずからの頭の中だけで理性のみに訴えて考えること（思弁的方法）を行い、心の働きについて考えていた。すなわち、言い換えると、この時代において心理学は哲学の一分科であったということができる。その後、近代科学の興隆とともに、心理学は他の分野である、物理学・化学・生物学などの方法を取り入れることによって発展してきた。

しかしながら、心理学の研究者たちは、他の分野の科学的方法を取り入れるのみでは、心の働きは解明できないことに気づき始めた。その理由は単純であり、「人間の心は目に見えないこと」が大きな原因であった。物理的に存在しない人間の心の働きを調べる場合、目に見える形に変換する必要が出てくる。言い換えるなら、心理学の研究法は、主観的なものを客観化するための方法であるともいうことができる。19世紀以降、心理学は心の働きを客観化する方法に工夫を重ねてきた。その結果、現在ではおもに表の3つが指標として使用されている。

ただし表1-1の3つはあくまで代表的な分類である。心理学の対象は「心」であり、心の働きが反映されることはすべて指標となりうることに注意すべきである。

表1-1　心の働きを客観化する指標

・生理指標：筋電，呼吸，脳波など
・行動指標：正答率，反応時間など
・言語指標：質問紙法，インタビューなど

たとえば，筆者が所属する大学で学生が行った研究では，学内の駐輪場付近における違反駐輪の自転車の数をカウントすることを数日間行った。この場合，違反駐輪そのものを調べることが目的ではなく，違反駐輪の数をもとにして，その場面における人間の行動と法則を明らかにすることを目的としていた。違反駐輪には人間の心の動きが反映されていると考えると，こうしたことがらも心理学の研究対象となりうるのである。

　上記のように，心理学とは人間の行動と法則を明らかにし，人間の心の働きを解明する科学的な学問である。しかしながら，世間には心理学に対する誤解も多い。たとえば，初めて会う人に「心理学の研究をしている」と話した場合，「人間の心が読めるのですか？」といったことを言われることが少なくない。これは，これまでさまざまなメディアによって形成されてきた心理学に対する誤ったイメージに原因があると考えられる。心理学は占いや性格判断とは異なり，あくまで「科学」なのである。たとえば，心理学の文献には「心理」という言葉が出てくることは少なく，「心理・学」ではなく，「心・理学」といったほうが実態に近いと考えられる。

　また，発達心理学や犯罪心理学など，○○心理学と名前のついている心理学は数多く存在する。その中でも，「教育心理学」はまさに教育に特化した心理学ということができる。その特色としては，基本的な心理学の領域に加えて，教育目標や教育方法の検討，教育効果の検証などが大きな特徴であると考えられる。この教育心理学の特徴のひとつである「教育効果の検証」とは，教育を受けた子どもが実際にどのような学習成果や人間形成にいたったのかを明らかにすることであり，当然ながら教育現場において最も重要な観点のひとつである。しかしながら，こうした教育効果の検証は非常に困難を伴う。その理由としては，教育現場の目的そのものが教育者によって定義が異なる場合があること，さらにその効果の測定には膨大な手間と時間がかかる等，さまざまな原因があげられる。たとえば，何をもって学習の成果とするか，何をもって人間形成ができたとするか，こうした定義は人によってあいまいである。さらに，学校現場における教育の成果が本当の意味で問われるのは，子どもが学校を卒業した後にどういった人生を生きていくのか，といったことを含んでおり，長期的な視点も必要になってくる。

2．因果と相関

　心理学が科学であることを強調してきたが，科学である限りは物事の「因果関係」を明らかにする必要がある。因果関係とは原因と結果の関係性である。それに類す

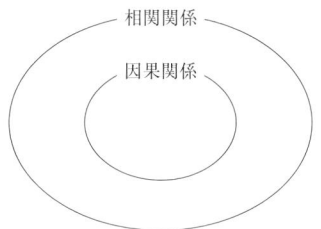

図 1 - 1　因果関係と相関関係

る単語として,「相関関係」がある。相関関係とは,一方が変化すると他方もそれに応じて変化する関係のことである。文章で書くと似た意味のように感じるが,この2つは図1-1のように説明できる。

　この図が説明していることは,相関関係は因果関係の必要条件であるが,十分条件ではないということである。すなわち,因果関係があるときには相関関係も存在するが,相関関係があるからといって因果関係があるとは限らない。くり返すが,心理学を含めた科学で明らかにしたいのは因果関係である。しかし,われわれが目にするデータの中には,相関関係はあるが因果関係はない,といったケースが多くみられる。たとえば,子どもの学力と足のサイズが比例するというデータが得られたとしよう。この結果から,足の大きさが学力の高さの原因だといってよいだろうか？　答えはノーである。小学6年生の学力は1年生よりも高く,足のサイズも6年生のほうが1年生よりも大きいと考えられる。すなわち,成長することが原因であり,足の大きさと学力の高さは両者とも結果なのである。

　このようにわかりやすいケースであれば混乱はないが,実際のデータの中には相関関係しかないのに因果関係があるかのように感じてしまうケースも数多く存在する。たとえば,1999年,世界で最も権威のある科学誌のひとつであるネイチャーに「明かりをつけたまま眠る若者はその後近視になる可能性が高い」という報告が発表された（Quinn et al., 1999）。当時,この報告は複数のメディアで大きく取り上げられ,話題になった。しかし,その後の研究によってこの結論が間違いであったことが明らかになった。多くの追試によって現在,最も正しいとされる結論は,両親が近視の子どもは近視になる確率が高く,近視の両親が,明かりをつけた寝室で子どもを寝かせることが多いということであった。すなわち,両親の近視が子どもの近視の原因であったのだ。その道の専門家でも因果関係と相関関係を見誤ってしまうとい

3

第1章 教育心理学の研究法

表1-2 因果関係を見極めるためのミルの3原則
・原因は結果より時間的に先であること
・原因と結果が関連していること
・他の因果的説明が排除されること

う例である。このように実際は因果関係がないのに、あたかも因果関係があるかのように推測されることを疑似相関という。

さらに厄介なのが、人間の認知は無意味な事象からなんらかの関係性を見いだすように働く傾向があることが知られており、相関関係がみられると、そこに因果関係があるように感じてしまう傾向があるのである。心理学で扱うのは目に見えない心の働きであるため、そこになんらかの法則を見いだす際には、因果関係と相関関係の見極めに細心の注意を払う必要がある。ミル（Mill, J. S.）は、因果関係を見極めるために表1-2の3原則を定義している。

3．効果の確かさ

心理学では、原因となる変数のことを独立変数、その結果のことを従属変数と表現する。すなわち、心理学研究の目的は、独立変数（原因）と従属変数（結果）の関係性を明らかにすることである。現実には、すべての独立変数を制御するのは不可能であるため、実際の研究では、研究者が興味をもった独立変数のみを制御することになる。その際、研究の関心外となる変数を剰余変数という（表1-3）。たとえば、地球温暖化の原因として二酸化炭素の影響を調べる場合、実際には二酸化炭素以外の要因も考えられる。この場合、二酸化炭素の増減が独立変数であり、地球の温度が従属変数、二酸化炭素以外に地球温暖化に影響すると考えられる要因が剰余変数となる。

人間の心の働きは複雑であるため、心理学研究においては、この剰余変数の統制が非常に重要になってくる。最も有名な剰余変数としてはプラシーボ（偽薬）効果があげられる。プラシーボ効果とは、偽薬を処方しても薬だと信じ込むことによっ

表1-3 独立変数，従属変数，剰余変数
・独立変数：原因
・従属変数：結果
・剰余変数：独立変数以外で従属変数
　　　　　　に影響を及ぼす変数

表 1-4　ブラインドテスト

	患者	担当医	研究者
シングルブラインドテスト	×	○	○
ダブルブラインドテスト	×	×	○

○は薬の内容を知っている場合

てなんらかの改善がみられることである。実際に，頭痛やせき程度の軽い病気の約30％程度は偽薬で治るといわれている（Beecher, 1955）。さらに偽薬によって，出るはずのない副作用が出る場合も知られている（ノセボ効果）。

　実際に薬を開発する製薬会社にとって，新薬の真の効果を調べるためには，この偽薬効果をきちんと統制する必要がある。その際，用いられる方法がブラインドテスト（盲検法）である（表1-4）。ブラインドテストとは投薬の心理的効果の部分を除いて真の薬効を評価するために，患者に薬の効果を知らせずに投与する方法である。現在ではさらに慎重な方法として，患者・医師の双方が薬の効果を知らない形式で投与し，第三者である研究者がその有効性の判定を行うダブル・ブラインドテスト（二重盲検法）の手続きが必須とされている。心理学の研究においても，実験，データ分析，心理検査の採点などを行う際，その研究目的や仮説，参加者の特徴などを知っていると，実験や分析の結果が特定の方向に歪む危険性が常に存在する。

　このブラインドテストの最も有名な使用例は，賢いハンスの例であろう。ハンスとは，20世紀初頭，信じがたい知的能力があるとされ，世界を騒がせた馬の名前である。ハンスは飼い主が出す問題を蹄で地面を叩く回数で答えた。ハンスの能力は高く，四則演算や文章を正しく綴れるなど，高い知的能力があるとされ，世界を騒がせた。その後，心理学者カール・シュトゥンプ（Stumpf, C.）らの調査によって何のトリックもないと一度は結論づけられたが，1907年，ドイツの心理学者オスカル・プフングスト（Pfungst, O.）がハンスの知的能力は本物ではないことを証明した。彼はダブル・ブラインドテストを用いることによって，出題者が答えを知っている場合のみハンスが問題に答えられることを明らかにした。すなわち，ハンスは出題者が意識せずとも生じるかすかな表情の変化や体の動きを敏感に察知し，これを手がかりとして蹄で地面を叩いていたのである。つまりハンスは計算ができるのではなく，まわりの雰囲気を敏感に察知することに長けた馬だったのである。このハンスの例は，いわゆる実験者効果のひとつであり，心理学の実験場面だけでなく，

われわれの日常生活においても類似のことが起こりうる。

4．教育現場における実験者効果

実験者効果とは，実験者が意図せずに，参加者の行動に及ぼす実験統制外の影響のことである。実験者効果は実験者自身に原因が求められるものであり，たとえば「こういう結果になれば望ましい」といった願望が，知らず知らずのうちに参加者の行動（あるいは反応）に影響を及ぼしているような場合である。この実験者効果は教育現場においてもみられる。その代表的な例がピグマリオン効果（教師期待効果）である。ピグマリオンとはギリシャ神話からとったものである。ローゼンタールらは，教師が児童・生徒に対してもっている期待が，彼らの学習成績を左右することを実験によって明らかにした（Rosenthal & Jacobson, 1968）。彼らの実験では，教師に「ハーバード大学式学習能力開花期テストは子どもの1年後の成績の伸びを予想できる」というメッセージを与え，成績が伸びると思われる子どもの名前を教師に告げた。その8か月後，知能テストを行ったところ，名前をあげられた子はそうでない子に比べて明らかに成績が上がっていたのである。しかし，実際には最初のテスト（ハーバード大学式学習能力開花期テスト）は特に意味はなく，子どもの名前はテストの結果とは無関係に，ランダムに選ばれていた。すなわち，この結果は学校現場において，教師が子どもに期待を抱くと，その期待が教師の態度や行動に知らず知らずのうちに影響を与え，子どもはその期待に沿うような態度や行動をとることを示している。実際に，教師が高い期待をもつと，ヒントを与えたり，質問を言い換えたり，回答を待ったりする行動が多くみられることが知られている。反対に，教師が期待しないことによって，子どものパフォーマンスが下がることはゴーレム効果とよばれている。

2節　心理学の研究手法

1．良い研究とは

(1) 情報的価値と実用的価値

卒業論文や修士論文など，最終的な目標は違えども，研究を行う者であれば誰しもがよい研究をしたいと思っている。それならば「良い研究」とはいったいどういうものなのか？　心理学において良い研究とは，人間の心理について多くの情報を

与え，かつ生活における実用的な価値をもつものであるといわれている(南風・市川・下山，2001)。すなわち研究の「情報的価値」と「実用的価値」の高い研究ということができる。情報的価値に関しては情報理論から述べることができる。シャノン(Shannon, 1948)によると，情報とは「不確定度」が減少することであるとしており，意外性と確実性によって決定される。すなわち，意外と思われることがらを，確実な方法で明らかにしている場合に，情報的価値が高いといえる。また，研究によって得られた知見や理論を応用することで，生活に利益をもたらすものである場合に，実用的価値が高いといえる。

(2) 信頼性と妥当性

研究の価値を誤差の視点から考えると，良い研究とは「信頼性」と「妥当性」の高い研究ということができる。信頼性とは，同一の対象に対する測定を多数回くり返した場合に同一の結果が得られる程度をさす。信頼性の目安となるものは大きく分けて安定性と一貫性の2つである。安定性とは，たとえば，同一個人に同一の条件で同一のテストを行った場合に同一の結果が出るかどうかで評価される。それに対し，一貫性とは，同一個人が同じような（同一ではない）質問に対して，同じような回答をするかどうかで評価される。実際には，測定の際の項目の記憶や練習効果などがあるため，同一の個人に対して同一の測定をくり返し実施することは難しい。その場合，期間を空けて同一の測定を行ったり，表面的には異なるが実は同じものを測定するようなテストを行って，信頼性を評価することになる。

また，妥当性とは研究者が測定したい対象を的確に測定できている程度をさす。具体的には，たとえば，算数の学力を測りたいときに，課題として漢字の読み書き問題や文章読解問題を出すのは的はずれである。この「的はずれ」ということが，すなわち妥当性を有していないことを意味する。この妥当性に関しては，学校現場において学力試験をつくるうえで非常に重要な観点である（図1 2参照）。

(3) 研究の倫理

ただし，研究の価値にばかり目を向けていては良い研究とはいえない。場合によっては研究の過程や結果が，倫理的な問題を引き起こしたりすることもある。たとえば，実験の手続きでネガティブな気分に誘導するために，衝撃的な映像や暗い音楽を提示することもある。これにより，研究参加者に少なからず心理的な負担を与えることになる。したがって，いかなる研究を行う際も，あらかじめ参加者からイ

第1章　教育心理学の研究法

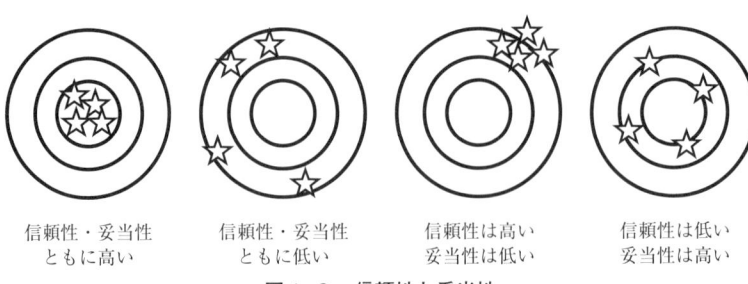

信頼性・妥当性　　信頼性・妥当性　　信頼性は高い　　信頼性は低い
ともに高い　　　　ともに低い　　　　妥当性は低い　　妥当性は高い

図1-2　信頼性と妥当性

ンフォームドコンセントを得る必要がある。インフォームドコンセントとは，参加者が研究の内容についてよく説明を受け十分理解したうえで，参加者の自由意思に基づいて研究参加に同意または拒否することである。また必要に応じて，倫理委員会の審査を受け，参加者からも同意書を取ることが重要ある。

2．研究の流れ

　心理学の研究はおおまかに示すと，図1-3のような流れで行われる。まず問題の設定を行ううえで必要になるのが，研究テーマの決定である。筆者の知る限り，学部生・院生を問わず，学生の多くはこの研究テーマの決定でつまずくことが多い。自分が何のテーマに興味があるのか，卒業論文・修士論文の研究を始めるときになって初めて考えていると，この段階で非常に長い時間がかかってしまう。極端な例では，研究テーマの決定で1年間かかってしまい，肝心のデータの収集に数週間しか時間がなかったということも起こりうる。研究テーマに関しては，所属研究室の教官から与えられる場合や，自分で探してくる場合などさまざまであるが，いずれにしても自分が興味のある研究テーマである必要がある。興味のない研究に無駄に時間を使うほど，学生生活は長くない。しかし自分の納得する研究テーマというのはそうそう簡単に決まるものではなく，時には研究の途中でやっぱり違う研究がしたいと感じることもあるだろう。そういった場合でも時間に余裕があれば，途中からでも研究テーマを変更することもできる。極端な話，研究テーマが1つである必要もないのである。自分の将来に複数の選択肢をもたせる意味でも，早い段階から研究テーマを考えておき，準備が整えば，学年を気にせず研究を始めるくらいの気持ちが必要である。

2節 心理学の研究手法

図1-3 心理学研究の流れ

(1) 問題の設定

研究テーマが決まると，まずは問題の設定を行うことになる。すなわちそのテーマに関して具体的に何を知りたいのか（リサーチ・クエスチョン）を考える。問題の設定方法には大きく2つのタイプがある。1つめは探索型研究であり，興味のある対象に関するデータを収集し，その情報の中からなんらかの法則や結論を導き出す方法。別名ボトムアップ型ともいわれる方法である。2つめは検証型研究であり，最初に仮説を立て，その仮説が正しいかどうかを調べる方法。別名，トップダウン型ともいわれる方法である。ただし，実際には，この2つのタイプは明確に分かれているわけではなく，両者の中間のタイプの研究も存在する。また，研究テーマの決定と問題の設定が同時に決まることも少なくない。いずれのタイプであっても，研究である限り，卒業論文であっても学術的意義を意識して問題設定をする必要がある。酒井（2006）は学術論文として備えておくべき3つの条件を表1-5のように定義している。

表1-5 学術論文の条件（酒井, 2006）

・未解決の問題に取り組んでいる
・その問題の解決を多くの人が望んでいる
・その問題の解決に何らかの新しい貢献をしている

(2) データの収集

問題が設定できたら，次はデータの収集である。データを収集する方法には，データを取る場（研究者が研究のために設定する状況）に応じて3つのタイプがある。まず1つめが「調査」である。調査には，質問紙，面接，観察などが含まれる。独立変数の操作や条件統制のされない日常場面において，対象者にあまり影響を与えることなく，対象者の行動や思考についてのデータを得ようとする方法である。調

査のメリットは，生態学的妥当性の高いデータが得られやすいことである。すなわち日常の自然な事態でデータ収集を行うため，現実のありのままの心理の働きをとらえたものになりやすい。デメリットとしては，独立変数の操作や条件統制を厳密に行わないため，最終的に得られる結論が相関関係であることが多く，因果関係を明らかにすることが難しい。

　2つめは「実験」である。実験は調査とは対照的に，条件統制を厳密に行い，心の働きに関与すると思われる要因を組織的に変化させ（独立変数の操作），そのうえで対象者の反応を観察・測定するものである。実験のメリットは，独立変数の操作を行い，従属変数の変化を見ることで，因果関係を調べることができる点にある。デメリットとしては，実験室で実験を行う等，条件統制を厳密に行ったり，実験者が対象者（の心にかかわる要因）に対してなんらかの操作を行うことで，日常場面での対象者の心の働きとは異なった状況になってしまうことが多い点にある。これにより，生態学的妥当性に欠けるデータとなりやすい。

　3つめが「実践」である。実践では，研究者が対象者と同じフィールド（現場）に身を置いて，対象者の活動に積極的に関与する中で研究が行われる。代表的なものとして，事例研究やアクションリサーチがあげられる。実践のメリットは，対象者の心理過程を生活の現場で生き生きととらえられる点にある。デメリットとしては，少数の観察例に基づく研究形式となることが多いため，研究結果を一般化するには慎重な検討が必要である。

(3) 分析・解釈

　データが集まると次はそのデータの分析を行うことになる。研究で得られるデータは，量的データと質的データの2つに分類できる。量的データとは，心理テストの得点や正答率など，数字で表わされるデータをさす。たとえば，対象者の性格について知るために，複数の質問項目を提示し，おのおのに○をつけてもらい，それを数値化したものを量的データとよぶ。量的データは統計的分析を用いて解析が行われ，変数間の関係を検討するのに適している。

　質的データとは，研究対象についての情報を記述した行動観察記録や会話記録などのデータをさす。たとえば，対象者の性格について知るために，「あなたの性格についてお話しください」と質問し，それに対する回答やその際の様子を記録したもの，すなわち文字や映像からなるデータを質的データとよぶ。質的データはその内容について，解釈・分類・概念化といった質的分析を行い，考察していく。また，

質的データは量的分析を行う場合もある。たとえば，記録された会話の中で，ある単語の出現回数をカウントして数値化することで量的データとして分析を行うこともある。

(4) 成果の発表
　分析結果を基に結果の解釈をすることになる。心理学の研究では，1回の研究で，設定した問題が完全に解明できることは少ない。複数の実験や調査の知見を積み重ねて，ようやく一応の結論を得るのが常である。したがって，自分が行った研究成果から明らかになったことを示すとともに，今後の研究でどう展開するか考察することも重要である。最終的には，学生であれば卒業論文（修士論文・博士論文）として提出することになる。さらに，研究成果が学術的に意義のあるものと思われる場合は，学術論文として専門誌に投稿することもある。その他にも，研究会や学会でのポスター発表，口頭発表を行う。こうした研究発表の場においては，他の研究者からさまざまな意見やアドバイスを受けることができる。他者からの意見は，みずからの考えを整理，再検討し，研究をより良いものにするための重要なステップである。

3．剰余変数を統制する方法
　これまでにも述べてきたように，心理学では人間の心の働きという目に見えないものを対象にしているがゆえに，研究の関心外となる変数（剰余変数）が研究結果に影響を及ぼしていることが少なくない。そういった剰余変数の影響をいかにして少なくしていくのかが心理学研究では常に求められる。

(1) 恒常化，バランス化，無作為化
　ここでは，剰余変数を統制する方法として代表的な恒常化，バランス化，無作為化の3つを紹介する。恒常化（一定化）とは，すべての条件のどの対象に対しても，剰余変数の値をなるべく一定に保つように設定することである。たとえば，「年齢」が剰余変数として影響を与えそうだと考えられる場合には，特定の年齢に絞って，同じ年齢の参加者のみを調べるという方法である。他にも，「性別」が影響を与えると考えられる場合には，対象者を女性のみ（または男性のみ）に絞ることで，性別の影響を統制する。恒常化は，統制を行った変数の影響を取り除くことはできるが，実際にはすべての剰余変数の恒常化を行うことは不可能である。また，変数の

恒常化をすればするほど，得られた結論が限定された範囲の中でしかあてはまらないものになってしまう点に注意が必要である。

次に，バランス化とは，研究の単位（通常は参加者）を従属変数に対して影響を与えると考えられる剰余変数の値がほぼ等しくなるよう，複数のグループ（ブロック）に分け，各グループ内で独立変数の各条件を同数ずつ得る方法である。たとえば，参加者の年齢が10歳が16人，9歳が20人，8歳が18人いたとして，2群に等しい人数を割り振る場合，各群に10歳を8人，9歳を10人，8歳を9人に割り振ることで，両方の群における年齢の影響をほぼ等しくすることができる。バランス化は，統制を行った剰余変数の影響を（ほぼ）取り除くことができるが，研究の単位（参加者の割り振り）に限界があるため，すべての剰余変数をバランス化することは不可能である。

最後に，無作為化（無作為割り当て）とは，あえて積極的な統制をせず，独立変数の各条件における剰余変数の値をまったくの偶然に任せて決定する方法である。たとえば，3種類の勉強法の効果を調べる場合に，それぞれの群にまったくのランダムに参加者を割り振るという方法である。無作為化は，多くの剰余変数に対してある程度の統制を行うことが可能であるが，どの剰余変数の影響も完全には統制することはできないという特徴がある。実際に研究する際には，上記3つの方法は完全に独立ではなく，それぞれを組み合わせて用いることもある。

(2) 参加者内計画

前述の恒常化，バランス化，無作為化といった剰余変数の統制法は，いわば参加者を条件ごとに分ける際の工夫によって，年齢や性別などの個人差の影響を統制する方法である。このように，各条件に異なる参加者を割り当てることを「参加者間計画」という。それに対し，各条件に同一の参加者を割り当てることを「参加者内計画」という。たとえば，3種類の勉強法の効果を調べる場合に，1人の参加者がすべての勉強法を試すという方法である。参加者内計画では，すべての条件を同一の参加者が行うため，年齢や性別などの個人差の影響をすべてなくすことができるという大きなメリットがある。しかしながら，参加者内計画では，練習効果のような残留効果の影響を受けやすいというデメリットがある。

残留効果とは，前の試行が後の試行に与える影響をさす。残留効果の中でも，練習効果とは，2条件あった場合に，最初に行う条件よりも後に行う条件のほうが成績がよくなることをさす。たとえば，時間制限のあるような計算課題を行う際に

表1-6　3条件の勉強法（A，B，C）のカウンターバランス

参加者	実施順序		
	1	2	3
1	A	B	C
2	B	C	A
3	C	A	B
4	C	B	A
5	A	C	B
6	B	A	C

は，1回目より2回目のほうが成績がよいことが多いかもしれない。この場合，計算課題に対する慣れなどによって，後の試行の成績がよくなったと考えられる。また，反対に2回行うことによる疲れなどで成績が落ちることもある。

　こうした残留効果を統制する方法としては，当然ながら，参加者ごとに行う条件の順番を無作為にする方法が考えられる（条件の無作為化）。また，参加者によって課題の順番を変えて，残留効果を打ち消す方法もある（カウンターバランス）。このカウンターバランスとは，たとえば，3条件の勉強法（A，B，C）の効果を参加者内計画で調べる場合に，3種類の勉強法の順番を参加者ごとに変えることで，残留効果の相殺することである（表1-6参照）。

4．横断的研究と縦断的研究

　教育現場における心の働きを研究する際，子どもの「発達」は最も重要な観点のひとつになってくる。心理学における発達の代表的な研究手法として，横断的研究と縦断的研究の2つがあげられる。横断的研究とは，異なる年齢の群を対象とし，それぞれの年齢群の特徴を明らかにして，各年齢間の発達的変化やその基礎にある発達のメカニズムを明らかにしていこうとするものである。たとえば，年齢の異なる複数のグループに対して，同時にアンケートを行い，各年齢層の実態や状態を横断的に比較・検討する研究方法である。この横断的研究のメリットは，同一課題を異なる年齢群に実施し，同時に多くのデータを得ることができる点である。デメリットは，各年齢群の参加者が異なることによる剰余変数の影響が統制できない点である。

　縦断的研究は，ある同一の個人や集団を長期にわたって追跡してデータを得て，対象者の時間経過に伴う変化や成長・衰退を明らかにしようとするものである。た

とえば，ある参加者の精神状態の変化を数年にわたって調査して経過を記述していくような研究方法である。この縦断的研究の大きなメリットは，同一の参加者であることから，個人差の剰余変数がすべて統制できる。さらに，個人の時間に伴う変化や一貫性に関する具体的なデータが得られる場合が多く，因果関係を示すことが比較的容易である。デメリットとしては，大きな集団を長期間，追跡することが困難である点があげられる。たとえば，追跡期間の途中であっても，さまざまな原因によって，対象集団の参加者の数がどんどん少なくなっていくことが多い。

第2章

発　達

1節　発達とは

1．心理学における発達のとらえ方

　種々の動物の一生にみられるように，発達には，本来上方的変化(増大，進歩，向上)とともに，下降的変化（減少，衰退，退化）も含まれている。しかし，従来の心理学的研究においては，人間の発達を「教育」のかかわりの中でとらえようとするため，その対象として，子どもから成人期にいたるまでの「上昇的変化の過程」，つまり狭い意味における発達が取り上げられることが多い（堂野，1994）。しかし，今日の人口分布における高齢者の割合を勘案した場合，成人期以降の発達に関する，心理学的研究の重要性が注目されている。つまり，高齢者が示す叡智のような上方的変化から体力と記憶力などの下降的変化への注目に対する考察が必要である。

　発達を考える場合，系統発生と個体発生を区別することが重要である。内田（2007）によると，個体発生とは，個々の人間（ホモ・サピエンス）または動物の発達を示す言葉であり，系統発生とは，種の進化，つまり下等動物から人間までの高等動物までの進化を示す言葉である。また，人間と他の動物との身体組成の観点からも，系統発生について指摘している。すなわち，人間とチンパンジーの身体組織の素材の90％も共有されている。この点から見ると，人間と他の種は連続しているように思われる。しかし，人間が他の種と明らかに不連続な点が1点ある。人間は言語——音声言語や身振り語，さらに読み書き能力まで——を獲得するという点である。

　また，発達を考えるうえで，発達は遺伝か環境のどちらが影響を与えるのか，あるいは遺伝も環境も発達に影響を与えるのかという問題については，古くから検討されてきたことであった。優生学を創始したゴールトン（Golton, 1883）などは，

子どもの発達は，成熟，つまり，遺伝的に規定された変化のパターン通りに自生的に展開していくと考える「成熟説」を提唱した。成熟説に続いて台頭したのが「環境説」である。有名な研究者としては，新行動主義を提唱したワトソン（Watson, 1930）があげられるだろう。一方，遺伝と環境の両方が発達に影響を与えるという立場もある。現在の発達心理学においては，このような立場に基づいた発達観が多いと考えられる。このような考え方は，遺伝情報などの生得性と養育環境などの環境の相互作用によって発達が生ずるものであるという意味で「相互作用説」とよばれる。相互作用説として有名なのは発達の源泉として遺伝情報と環境の協働によるとする「輻輳説」（Stern, 1911）である（輻輳説については，ジェンセン（Jensen, 1968）の環境閾値説についても参照されたい）。また，他者の適切な援助により，みずからの能力を徐々に発達させることができるようになるという「発達の最近接領域（Zone of Proximal Development：ZPD）」ヴィゴツキー（Vygotsky, 1932）なども相互作用説の一種ととらえることができるかもしれない。

　現在注目されるようになっているのが，ブロンフェンブレンナー（Bronrenbrenner, 1979）の生態学的発達モデルの観点を研究の手法を活かした「文化・文脈依存説」（Cole & Cole, 1989）である。生態学的発達モデルでは，人間が生活する環境を，同じ中心をもつ入れ子構造からなる1つのシステムをもつ生態系としてとらえる（青木, 2010）。そのシステムは，マイクロシステム，メゾシステム，エクソシステムそしてマクロシステムという4つの段階によって構成されている。マイクロシステムやメゾシステムが仮定するのは，家族や仲間集団，教室環境など，われわれが日常的に接している人間や環境である。エクソシステムが仮定するのは，学校システムやマスメディアなど，間接的に発達に影響を与える可能性がある社会的リソースである。マクロシステムが仮定するのは，国の慣習，文化の価値観，景気などの社会状況などの，大規模な集団に間接的に影響を及ぼす有形無形の情報や社会的リソースである。文化・文脈依存説に基づくと，子どもの活動文脈しだいで，環境要因や生物学的要因の影響は異なると考えられる。また，生態学的発達モデルに基づくと，子どもの発達は，自身がもつ遺伝情報だけでなく，子どもへの発達段階に応じた適切な環境を設定することや，適切な介入を行うことだけでなく，そのような人為的操作が不可能な要因があることがわかるだろう。

　このように，心理学における発達のとらえ方は，時代に応じてさまざまに変容してきたことがわかる。また，時代が新しくなるにつれ，発達に影響を及ぼす要因が多くなっているということも理解していただけるだろう。これには，調査や分析の

技術の革新的進歩が密接に関係している。1980年代にいたるまでは，国際文化比較研究などは，技術的あるいはコスト的に非常に困難であったが，近年は，大規模な国際比較調査や研究が実施されることも少なくない。このように，それまでは測定できなかった要因も含めて，技術的革新により，今後さまざまな発達に影響を及ぼす要因が発見されることが予測される。しかし，重要なことは，発達を考えるうえで最も重要な要因は，やはり系統発生そして個体発生の基礎理論を理解したうえで，その後に提唱されているさまざまな理論を理解することである。

2．教育心理学における発達の重要性

　教育心理学において，発達を理解することは最も重要なことのひとつである。実際，多くの教育心理学の教科書や研究書を見ても，発達について取り上げていないものはほとんどない。それは，就学前教育から高等教育，そして生涯教育における，教育的課題の解決に発達の問題が密接に関係していることを示している。すなわち，各教育課程の段階における，一般的な児童生徒そして青年や成人の発達課題を理解することは，各教育課程における有効な教育的介入や教育環境をデザインすることに密接に関係することを意味している。本項では，教育心理学における発達の重要性について考えたい。

　なぜ，教育心理学を学ぶうえで発達について理解する必要があるのかについては，すでに述べたとおりである。それでは，具体的に，どのように教育心理学と発達の関連を考えればよいのであろうか。発達段階に応じた学習指導については，ここではブルーナー（Bruner et al., 1966）などによる，表象の発達段階説に基づいて考えることとする。森（2010）は，ブルーナーの表象の発達段階について，次のようにまとめている。まず，第1に活動的表象についてである。これは，行為や動作のパターンとしての表象をさす。たとえば，泳ぎ方を「体で覚えている」のが活動的表象の働きとされる。次に，映像的表象とは，イメージ（心象）を媒体とした表象で，泳いでいる情景を「思い描く」のは映像的表象の働きとされる。最後の「象徴的表象」とは，言語や記号を媒介とする表象とされる。たとえば，泳ぎ方や泳いでいる情景を言葉で理解したり説明できたりするのは象徴的表象の働きであるとしている。また，ブルーナーが提唱した発達段階に応じた学習指導モデルで有名なものとして，ラセン型カリキュラムがあげられる。

　ラセン型カリキュラムとは，外国語教育の場合，聞く，話す，読む，書く，の要因を重点化する学習をくり返して，その過程で音法，語法，文法，語彙の知識を獲

得しつつ，しだいに高次のレベルへと進んでいく。筆者自身経験していることであるが，このようなラセン型カリキュラムの考え方は，日本の小学校教育や中学校教育とフィットすると考えている。日本においては，公立の小学校や中学校の研究授業や教育学部学生の査定授業などにおいては，実施前に教育指導案が作成されるが，その際，知識・理解，態度，などいくつかの観点に基づいて指導案が作成される。ラセン型カリキュラムにおいては，各観点を回りながらラセン型に上昇する。

2節　発達段階と発達課題

1．ピアジェの理論：個人の認知発達

ピアジェ（Piaget, J.）は，子どもの発達を研究した20世紀の心理学に大きな影響を及ぼした研究者の1人である。ピアジェは，特に子どもの認知発達について詳細な研究を行った。その結果，表2-1のような，発達段階のモデル化にいたった。とりわけ，注目すべきであるのは，前操作期から具体的操作期にいたる，子どもの表象の質的変容である。前操作期においては，保存の性質を理解しない（図2-1）が，

表2-1　ピアジェによる思考の発達段階とその特徴（西山・山内，1978より）

時期と大体の年齢	特　徴
感覚・運動知能 （0〜2歳）	乳児は，対象の認知をもっぱら感覚と身体運動を通じて行う。次第に，かれの行為の対象への働きかけの効果に気づくようになり，意図的に対象に働きかけるようになる（たとえば，おもちゃを動かすと，音がすることを知り，それを喜んで行う）。最初は，対象が見えなければ，消失してしまったようにふるまうが，やがて，見えなくてもなお存在するという事実を認めるようになる（対象の永続性）。
前操作 （2〜7歳）	行動が内面化し，何物かを心内的に表現することができるようになる。イメージや語や，象徴遊びによって表現（表象）することができるようになる。しかし，思考はなお「自己中心的」（自己を中心とした社会性を欠いた思考）であり，論理的操作はまだ可能でない。
具体的操作 （7〜12歳）	具体物を中心とした論理的操作が可能になる。1対1対応や物を大小の順に並べる系列化の操作ができるようになる。また，保存が可能になり，可逆性が成立する。自己中心的な思考から脱中心化した思考へ移行し，科学的な時間・空間の概念の基礎ができる。
形式的操作 （12歳以降）	具体的操作期とは異なり，形式的・抽象的な水準で操作が行われ，論理的命題による思考を行う。また，「もし……ならば，……である」といった，仮説を立てて事実を予想することができるようになり，変数を一つ一つ分離して体系的実験が行える。

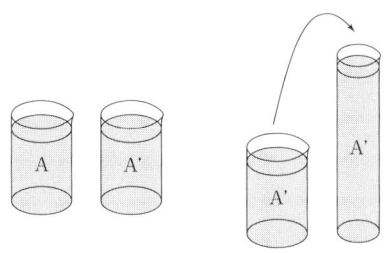

図 2-1　液量の保存の例（西山・山内，1978 より）

まず，AとA′の等しいことを子どもに確認させる（左図）。次に，A′をより長くて細い容器に入れて，なおAとA′の量は等しいかと問う（右図）。非保存児は，A′の方の水位だけを見て水が増えた，などと考える。しかし，保存児は水位が高くても細いから，AとA′は等量と判断する。

具体的操作期においては，具体物の提示によって，児童は，たとえば図形の等積変形などの問題を解決できるようになる。これは，後述する言語活動における因果関係の説明に不可欠な能力である。このような意味において，ピアジェが現在のわが国の教育に及ぼしている影響は大きい。

2．ヴィゴツキーの理論：社会性の発達

　ピアジェは，子どもの個人の認知発達をモデル化した。その一方で，子どもを取り巻く人的環境が発達に影響を及ぼすと主張したのがヴィゴツキーである。ヴィゴツキーは，発達に対して社会文化的視点を与えたとして知られる。とりわけ，ヴィゴツキーが重視したのは社会的関係における言語の重要性と，発達の最近接領域である。青木・丸山（2010）によると，ヴィゴツキーは，発話は子どもが自分自身を制御するにも重要で，まず，他者によって指示される段階，次は子どもが自分自身で同じ言葉を自分に向ける段階があるとしている。スタノヴィッチ（Stanovich, 2009）などに基づくと，それらの作業は，最終的には自動化されると考えられているが，言語を社会的活動の中心的機能と位置づけ，子どもがそれを取り込む過程を重視したヴィゴツキーの子どもの社会的発達に関するモデルは，発達心理学を学ぶうえで重要であるだろう。

3．コールバーグの理論：道徳性の発達

　道徳性の発達について紹介することも，発達理論の紹介においては不可欠であ

る。その理由としては，道徳という概念のもつ特質をふまえておく必要がある。たとえば，筆者が担当する教育実習生の多くが道徳を受け持つが，その際，守らなければならない教育課程上の基準がある。一方，個別の心理社会的発達を考慮した場合，社会的規範としての道徳的価値の教授と子どもの発達からみた心理社会的発達のバランスを考えなければならないだろう。一般的な辞書で道徳の意味を調べると，次のような意味をもつとされる。すなわち，人々が，善悪をわきまえて正しい行為をなすために，守り従わねばならない規範の総体である。外面的・物理的強制を伴う法律と異なり，自発的に正しい行為へと促す内面的原理として働く，というものである。重要な点は，社会文化的に定められ，違反をすれば罰則が伴う法律と異な

表2-2　コールバーグのレベルと道徳的理由付けの例（Kohlberg, 1984）

水準	ハインツの盗みを支持する理由の例	ハインツの行為に反対する理由の例
Ⅰ．前慣習的水準（個人的に何を得て，何を失うかに基づく道徳的価値）		
段階1： 権威による罰を避けようとする志向	もし奥さんが死んだら困る。	牢屋に入れられるから薬を盗んではいけない。
段階2： 自己本位な行動	もし捕まったら，薬を返したらいい。刑が軽くなるから。	刑務所には長くいなくてもいいかもしれないが，出る前に奥さんが死んでしまう。
Ⅱ．慣習的水準（社会的な慣習を支持することに基づく道徳的価値）		
段階3： 承認を得ようとする志向と非難を避けようとする志向	もし盗まなかったら，家族が妻思いでない夫と思うだろう。	ハインツのことを犯罪者と考えるのは，薬屋だけでなく，世間の人みんなだろう。
段階4： 社会的，慣習法的秩序を維持し，義務を果たそうとする志向	何らかの名誉心を持っていれば妻を救う行為に恐れをなして妻を死なせたりしないだろう。	法律を破ると，その後ずっと罪悪感に悩まされ続けるだろう。
Ⅲ．原理的水準（倫理的な原理に基づいている道徳的価値）		
段階5： 社会的に認められる権利を主張すること	もし盗まないで奥さんを死なせたら，それは考え抜いた結果というより，恐怖心からだろう。	一時の感情でわれを忘れて長期的な視点を失えば，ハインツ自身に対する敬意の念を失うことになる。
段階6： 普遍的な倫理的原理を信奉すること	もし薬を盗まなかったら，外面的には法律にしたがったことにはなるが，ハインツが自分の良心にしたがって行動したことにはならないだろう。	もし薬を盗んだら，自分の正直の基準にしたがって行動することではないので，自分自身を非難するだろう。

り，自発的に正しい行為へと促す内面的原理として働く機能が道徳であるということである。道徳について，初学者が知っておかなければならないのがコールバーグ（Kohlberg, L.）の道徳的発達理論である。コールバーグは，人間の道徳性発達について，大きくは3段階，細かくは6段階の発達段階を設定した（具体的な内容は，表2-2を参照のこと）。まず，前慣習的水準である。この段階では，個人的に何を得て，何を失うかに基づく道徳的価値が重要であるとされる。ピアジェの認知発達理論に基づくと，前操作期段階における自己中心性の優位性に対応するかもしれない。次に，慣習的水準がある。これは，社会的慣習を支持することに基づく道徳的価値であるとされる。この時期の特徴としては，承認を得ようとする，社会的慣習

表2-3　学校教育における道徳教育の意義及び位置付け

改正教育基本法に，「道徳心を培う」ことが明記されました。
　（教育の目標）
　第2条　教育は，その目的を実現するため，学問の自由を尊重しつつ，次に掲げる目標を達成するよう行われるものとする。
　一　幅広い知識と教養を身に付け，真理を求める態度を養い，豊かな情操と道徳心を培うとともに，健やかな身体を養うこと。

　道徳教育は，児童生徒が人間としての在り方を自覚し，人生をよりよく生きるために，その基盤となる道徳性を育成しようとするものです。

幼稚園では…
　各領域を通して総合的な指導を行い，道徳性の芽生えを培います。

小・中学校では…
　「道徳」の時間（年間35単位時間）を要として，各教科，外国語活動，総合的な学習の時間，特別活動のそれぞれの特質に応じて，学校の教育活動全体を通じて行います。

高等学校では…
　人間としての在り方生き方に関する教育を，「公民科」や「特別活動」のホームルーム活動などを中心にして，学校の教育活動全体を通じて行います。

2　小・中学校において指導する道徳の内容
　児童生徒の道徳性を次の4つの視点から分類整理し，道徳の内容項目を示して，指導を行うこととしています。

1　「主として自分自身に関すること」
2　「主として他の人とのかかわりに関すること」
3　「主として自然や崇高なものとのかかわりに関すること」
4　「主として集団や社会とのかかわりに関すること」

法的秩序を維持し義務を果たそうとする志向であることなどがあげられる。最後に原理的水準がある。これは、倫理的な原理に基づいている道徳的価値であるとされる。この水準には、社会的に認められる権利を主張することや、普遍的な倫理的原理を信奉することなどが含まれる。

さて、小中学校における道徳教育において、コールバーグの道徳性発達段階を参照すると、どの水準に対応するだろうか。筆者が考えるに、基本的には水準1（たとえば、罰と報酬の水準）から水準4（たとえば、社会的規範に対する理解）に対応するのではないかと考える。実際、文部科学省の道徳教育の目標についても、表2-3のように述べられている。表2-3にもあるように、道徳はすべての教師が指導できなければならない。この観点からみても、道徳性発達を、理論的に理解しておくことは、教師にとっても重要なことである。

4. エリクソンの理論：生涯発達

これまでは、主として学校教育に対応する発達段階説を紹介してきた。しかし、近年、生涯教育、あるいは人材育成の観点（中原, 2010）から、学校教育課程を終

表2-4　エリクソンによる心理・社会的発達段階表（西山・山内, 1978より）

発達段階	A 心理・社会的危機	B 重要な対人関係の範囲	C 心理・社会的様式	D 基本的活力
乳児期	信頼 対 不信	母親またはそれにかわる人	得る お返しに与える	希望
幼児前期	自律性 対 恥・疑惑	両親またはそれにかわる人	保持する 手放す	意志力
幼児後期	積極性 対 罪悪感	基本的家族	思いどおりにする（追いかける） まねをする（遊ぶ）	目的性
児童期	生産性 対 劣等感	近隣 学校	ものを作る（完成する） ものを一緒に作る	自信
青年期	同一性 対 同一性拡散	仲間集団と外集団 指導性のモデル	自分自身である（または自分自身でないこと） 自分自身であることの共有	誠実
成人前期	親密と連帯 対 孤立	友情・性・競争 協力の相手	他者の中で自分を失い、発見する	愛
成人期	生殖性 対 自己吸収	分業と協同の家庭	世話をする	配慮
成熟期	完全性 対 絶望	人類 わが種族	過去からそうであったように存在する 存在しなくなることに直面する	英知

了した後の，人間発達に関する興味が高まっている。これについて，現在最も引用されることが多い発達理論のひとつがエリクソンの生涯発達段階のモデルであるだろう。エリクソンは人間の人生周期を7，あるいは8段階に分け，その段階で達成しなければならない課題を発達課題とし，発達課題を克服することにより獲得する人格特性があるとした（表2-4）。あげられるアタッチメントの獲得のためには基本的信頼が必要であるとされる。また，青年期における自我同一性の獲得は，以降の選択家族への準備性の獲得に重要であるとされる。エリクソンは，最終的な発達の目標は，叡智の獲得であるとされる。これについては，クーン（Kuhn, 1999）も同様の主張を提案している。

3節　発達段階期の特徴

1．乳児期

　乳児期の発達の特徴は，2節1．のピアジェのところでも述べたように，感覚運動的活動によって，外界とみずからを関係づけることである。乳児期は，その後の発達に大きな影響を及ぼすことはいうまでもない。それでは，乳児期における発達的特徴とは何であろうか。以下，乳児期における発達的特徴について述べてみたい。乳児期は，感覚運動を通じて，認知発達を促進する端緒に相当する。今林（2004）は，乳児期に関する特徴の概説として，次のように説明している。親子のやりとりで大切なことは，乳児の行動が親の行動によって引き出される。また，親の行動も乳児の行動によって引き出されると述べている。このように，乳児は親からの働きかけに対して自分の手足を動かして応答し，その様子を見て親はまた働きかける。このやりとりでやがて，親の言葉と乳児の体を動かすタイミングが同調するようになり，この現象はエントレイメント（entrainment）とよばれる。また，エリクソンの発達段階説での説明にもあるように，乳児期における発達課題のひとつとして，基本的信頼感の獲得がある。基本的信頼の獲得に重要な親子関係として，愛着（アタッチメント；attachment）がある。アタッチメントとは，子どもが特定の養育者に対してもつ情愛的な絆のことであり，親への接近・接触を求める安定的・永続的な傾向の存在から理解できる。このように，乳児期はその後の発達にとって非常に重要な役割を果たす。

2．幼児期

　幼児期とはピアジェの発達段階では，2歳から7歳程度をさし，これは保育所や幼稚園などの修学前過程にあたる。保育所と幼稚園では，社会的機能が異なるが，主として，自由遊びや集団遊び，あるいは描画活動などの遊戯活動によって活動が構成される。ブルーナー（Bruner, 1966）も，表象の発達段階を，活動的（Enactive）表象，映像的（Iconic）表象，象徴的（Symbolic）表象の3段階でモデル化しているが，幼児期においては，遊戯活動を通して，映像的表象を活性化させる。幼児は，遊戯活動を通じて主として映像的表象をさまざまに活性化させることにより，児童期以降の発達を促進する準備期となる。また，幼児期は，言語能力などについては，それまでに十分なトレーニングが行われなければ，その後の発達に影響を及ぼすという臨界期がある。内田（2007）は，虐待児姉弟の発見後からその後の教育と言語能力や身体能力の発達の経年変化について研究を行っている。その結果，身体能力などについては，幼児期に標準的能力よりも下回っていたとしても，その後に十分な教育的支援があれば，標準の水準まで向上する一方で，言語能力などについては，その後，教育的支援があったとしても，標準的な水準に達することはなかったという結果を得ている。以上の研究知見をふまえると，乳児期においては，認知発達の臨界期について留意しておく必要があるだろう。

3．児童期

　児童期は，現行の教育課程に対応させた場合，小学校教育に対応する。また，ピアジェの発達段階説に基づくと，具体的操作期に対応する。これは，就学前教育の目的が，遊戯活動が主たるものであったのに対し，小学校教育以降においては，学習内容が指導要領に具体的に示されていることからもわかることである。たとえば，小学校の新学習指導要領に基づいた教育は，2011年度から全面実施となっている。本章では，ピアジェとヴィゴツキーの発達理論について説明したが，新学習指導要領において重要だと考えられているキーワードのひとつに，言語活動があげられる。これは，文部科学省によれば，

　　　知識基盤社会の到来や，グローバル化の進展など急速に社会が変化する中，次代を担う子どもたちには，幅広い知識と柔軟な思考力に基づいて判断することや，他者と切磋琢磨しつつ異なる文化や歴史に立脚する人々との共存を図ることなど，変化に対応する能力や資質が一層求められている。一方，近年の国

内外の学力調査の結果などから，我が国の子どもたちには思考力・判断力・表現力等に課題がみられる。これら子どもたちをとりまく現状や課題等を踏まえ，平成17年4月から，中央教育審議会において教育課程の基準全体の見直しについて審議が行われた。この見直しの検討が進められる一方で，教育基本法，学校教育法が改正され，知・徳・体のバランス（教育基本法第2条第1号）を重視し，学校教育においてはこれらを調和的に育むことが必要である旨が法律上規定された。さらに，学校教育法第30条の第2項において，同法第21条に掲げる目標を達成する際に，留意しなければならないことが次のように規定された（文部科学省，2011b）

とあり，さらに，各教科等の言語活動の充実を目指す施策として，

平成20年答申では，言語は知的活動（論理や思考）の基盤であるとともに，コミュニケーションや感性・情緒の基盤でもあり，豊かな心を育む上でも，言語に関する能力を高めていくことが重要であるとしている。このような観点から，新しい学習指導要領においては，言語に関する能力の育成を重視し，各教科等において言語活動を充実することとしている。

国語科においては，これらの言語の果たす役割を踏まえて，的確に理解し，論理的に思考し表現する能力，互いの立場や考えを尊重して伝え合う能力を育成することや我が国の言語文化に触れて感性や情緒を育むことが重要である。そのためには，「話すこと・聞くこと」や「書くこと」「読むこと」に関する基本的な国語の力を定着させたり，言葉の美しさやリズムを体感させたりするとともに，発達の段階に応じて，記録，要約，説明，論述といった言語活動を行う能力を培う必要がある（文部科学省，2011b）

とされている。

後述のウェブにおける例にもあるが，筆者が授業観察等において見た研究授業などにおいては，たとえば，小学校中学年における，図形の等積変形の説明をあらかじめ教師から与えられたワークシートに則って説明したり，中学校における美術の図像の鑑賞の結果を説明するなどの活動がみられた。この点については，

各教科等においては，国語科で培った能力を基本に，それぞれの教科等の目標を実現する手立てとして，知的活動（論理や思考）やコミュニケーション，感性・情緒の基盤といった言語の役割を踏まえて，言語活動を充実させる必要がある（文部科学省，2011b）

と明記されている。

第2章　発達

　このように，児童期は，ピアジェの発達段階説においては，具体的操作期に対応し，小学校課程では，とりわけ算数や理科の指導において，さまざまな具体物を用いた指導が行われている。近年は，プロジェクタや電子黒板を用いることによって，具体物の操作等や教材のデータベース化が発達している。

4．青年期

　青年期は，ピアジェやエリクソン，あるいはハヴィガーストの発達段階説においては，中学校課程から大学課程に対応するとされている。この間の発達課題としては，ピアジェの理論では形式的操作の段階であり，エリクソンの理論では，アイデンティティの形成である。青年期には，いわゆる第二次性徴に伴う思春期に特有の発達課題や，主として高校，大学卒業時に遭遇する就職といった，他の発達段階では経験しない発達課題がある。このような発達課題の克服の難しさのひとつとして，誰もが経験する一方で，誰もが満足する一般的な解決はありえないということがあげられる。その理由として，アイデンティティは他者とは違う自分をみずから見つける作業であり，就職は，みずからその後の人生を社会経済的に決定する作業であり，それらに対して，誰もが満足する解決はないということがあげられる。青年期のみに限らないが，エリクソンの発達段階説は，自己実現対自己拡散のように，発達段階を克服するか否かという対立軸を立てる。青年期におけるアイデンティティの確立は，それを克服できない場合，アイデンティティの危機に陥ると，エリクソンは主張している（Erikson, 1959）。現在の教育的課題のひとつである，不登校などの仲間関係にうまく適応できないという状況は，アイデンティティの危機をうまく克服できなかった結果であると考えることもできる。いずれにせよ，教師や親といった立場で，青年期の人間に対応する場合，青年期特有の問題を抱えているといった認識が不可欠である。そのための，具体的な対処法については，生徒指導，教育相談，カウンセリングに対応した章を参照されたい。

5．成人期

　成人期に対する発達心理学的研究は，これまでの発達段階に比べて比較的新しい問題であるといえる。その理由として，これまでの学校教育に対応した発達心理学を考えた場合，発達の成長的段階，すなわち，乳児期から青年期までの段階に注目が集まっていたことがあげられるだろう。しかしながら，近年，新規就職者の離職率が向上しているといった問題をふまえると，成人期における発達的問題に対して，

適切な介入が必要であることがわかる。成人期における教育的,医療的介入の難しさのひとつとして,対象者の選定の難しさがあげられる。たとえば,エリクソンの発達理論によれば,成人期における発達課題は,みずから配偶者を見つけ,家族をもつことであるとされる。その準備段階として,青年期における外集団とのコミュニケーションや一般的他者を想定できることなどが設定されているが,このような新規就職者の離職率が向上していることと,エリクソンの発達段階説における発達課題を結びつけることが妥当なのかについて,検討する必要がある。しかしながら,成人期にみずからの仕事を実施する点において重要な知見が近年得られるようになっている。それは,みずからの職務内容,あるいは職場の同僚や上司などとのコミュニケーションを楽しめているかどうか,という点が成人期における発達に影響を及ぼす可能性があるという点である（沖林ら,2013；上田,2009）。

また,成人期以降の発達的課題としては死とどう向き合うかという問題がある。エリクソンやハヴィガーストの生涯発達理論,あるいはマズローの欲求階層説では,老年期における発達課題は,人類全体について考えることができる,あるいは真の叡智に到達することができる,というような課題が設定されている。先述したが,エリクソンの生きた文化と,現代の日本社会の文化の違いは少なからずあるだろう。つまり,現代の日本の社会文化的環境に応じた,成人期や老年期の発達的課題については,先行研究の諸理論に基づいて,新たに検討する必要があるかもしれない。

4節　現代発達事情

本章では,発達段階説を紹介し,各発達段階に応じた教育的介入について紹介した。本章で紹介した内容は,総じてこれまでの発達心理学研究において新しい知見を提供するものではない。それは,本章の目的は,あくまでも主として大学の教員養成教育における発達心理学の重要性を示すことによる。しかし,ピアジェやエリクソン,ボウルビィ（Bowlby, J.）,エインズワース（Ainsworth, M.）が提案した発達段階説から現在までは少なくとも50年以上の隔たりがある。この点について,本章の最後に,現代社会に応じた発達段階説を考えるうえでカギとなるポイントについて提案したい。まず,1点目として,平均寿命や教育経験の影響による,とりわけ,青年期以降の発達段階の年齢的区分を改めて検討する必要がある。日本においても,平均寿命は,1960年から2010年までの間に10年以上伸びている。また,大

学入学希望者が入学する大学を選ばなければ，基本的に大学に入学することができる，大学全入時代に入ったといわれるようになって久しい。このような，社会的影響により，とりわけ青年期がエリクソンの定義よりも長くなっていると感じるものは筆者だけではないだろう。このように，発達段階を年齢によって区分する場合，平均寿命その他の社会的状況に参照しながら検討する必要があると考えられる。2点目は，技術的革新と発達の関係である。とりわけ，情報通信機器の利用においては，大学教員である筆者も，学生の情報通信機器の利用方法などに驚かされることは少なくない。また，このような，情報通信機器の利用法の二次的影響として，児童生徒の情報モラルの問題がある（沖林ら，2006）。情報モラルについて，われわれが考えなければならないことのひとつとして，必ずしもこれまでの発達段階に対応しない利用方法が実践されていることも，教育実践例を見ることもある。

　いずれにせよ，発達理論は常に変化する社会経済的環境との関連によって見直され続けられる必要があるだろう。

第3章

記憶と認知

1節　教育における記憶研究

　心理学の基礎研究の中でも教育現場と最も関連の強く，教育者および学生の関心の強い領域はおそらく「記憶」に関する分野であろう。近年，暗記型の教育が批判されることも多いが，それでもなお教育現場における学習において，記憶することが重要な位置を占めていることは間違いない。筆者が学生から受ける質問の中にも，「記憶のコツが知りたい」といった記憶に関する内容のものは多い。しかしながら，こうした質問に答えるためには，記憶の種類や特性について少し詳しく知る必要がある。

　一般的に，「記憶」と聞くと「ものを覚えること」といったシンプルなイメージしかもっていない場合が多いが，本章を読み進めるにつれ，記憶のメカニズムが思っていたよりも複雑であることに気づくだろう。まず，最初に知っておくべきこととして，「再生」と「再認」の違いがあげられる。心理学において，再生とは，過去に学習したり経験したものを思い出すことである。たとえば，再生課題では実験参加者に複数の単語を提示し，記憶してもらう。その後，実験参加者は前の段階で見た単語を自分で思い出すというものである。それに対し，再認とは，ある対象に対して過去に経験したこととして確認することである。たとえば，再認課題では実験参加者に複数の単語を提示し，記憶してもらう。その後，前の段階で提示した単語と提示していない単語を無作為な順序で提示し，実験参加者は前の段階で見た単語かどうかの判断を行うというものである。

第3章　記憶と認知

1．記憶の３つの区分

　現在，記憶の研究者達は記憶について大きく３種類の方法で区別をしている。１つめは，記憶のプロセスに着目して，符号化，貯蔵，検索の３段階に分けている。２つめは，記憶したことを保持しておくまでの時間に着目して，感覚記憶，短期記憶，長期記憶の３種類に分けている。３つめは，記憶する内容に着目して，顕在記憶と潜在記憶に分けている。以下にそれぞれの区分について説明する。

(1) 符号化，貯蔵，検索

　ある日，あなたが初めて会う学生の佐藤さんを友人から紹介されたとしよう。そして数日後，佐藤さんと再び廊下で会って，「佐藤さん，こんにちは」と言ったとしよう。この時，あなたは佐藤さんを「記憶」していたわけだが，この時の記憶プロセスは３つの段階に分けることができる（図３-１）。第１段階は，記銘（符号化）の段階である。この段階では，あなたは友人から佐藤さんを紹介された際，佐藤さんを見て，佐藤さんの顔の視覚情報を記憶が受容できる形である「表象」に変換し，取り入れた。同時に佐藤という名前の聴覚情報を取り入れ，視覚的表象と結びつけることを行ったのである。第２段階は，保持（貯蔵）の段階である。あなたは佐藤さんを紹介された日から，再会までの数日間，佐藤さんの名前と顔の表象を記憶に保管していた。この期間が保持の段階である。第３段階は，想起（検索）の段階である。あなたは佐藤さんと再会したときに，顔を見て数日前に会った人だと再認して，その顔の視覚表象を手がかりとして，佐藤さんの名前を再生した。このプロセスが想起の段階である。近年の研究により，実際にこの３つの段階が異なる脳部

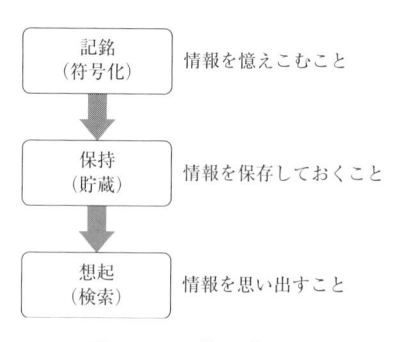

```
┌─────────┐
│  記銘   │  情報を憶えこむこと
│ (符号化) │
└────┬────┘
     ↓
┌─────────┐
│  保持   │  情報を保存しておくこと
│ (貯蔵)  │
└────┬────┘
     ↓
┌─────────┐
│  想起   │  情報を思い出すこと
│ (検索)  │
└─────────┘
```

図３-１　記憶のプロセス

位で行われていることが示されている（Shallice et al., 1994；Tulving et al., 1994）。もしも，あなたが記憶がうまくできなかった場合，この3つの段階のどこかで失敗が起きていることを意味する。

(2) 記憶の時間的区分

一般的に，「記憶」と聞いてイメージするのは人の名前を覚えたり，英単語の意味を覚えたりするような，比較的長い時間覚えておくような状況が多いだろう。しかしながら，心理学では記憶したことを忘れるまでの時間に着目して，記憶を下記の3種類に分けている。

- 感覚記憶：感覚器官から入ってきた情報がそのままの形でごく短時間（数秒）保持される記憶
- 短期記憶：符号化された感覚記憶の情報の一部が短時間（数十秒）保持される記憶
- 長期記憶：短期記憶から送られてきた情報を永続的に貯蔵する記憶

感覚記憶の中でも視覚の感覚記憶をアイコニックメモリとよぶ（聴覚の感覚記憶はエコイックメモリ）。アイコニックメモリの研究で最も代表的なものはスパーリング（Sperling, 1960）の行った部分報告法を用いた実験である（図3-2）。彼の実験では，3行4列の文字配列をディスプレイに瞬間提示し，実験参加者はその文字を報告した。その結果，平均的な報告個数は約4.5個であった。スパーリングは部分報告法を用いることによって，人間が瞬間的には4.5個よりも多く記憶できていることを証明した。彼が用いた部分報告法とは，文字配列を瞬間提示した後に，音の高さ（高・中・低）で3つの文字行の中のどの文字行を参加者に報告させるか指

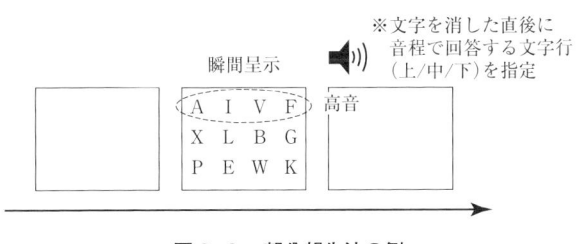

図3-2　部分報告法の例

示することであった。文字配列の提示直後に音で指示を与えたとき，参加者は約75％（4文字中3文字）を正しく報告できた。音の指示のタイミングは文字配列が消えた後で，しかも音の高さはまったくランダムに与えられるため，参加者は前もってどの文字行の報告が要求されるか予測できない。したがって，指定された行から正しく報告できた文字の割合は，音の指示が与えられた時点での参加者が全文字行列の中で利用できる文字の割合を示す。すなわち，75％の正答率の場合には，参加者は12文字中の9文字を利用できる状態にあったことになる。利用可能な文字数は文字配列の提示から音の提示までの時間間隔が増加するにつれしだいに減少し，約0.5～1秒で全体報告での報告個数（約4.5個）と同程度になる。このことは，アイコニックメモリの持続時間が約0.5～1秒であることを示す。また，エコイックメモリの持続時間はもう少し長く，約3～4秒であるとされている（Darwin & Turvey, 1972）。

　感覚記憶に入力された情報の中で注意を向けられた情報は一時的に短期記憶に貯蔵されることになる。この短期記憶の容量には限界があり，すべての情報を貯蔵することはできない。その容量は記憶範囲検査（memory span test）によって測定することができる。記憶範囲検査では，文字や数の系列を聴覚的に提示した直後に，それを再生させる。たとえば，実験参加者は，「2, 7, 4, 8, 1, 9…」のような無作為な数字の系列を聞き，それを順序どおりに再生する。ミラー（Miller, 1956）は，複数の検査の結果を集計したところ，短期記憶の容量は成人の場合でも7個（個人差により±2）になることを明らかにした。彼はこれを「マジカルナンバー7±2」とよび，短期記憶において一度に処理できる最大の情報量であるとした。しかし，この7個（±2）という容量は，単に文字や数の個数を意味するわけではなく，語呂合わせや意味のある塊にまとめたりすることで，貯蔵できる刺激の数を増やすこともできる。たとえば，「D, O, G, C, A, T」といった文字の系列を記憶する際，単に6つの文字として覚えようとすると7個の記憶容量のうち6個を使うことになるが，これをDog（犬）とCat（猫）として記憶することで，記憶容量は2個しか使用しなくてすむのである。このような，記憶する際の情報処理の心理的な単位を「チャンク」とよぶ。また，短期記憶が表象を保持しておくだけの記憶をさすのに対して，保持と同時に処理を行うことができる記憶は作動記憶（作業記憶）といわれている（Baddeley, 1992）。

　短期記憶の保持時間には限界があり，通常15～30秒程度と考えられている。したがって，短期記憶に保持されている情報は，この保持時間中にリハーサルなど情報

を長期記憶にするための記銘処理がなされなければ忘却されてしまうのである。これに対し，長期記憶はほぼ無限の容量をもつ永続的な記憶であり，次に説明するように，記憶の内容によってさまざまな種類に分けられる。

(3) 記憶内容による区分

長期記憶は記憶の内容によって顕在記憶（宣言的記憶）と潜在記憶（非宣言的記憶）に区分することができる（表3-1）。顕在記憶とは，意識的に思い出すことのできる記憶であり，潜在記憶とは意識的に思い出すことのできない記憶をさす。顕在記憶はさらに，意味記憶とエピソード記憶に区分することができる。意味記憶とは，一般的な知識や情報に関する記憶である。たとえば，「クジラは哺乳類である」といった定義や「大化の改新は645年である」といった歴史的事実，その他「レモンはすっぱい」といった一般常識など，辞典に書かれているような内容の記憶が意味記憶に該当する。

それに対し，エピソード記憶とは，時間や場所，そのときの感情が含まれるイベント（事象）の記憶をさす。たとえば，「昨日は近所の定食屋で焼肉定食を食べた」とか「高校時代はサッカー部だった」といった「いつ」「どこで」という問いに答えられるような記憶のことである。

自伝的記憶とは，エピソード記憶の中でも個人の目標や強い感情，個人的な意味を含んでいる記憶をさす。たとえば，「高校3年間，必死に勉強して第1志望の大学に入学できた」といった記憶は，本人にとって個人的な意味をもっていると考えられるため，自伝的記憶となる。すなわち，自伝的記憶は一人ひとりの存在を支える記憶であり，パーソナリティ・発達・対人関係・感情等々と密接なつながりを有している。それに対し，「毎朝，家でパンを食べている」といった記憶は，個人的な意味を含んでいないと考えられるため，エピソード記憶ではあるが自伝的記憶ではないのである。自伝的記憶の調べ方は，日誌法や質問紙，インタヴューなどによる自己報告である。たとえば，手がかりとなる単語（たとえば「受験」）を与えて，

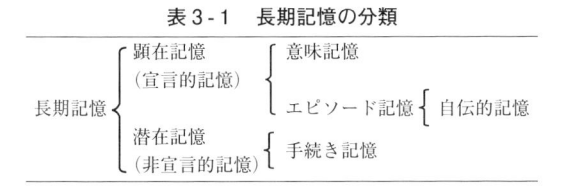

表3-1 長期記憶の分類

長期記憶	顕在記憶 （宣言的記憶）	意味記憶	
		エピソード記憶	自伝的記憶
	潜在記憶 （非宣言的記憶）	手続き記憶	

その単語にまつわることを想起させる方法や,何も手がかりは与えず,自由に過去の出来事を想起させる方法がある。ルビンら(Rubin et al., 1986)が行った実験では,お年寄りを対象に自由に自伝的記憶を再生してもらったところ,再生される記憶内容の時間が現在から過去にさかのぼるに従って再生率は低下していったが,10歳から30歳にかけて体験した自伝的記憶は幼年時代や中年時代と比較してより多く再生された。彼はこの現象を「レミニセンス・バンプ」と名づけ,青春時代の記憶は人生の中で特殊で重要な位置を占めている可能性を示している。

これに対し手続き記憶とは,技能や手続き,ノウハウ(手続き的知識)に関する記憶をさす。たとえば,「自転車の乗り方」のような手続に関する記憶で,意識しなくとも使うことができる,いわゆる「体が覚えている」記憶である。手続き記憶の他の例としては,楽器の演奏,タイピング,水泳,言語の発音などがある。手続き記憶の有効期間は長く,一度記憶(学習)がなされた場合,永続的に効果が続く場合もある。たとえば,10年ぶりに自転車に乗った場合でも,体が運転を覚えており,(最初はふらつくかもしれないが)乗ることができるのはこのためである。

手続き記憶は,エピソード記憶とは使用している脳部位が異なることも知られている。このような知見は,脳に損傷を負った人々を研究することで得られることが多い。たとえば,ある人は作業の訓練を受けても,その訓練内容は憶えているが,作業を改善することができない(エピソード記憶は機能するが手続き記憶が損傷している)。それに対し,ある人は同じ訓練を受けると訓練内容を思い出せないが,作業自体は改善される(エピソード記憶は損傷しているが手続き記憶は機能している)。エピソード記憶で中心的な役割を担っている脳部位は海馬と前頭前皮質であり,手続き記憶で中心的な役割を果たしているのは大脳基底核と小脳であるとされている(Scoville & Milner, 1957; Tulving et al., 1994)。

2. 記憶の特性

ここまで記憶の基礎的な区分に関して述べてきたが,ここでは実際の生活環境でみられるような,記憶に関するさまざまな現象を紹介する。

(1) 文脈依存効果(文脈一致効果)

符号化時と検索時の文脈が記憶成績に影響を及ぼす現象を記憶の文脈依存効果とよぶ(図3-3)。心理学では,目的となる対象以外の外的環境(まわりの状況)を「文脈」という言葉で説明することが多い。ゴッドンら(Godden & Baddeley, 1975)

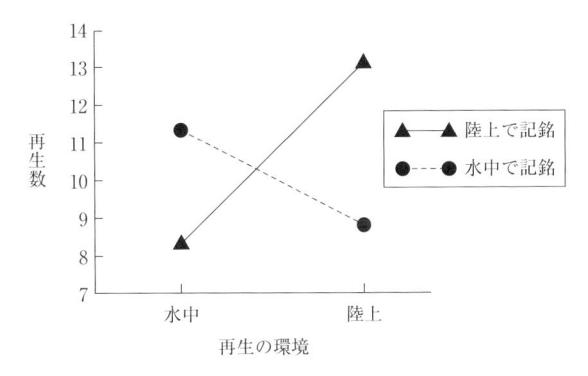

図 3-3　文脈依存効果の例（Godden & Baddeley, 1975）

は陸上と水中の2種類の環境条件下で記憶課題を行った。具体的には，スキューバ・ダイビングのクラブの学生を実験参加者とし，彼らに水中または陸上で単語のリストの記銘および再生をさせた。その結果，記銘と再生の環境が一致したほうが，一致しない場合よりも再生の成績が高かった。同様の現象は再生だけでなく，再認の場合にも生じることが知られている。たとえば，普段は学校でしか会わない知り合いを，ショッピングモールの思いがけない場所で見かけても，うっかり見過ごしてしまうことがある。これも符号化時と検索時の文脈が異なることによって生じる現象である。この他にも，さまざまな文脈の物理的特徴（部屋の広さ，部屋の内装，調度品，実験者の服装等）を操作した実験によって，文脈依存効果が報告されている（Smith, 1979, 1988; Smith et al., 1978）。

スミス（Smith, 1979）は，単語を記銘した部屋とは異なる部屋で想起する場合でも，記銘した部屋の写真を見せたり，部屋をイメージするよう教示することで同じ部屋で想起する場合と同程度の再生成績になったことを示している。マルパスら（Malpass & Devine, 1981）は，授業中に破壊事件を目撃するような場面を設定し，犯人の顔について再認を行った。その際，テストの前に，事件の概要やそのときの自分の感情や行動など，心的復元を促進することに関する質問を与えることで，犯人の顔の再認成績が向上したことを示した。

符号化特殊性原理（encoding specificity principle; Tulving & Thomson, 1973）によると，符号化の際に記憶する対象と一緒に経験された情報が，検索の手がかりとなるとしている。日常生活において，われわれは意識的には自分が記憶しようと思ったものだけを記憶したつもりであっても，その際周辺に存在したさまざまな情

報が目標の対象とともに符号化されるのである。

(2) 系列位置効果

　リスト形式で提示されたものを記憶する際に，リスト内での項目の位置が各項目の記憶成績に影響を与えることを系列位置効果という（図3-4）。また，項目の系列位置を横軸にとり，項目の記憶成績を縦軸にとり，系列位置と記憶成績の関係を表わしたものを系列位置曲線とよぶ。系列位置効果には，初頭効果と親近性効果という2つの効果が含まれている。初頭効果とは，リストの最初のほうで提示された項目の成績が優れていることをさす。親近性効果とは，リストの最後のほうで提示された項目の成績が優れていることをさす。たとえば，「時計，テレビ，電車，えんぴつ，冷蔵庫…」のように10個の単語を1語ずつ一定の速度で提示した後に，実験参加者にその単語を再生してもらうと，1番目の単語の再生成績は5番目の単語よりも高くなり（初頭効果），10番目の単語の再生成績も5番目の単語よりも高くなる傾向がある（親近性効果）。この系列位置効果の適応範囲は広く，「重要な英単語は最初と最後に覚える」といった学習法は実際に有効であるとされている。また，記憶する対象は単語だけではなく，線画など非言語情報においても認められる。さらに，視覚だけではなく，聴覚や臭覚においても認められている。

　ポストマンら（Postman & Phillips, 1965）は，この系列位置効果について，記銘から検索までの時間を操作することで，この系列位置曲線が異なった形状になる

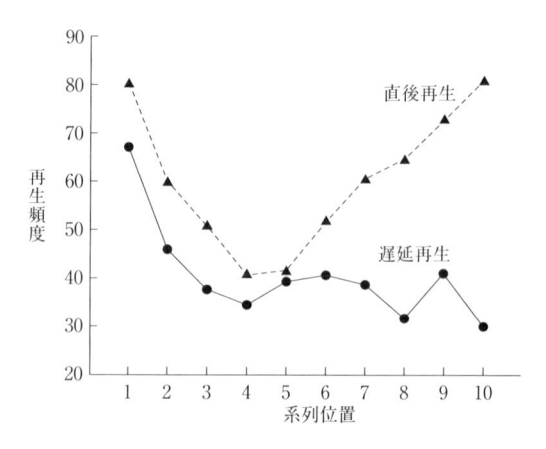

図3-4　系列位置効果の例（Postman & Phillips, 1965）

ことを示した。彼らの実験では、10～30個の単語を1語ずつ一定の速度（1秒間に1語）で提示した後、0～30秒の時間間隔をおいてから、実験参加者にその単語を再生してもらった。その結果、記銘から検索の間が0秒の場合（直後再生）、初頭効果と親近性効果の両方が認められたのに対し、記銘から検索の間が30秒の場合、初頭効果はみられたが親近性効果は認められなかった。この実験結果から、系列位置効果は少なくとも2つの記憶システムの機能を反映していると考えられた（2重貯蔵モデル，Atkinson & Shiffrin, 1968）。すなわち、系列の最初のほうの項目は、中間部の項目よりもリハーサルされる回数が多く、処理が深くなるために長期記憶になりやすく、そのため再生率が優れる。それに対し、系列の最後のほうの項目は短期記憶から直接検索されるために再生率が優れていると解釈された。

(3) エビングハウスの忘却曲線（保持曲線）

人間は残念ながらすべてを永遠に記憶できるわけではない。思い出したり意識することができないことを忘却といい、おもに長期記憶に蓄えられた情報を失うことをさす。エビングハウス（Ebbinghaus, H.）は、われわれが、記憶したものを時間経過に伴ってどれくらい忘れていくのかを調べた。実験では、自分自身を実験参加者として、無意味綴りを材料に用いて、記銘内容が時間経過に伴って忘却される過程を、節約率を用いて調べた。節約率とは、一度学習した内容を、一定時間経過した後に、再び学習する際に、どの程度速く学習できるかで算出した指標である。こ

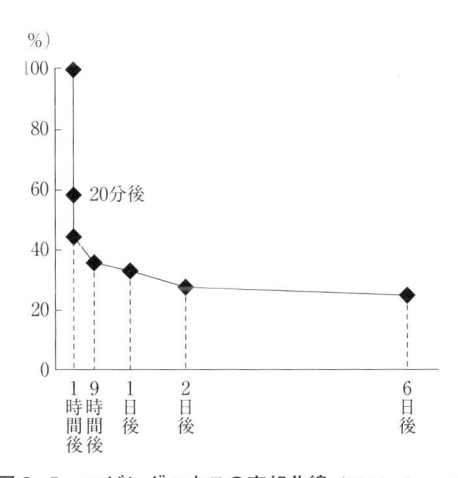

図3-5　エビングハウスの忘却曲線（Ebbinghaus, 1885）

の節約率を間接的な保持率とし，横軸に時間，縦軸に保持率をとって表わしたものを忘却曲線（保持曲線）という（図3-5）。エビングハウスの実験結果より，忘却曲線は最初の約20分で急激に下降するが，その後は水平な一定の水準を保つなだらかな下降曲線を示した（Ebbinghaus, 1885）。この結果は，人間の記憶内容は，記銘した直後には指数関数的に急速に減少するが，しだいに緩やかな減少に転じ，一定時間が経過するとそれ以上の忘却がほとんど起こらなくなることを意味する。すなわち，記憶した知識や情報の忘却を防ぐためには，反復的な復習が必然であると同時に，復習を行うタイミングも重要であると考えられる。ただし，このエビングハウスの忘却曲線は，記銘対象として無意味綴りを用いたものであり，教育現場で記憶する単語は有意味綴りであり，忘却曲線の時間特性が多少異なることに注意すべきである。

（4）レミニセンス

　前述の忘却曲線が示すように，一般的に記憶成績は学習直後から時間の経過に伴って低下する。しかしながら，特定の条件下では，一定時間後のほうが直後よりも成績が高くなる場合がある。この現象をレミニセンスという。レミニセンスは記憶の課題だけではなく，運動の学習においてもみられる。また，大人より児童において効果は現われやすく，記憶や学習が不完全であった場合に生じやすいといわれている。レミニセンスは2つに分けられ，有意味材料の記憶で，記銘語，数日程度の比較的長い時間間隔で生じるバラード・ウィリアムズ現象と，無意味材料の記憶や運動学習で，記銘語，数分程度の比較的短い時間間隔で生じるワード・ホヴランド現象が区別される。また，このレミニセンスは一定時間，時間が経過することで，記憶や学習に関する情報が脳内で整理され，定着していることを示しているが，睡眠中にも記憶・学習の整理・定着が行われていることが知られている。たとえば，ペインら（Payne et al., 2012）は，毎晩6時間以上睡眠をとっている学生を対象に次のような実験を行った。実験参加者である学生に，午前9時もしくは午後9時に単語のペアをできるだけ多く記銘してもらい，その12時間後に記憶課題を行った。すなわち，午前9時に記銘したグループの参加者は午後9時に記憶課題を行うが，その間は起きていることになる。反対に，午後9時に記銘したグループの参加者は翌日の午前9時に記憶課題を行うが，その間，6時間以上の睡眠をとることになる。実験の結果，夜に睡眠をとった参加者のほうが，起きていた参加者よりも高い記憶成績を示した。さらに，記銘と記憶課題の間を24時間とした場合，午前9時

に記銘する参加者も，午後9時に記銘する参加者も，どちらも6時間以上の睡眠をとることになるが，午後9時に記銘した参加者のほうが，午前9時に記銘する参加者よりも高い記憶成績を示した。この結果は，学習直後の睡眠が記憶の定着において高い効果をもたらすことを示唆している。

　これらの効果は，時間経過や睡眠が記憶成績を高めることを示した例であるが，ある要因によって記憶成績が下がることもあるとされている。ツァイガルニク（Zeigarnik, B. W.）は，目標が達成されない未完了の課題の記憶成績のほうが，完了した課題の記憶成績よりもよいことを示している（ツァイガルニク効果）。

(5) 記憶の干渉

　記憶の干渉とは，複数のことを記銘した場合に，それぞれが互いに影響し合い，想起の妨害が生じたり，忘却が起こる現象である。干渉には順向干渉（順向抑制）と逆向干渉（逆向抑制）がある。順向干渉とは，以前の学習のために新しい学習の記憶が妨害されることである。反対に，逆行干渉とは，新しい学習のために以前の学習の記憶が妨害されることである。たとえば，英単語の勉強の際に，最初にdesert（砂漠）という英単語を学習し，その後，dessert（デザート）を学習したとする。その際，先に学習していたdesert（砂漠）の影響で，デザートの英語表記をdesertと書いてしまう場合が，順行干渉である。反対に，後に学習したdessert（デザート）の影響で，砂漠の英語表記をdessertと書いてしまう場合が，逆行干渉である。こうした記憶の干渉の特徴として，複数の記銘内容が互いに類似するほど干渉が起こりやすいことが知られている。また，忘却の原因として，逆向性干渉のほうが順向性干渉よりも強力な作用をもつとされている。

(6) リハーサル

　リハーサルとは短期記憶の忘却を防いだり，長期記憶に転送したりするために，記憶するべき項目を何度も唱えることである。短期記憶に保持していられる時間には限りがあるため，入力された情報は何もしないと大半が失われてしまうが，リハーサルによって情報を短期記憶にとどめ，長期記憶へと転送する可能性を高めることができる。リハーサルは2つに分けられ，記銘項目の単純な反復である維持リハーサルと，入力された情報に対するイメージの構成や意味的処理によって既有知識と関連づける精緻化リハーサルが区別される。維持リハーサルは記銘する情報を短期記憶に保持させているだけであるのに対し，精緻化リハーサルは情報を短期記憶

から長期記憶へと転送する確率を高めるとされている。ただし，維持リハーサルを行うことによって，情報の消失を防ぐことになり，精緻化リハーサルの機会を提供するものと考えられている。また，一般的に，リハーサルというと聴覚的なものをさすが，視覚的なリハーサルも存在する。すなわち，記憶する項目を視覚的に思い浮かべることで，忘却を防ぐ可能性を高めることができるのである。

(7) フラッシュバルブ記憶（閃光記憶）

記憶の中には，みずからの意思とは関係なく記憶してしまうものもある。フラッシュバルブ記憶とは，個人的に重大な出来事や，世界的な重大事件に関する非常に詳細な記憶をさす（Brown & Kulik, 1977）。たとえば，多くの人々がアメリカ同時多発テロ事件や東日本大震災などのニュースを見たり，聞いたときのことを正確かつ鮮明に思い出せる。この理由として，フラッシュバルブ記憶が他とは異なったメカニズムによって記憶が行われるからだとされている。しかしながら，当然，世界的に重大な事件であれば人々が話題にすることが多いため，事件のことを思い出す回数も多いと考えられる。ナイサー（Neisser, 1982）は，フラッシュバルブ記憶が長期間保持される原因の1つとして，報道によって定期的に記憶が補強されることをあげている。

フラッシュバルブ記憶のメカニズムに関しては，重大事件のニュースを見たり聞いた際の，みずからの感情が大きく関与しているとされているが，感情が記憶に影響を与える例として，さらに顕著なものがフラッシュバックである。フラッシュバックとは，過去に起こった出来事の記憶が，自分の意思とは関係なく，あたかも現実に起こっているかのように思い出されることをさす。他の記憶とは異なり，みずからの意思とは関係なく，突然に想起される点に特徴がある。また，記憶の一部があまりにつらいものであるとき，場合によってはその記憶を意識から締め出し，記憶を抑圧することもある（記憶の抑圧）。

2節　教育における認知研究

1．自己能力のメタ認知

われわれは新しい知識や技術を記憶や学習によって獲得することができることは知っているが，こうしたみずからの能力をいつも正しく認識できているわけではな

い。たとえば，飲食店の電話番号を見て，頭の中で記憶したつもりでも，いざ電話をかける際には正確に思い出せなかったり，一生忘れないと思っていた有名人の名前をいつの間にか忘れていたということは多くの人が経験しているだろう。ここでは，こうしたみずからの認知・記憶能力に対するメタ認知に関する研究を紹介する。メタ認知とは，人間が自分自身の思考や行動を，客観的に把握し認識すること。すなわち，「みずからの認知を認知すること」である。メタ認知は教育現場においても非常に重要な観点である。たとえば，子どもがある問題を解く際に，「ここはわかるが，あそこがわからない」とか，「暗記問題は苦手だけど，計算問題は得意」というように，自分の理解過程や能力を客観的にみることで，今の自分に何ができるのか，また何が必要なのかを考えることができるのである。

(1) 文字の大きさと復習

あなたの目の前に2つの文字の大きさで書かれた2つの別の単語があるとしよう。1つは大きな文字で，もう1つは小さな文字で書かれている（図3-6）。どちらが記憶しやすいだろう？　直感的には，大きい文字で書かれたほうが記憶しやすいと感じる場合が多いと思われる。しかしながら，実際には文字の大きさは記憶成績にそれほど大きな効果は認められないことがわかっている。コーネルら（Kornell et al., 2011）は，文字の大きさとわれわれが感じる記憶のしやすさの関係を調べた。実験では，36語の単語を2種類の大きさの文字で，1語につき4秒間提示した（18語は64ポイント，残り18語は16ポイント）。その際，実験参加者は，提示された単語を記憶できる自信の度合いを最大100として評価した（メタ認知課題）。すべての単語が提示された後に，参加者は単語をできるだけ多く再生した（再生課題）。実験の結果，メタ認知課題においては，大きな文字で書かれた単語のほうが小さな文

図3-6　記憶のメタ認知の実験例（Kornell et al., 2011）

字で書かれた単語よりも，記憶できる自信の度合いが高かった。しかしながら，再生課題においては，大きな文字で書かれた単語と小さな文字で書かれた単語に有意な差は認められなかった。

さらに，この実験では，単語を2回見ることに対するメタ認知も調べている。具体的には，36単語のうち半分（18語）は提示回数を1回とし，残り（18語）は2回提示とした。参加者には，最初の単語提示の際に，それぞれの単語が1回提示の単語なのか2回提示の単語なのかを知らせた（自信の評価は1回目の提示の際に行った）。実験の結果，再生課題においては，2回提示の単語のほうが1回提示の単語よりも記憶成績が高かった。メタ認知課題においても，2回提示の単語のほうが1回提示の単語よりも記憶成績が高かったが，その差は再生課題のそれと比較するとわずかであった。

これらの結果は，われわれは自身の記憶に関して，文字の大きさの効果を過大評価しており，単語を2回見ること（復習）の効果を過小評価しているということを示唆している。教育現場においても，板書やノートを取る際に重要なポイントを大きな文字で書くことが多いが，その行為には自分が感じているほど効果はなく（まったくないとは言えない），それよりも，複数回学習することのほうが自分が感じているよりも高い効果があると考えられる。

(2) つくり替えられる記憶

たとえば，あなたがある出来事を友人と一緒に経験して，その数日後，出来事について2人で話す際に，互いの話がなぜか食い違ってしまう経験はないだろうか？こうした記憶の食い違いは，実際に出来事を経験する際に注目することが違うことが原因であることもあるが，どちらか（もしくは両者）の記憶が何かの要因で歪んでしまっていることも少なくない。

ロフタスら（Loftus & Palmer, 1974）は，質問の仕方によって人間の記憶が変容してしまうことを実験で示した。実験では，ある自動車事故の映像を実験参加者に見せた後，映像の中の車のスピードに関する質問を行った。その際，半数の参加者に対しては，「車ぶつかったとき，どのくらいのスピードで走っていましたか？」と質問し，残りの半数の参加者に対しては，「車が激突したとき，どのくらいのスピードで走っていましたか？」と質問した。2つの質問内容はほぼ同じであるが，「ぶつかった」と「衝突した」の部分のみが異なっていた。実験の結果，「激突したとき」と質問された参加者は，「ぶつかったとき」と質問された参加者よりも，車のスピ

ードをより速く評価した。すなわち，まったく同じ衝突の映像を見ていながら，その映像について思い出す際の，質問の言葉の違いだけで，報告される車のスピードが違ったのである。この研究は，目撃者証言に関する研究としても非常に重要な示唆を与えている。

さらに，この実験では，一週間後に再び同じ参加者を集めて，「車のガラスが割れるのを見ましたか」という質問を行ったところ，「ぶつかったとき」と質問された51名のうち，車のガラスが割れるのを見た，と回答したのは7名であった。それに対して，「激突したとき」と質問された50名のうち，車のガラスが割れるのを見た，と回答したのは16名であった。この結果は，われわれは一度記憶した内容であっても，その後の検索過程において記憶内容が歪められることを示している。

(3) メタ認知の発達

メタ認知（metacognition）という単語を初めて用いた，フラベル（Flavell, 1976）らはメタ認知の能力と発達の関係を明らかにしている。実験では，保育園児から小学生の児童に10枚の絵を見せ，後で絵を何枚思い出すことができるかを質問した。その結果，児童が再生できると予測した枚数と実際に再生できた枚数の差（誤差枚数）は学年が高くなるにつれて小さくなった。すなわちメタ認知の能力は，発達に伴って高くなると考えられる。しかしながら，注意すべきは，前述の (1) や (2) で紹介してきたメタ認知や記憶に関する実験例の実験参加者は，いずれも大学生かそれ以上の年齢であることである。すなわちわれわれのメタ認知能力は自身が子どもの頃よりは高いが，それでもなお自身の認知能力を誤って評価している場合が少なくないのである。

2．さまざまな認知研究

ここまで述べたように，われわれの認知活動は日常生活に深くかかわっている。ここでは，上記に紹介したメタ認知以外のさまざまな要因を紹介する。

(1) 選択盲

われわれは日常生活で多くの選択をしている。たとえば，スーパーで2つの商品を比較して1つを選んだり，大学で同じ時間の2つの講義のうち1つを選択したりしている。こうした選択に関して，どれくらい自分の意思で行っていると感じているだろうか？

ヨハンソンら（Johansson et al., &2005）は，選択場面におけるわれわれの意志決定の理由がいかにあやふやなのかをシンプルな手品を利用することで明らかにした。実験では，実験者と実験参加者は対面する形で座り，実験者は2枚の顔写真を参加者に見せ，参加者は2枚のうち好きなほうを選択した。その後，実験者は参加者に選択した写真を渡し，なぜその写真を選んだのか，理由を訊いた。その際，ほとんどの試行では実際に選択した写真を渡したが，何試行かに一度，選んだほうとは反対の写真を渡した。実験者は手品の手法を用いて，参加者にわからないように写真のすり替えを行った。実験の結果，参加者の多くは写真がすり替えられたことに気づかない（約95％は気づかない）。さらに興味深いことに，すり替えに気づかなかった場合，その写真（選ばなかった写真）を選んだ理由を延々と語ったのである。これらの結果は，われわれが行っている選択の理由は時としてあいまいであり，場合によっては理由が後づけで考えられることを示している。

(2) 行動と感情

　人間の情動のメカニズムに関する古典的理論のひとつに，ジェームズ・ランゲ説がある。この説の名前は，同時期にこの説を主張したウィリアム・ジェームズ（James, W.）とカール・ランゲ（Lange, C.）の2人の名前からきている。通常，情動の体験は，「何か面白いものを見て，楽しい気分を感じ，笑う」というプロセスであると考えられている。これに対し，ジェームズ・ランゲ説では，「何かを見て，笑うから楽しい気分になる」と考えた。すなわち，環境に対する身体的な反応（笑う）が情動の体験（楽しい）を引き起こすと主張した。

　ストラックら（Strack et al., 1988）は，実験によって身体的反応と情動体験の関係を調べた。実験では微笑みの際に使用される筋肉を収縮させるために参加者の口にペンを横向きに挟み，1コマ漫画の面白さを評定させた。その結果，口にペンを横向きに挟んだ参加者は，ペンを縦に挟んだ参加者よりも，1コマ漫画をより面白いと評定し，ポジティブ感情の増加を報告した。さらに参加者は自分の表情の意味に気がついていなかった。この結果は，笑い行動それ自体がポジティブ感情を喚起する機能があることを示唆する。

　また，カササントら（Casasanto & Dijkstra, 2010）はわれわれの動作によって特定の感情が呼び起こされることを明らかにした。実験では，参加者は下から上（上から下）にビー玉を移動させながら，自分の過去の思い出を語った。実験の結果，下→上の時はポジティブな記憶を思い出し，上→下の時はネガティブな記憶を思い

出した。この結果は，みずからの動作に対応した心的表象とみずからの正と負の人生経験が関連づけられていることを示唆している。

(3) 評価の歪み（系列効果）

　教育現場では，教師は子どもの学習進度や生活態度など，子どもに対してさまざまな側面から評価を行う。もちろん，こうした評価は公正かつ正確に行う必要があるが，われわれは正しく評価していると感じていても，その評価はさまざまな要因によって歪むことが知られている。ここでは，その中でも「系列効果」に焦点を当てる。系列効果とは，たとえば，刺激の物理的特性（たとえば光の明るさや音の大きさ）を順番に評価するときに，直前の刺激に対するみずからの評定値が高いほど直後の評定値も高くなり，直前の刺激に対する評定値が低いほど直後の評定値も低くなることをさす（Holland & Lockhead, 1968）。

　近年では，この系列効果が物理的特性の評価のみならず，より高次の評価においても生じることが報告されている。たとえば，ペイジら（Page & Page, 2009）は，テレビのオーディション番組におけるパフォーマンス審査において系列効果があることを発見し，直前のパフォーマーに対する評価が高いと現在のパフォーマーに対する評価も高くなることを明らかにした。また，ダミッシュら（Damisch et al., 2006）は，2004年のアテネオリンピックにおいて，直前の競技者のスコアが高いと現在の競技者のスコアが高くなっていたことを明らかにした。教育現場で生じる系列効果は，評価者（教育者）の観点からは，よい候補が最終的に選ばれないという効率性の欠如につながり，また被評価者の観点からは，パフォーマンスとは無関係な理由で不利な立場に置かれるという公正さの欠如が生じると考えられる（近藤ら，2011）。

第4章

学 習

1節　学習とは

1．心理学における学習の従来の定義

　心理学における学習の定義とは，経験による個人の行動の比較的永続的変容というものである。この定義には，学習の本質を見るためのカギとなる言葉が含まれている。まず，学習は経験に基づくものである，ということである。次に学習とは，個人の行動変容のことである，ということである。このように，学習とは，個人の行動の比較的永続的変容である，と学習心理学の分野では定義されてきた。実際，古典的条件づけにおいても，オペラント条件づけにおいても，学習の対象は，主として動物であったことは忘れてはならない。

2．学校教育における学習活動

　学校教育における学習活動とは，何を意味するのだろうか。実は，この問題に答えることは非常に難しい。その理由は，後述するような学習理論と，学校教育における教育活動との区分を明確に理解している教育関係者が少ないことがあげられる。学習心理学で説明される学習理論と学校教育課程で説明される教育理論には，使用される言葉のさす意味が近似しているために，意味する内容が誤って理解されることが少なくない。学習心理学で提起された学習理論は，パヴロフやスキナーらが動物実験をくり返し，その結果として生物としての行動傾性を示したうえで打ち立てた理論であるが，一方学校教育において行われる学習は，主として教科学習における知識や情報の獲得や理解のことである。このような，学習者による知識や情報の獲得や理解は，心理学における学習理論では，いわゆる古典的学習理論とは異なり，

認知的学習理論あるいは社会的学習理論によって説明されることが多い。認知的学習理論や社会的学習理論は，学級経営等の観点において，実践的には有用であるといえるかもしれない。しかしながら，これら学校教育における授業やそこでの教育実践の本質を，知識や情報の獲得や理解と考えるならば，古典的学習理論の理解は不可欠であるだろう。一方で，21世紀型学力の育成（森，2010a）には，認知的学習理論や社会的学習理論に基づかなければ，真の学力は身につかないとしている。また，教壇に立つ者にとって，心理学における学習理論だけでは実務を果たすことはできないとされる。それは，教務文書の作成能力や，教員研修を利用した教員としての持続可能的なみずからの職能の向上である。教壇に立つ者は，このようなさまざまな問題に対峙しながら成長し続けていかなければならない。

2節　学習の種類

1．古典的学習理論

　古典的学習理論とは何か。それは，学習を刺激（Stimulus, 以下「S」）と反応（Response, 以下「R」）の関係によって説明する理論である。古典的学習理論には，大きく2つの学習理論があるといってよい。すなわち，古典的条件づけとオペラント条件づけの2つである。以下，この2つの特徴について説明したい。

　古典的条件づけとは，ベルやメトロノームの音や光刺激などに対する生理的反応を利用するパヴロフ（Pavlov, I. P.）の学習理論である（図4-1）。まず，犬にベルやメトロノームなどの音刺激を提示する。これに対して，犬は耳をそばだてるというような生理的反応をする。次に，音刺激の提示とともに，肉などを一緒に提示する。その結果，犬は音刺激と肉が同時に提示されるものだと反応するようになる。これを，連合という。この連合関係が成立した後に，犬に音刺激だけを提示した場合，犬は肉が提示されていないにもかかわらず，肉が提示された場合に生じる反応としての，唾液分泌をするようになる。

　重要なことは，ここで，犬に連合関係を構築させた後，音刺激だけを提示した反応として得られるのが唾液分泌であるという点である。これを，古典的条件づけ理論においては，条件反応（Conditioning response, 以下「CR」）とよぶ。そして，同じ音刺激であっても，条件反応を誘発する刺激を条件刺激とよび（Conditioning stimulus），連合が構築される前段階の音刺激は無条件刺激（Unconditioning

2節 学習の種類

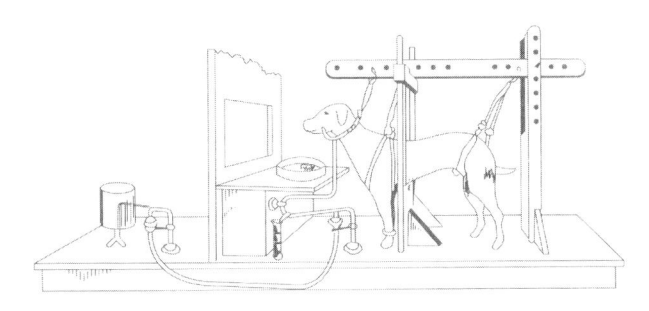

パブロフ（Pavlov, I. P.）の条件反射の実験で，最もよく知られた実験場面は上図にようなものでsる。イヌは，雑音が聞こえないように防音室のなかに入れられ，動き回れないように吊り包帯で固定させている。また，イヌの唾液腺には手術が施されており，分泌した唾液が導管を通って採取され，分泌量が記録されるようになっている。

図4-1　古典的条件づけの実験場面

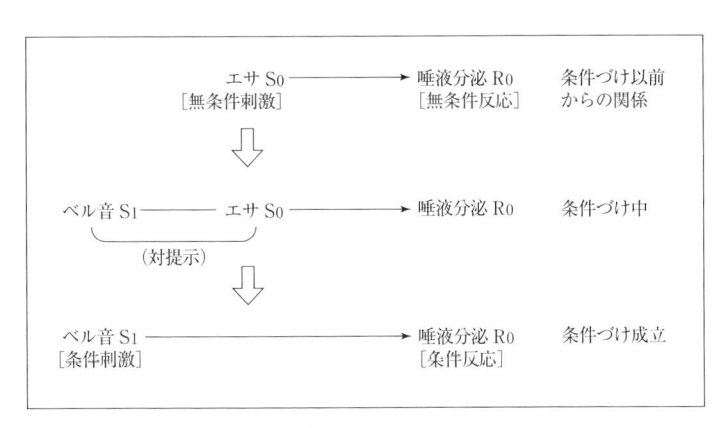

```
エサ S0 ────────→ 唾液分泌 R0    条件づけ以前
[無条件刺激]        [無条件反応]   からの関係
     ⇩
ベル音 S1 ── エサ S0 ──→ 唾液分泌 R0    条件づけ中
      (対提示)
     ⇩
ベル音 S1 ────────→ 唾液分泌 R0    条件づけ成立
[条件刺激]          [条件反応]
```

図4-2　古典的条件づけの基本型（石田, 1995）

stimulus）とよばれる。古典的学習理論のモデルを図4-2に示す。

次に，オペラント条件づけについて説明しよう。オペラント条件づけづけとは，スキナー（Skinner, B. F.）が開発，提唱した学習理論である。古典的学習理論が生体の生理的反応を利用したのに対し，オペラント条件づけは，生体に報酬が与えられたのは，生体の自発的選択によるものであると認識させる仕掛けに基づいている。スキナーが開発したのは，スキナー箱とよばれる実験装置である。これは，ネズミをある箱に入れた状態で実験を試みるものである（図4-3）。この中には，ネズミにとってさまざまな手がかりがある。たとえば，この中でレバーを押したとき

第4章 学習

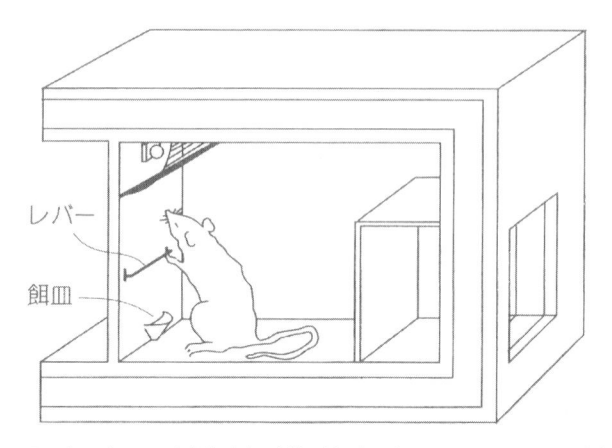

スキナー (Skinner, B. F.) のオペラント条件づけの実験で用いられたスキナー・ボックスの代表的な型は上図のようなものである。箱の内壁に取り付けられたレバーを押せば，餌皿にエサが出てくる仕掛けに鳴っている。なお，反応の記録には，被験体（ネズミなど）がレバーを押すごとに，反応の累積度数が自動的に記録されるように工夫された累積反応記録器が用いられた。

図4-3　古典的条件づけの実験場面

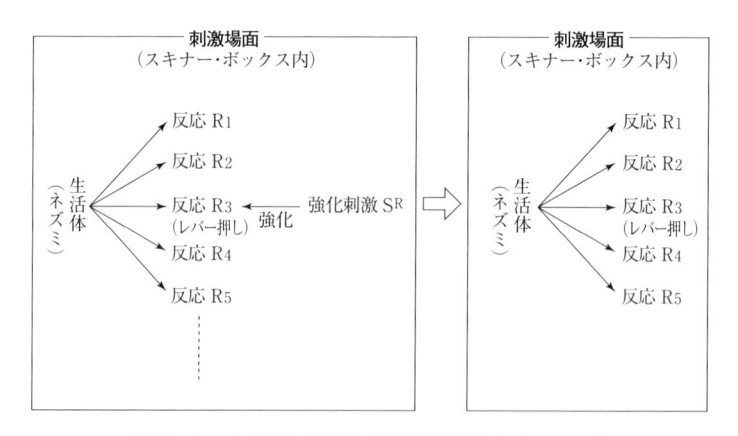

図4-4　オペラント条件づけの基本型 (石田，1995)

だけに餌が与えられるとする。そうすると，ネズミは徐々にレバーを押す割合が他の行動に比して多くなっていく。さて，この場合，ネズミはレバーを押した行動をどのように考えるだろうか。おそらく，偶発学習による自発的経験としてとらえるだろうと思われる。すなわち，オペラント条件づけにおいては，報酬をもたらした

行動がきっかけとなり，その後の行動変容に影響を及ぼすのである。オペラント条件づけに関する学習モデルを図4-4に示す。

2．認知的学習理論

次に，認知的学習理論について説明しよう。認知的学習理論とは，学習をSR連合のみで説明するのではなく，生体（Organism）の処理をふまえて説明しようとする発想によって生まれた理論である。

ブルーナー（Bruner, J. S.）は，「科学の知識が発見され，生成された過程を児童生徒に再体験させるならば，問題解決に役立つ応用可能な知識になる」と考え，発見学習を提唱した（藤江，2010）。発見学習は，世界にある因果関係を，実験などによって，児童生徒自身が発見するという点で，古典的学習理論とは異なる（表4-1）。水越（1981）は，「学習過程の把握→仮説の設定→仮説の練り上げ→仮説の検証→発展とまとめ」という流れを示している。

一方，オーズベル（Ausubel, D.）は，有意味受容学習を提唱した。有意味受容学習の実際の教育現場での活用例として，心理学用語としての先行オーガナイザーとしての機能がある。先行オーガナイザーとは，新しい知識を取り込むために，その情報を見出しのようにしてあらかじめ提示しておく情報のことである。実際の授業では，教師は，まず授業のはじめに，授業のめあてを提示する。これによって，児童生徒は，本時では何を学習するのかに関して，適応的な構えをもつことができるようになる。このように，発見学習や有意味受容学習の理論を理解しておくことは，実際の授業における，児童生徒の知識獲得の効率を上げることに重要な役割を果たす。オーズベルは，学習を「機械的学習－有意味学習」という軸で考えた。藤江（2010）によると，機械的学習では，知識を身につけるためには，大量の反復練習が必要となり，また記憶の再生も困難であるとされる。これに対して，有意味学習とは，概念の理解や文章の理解のようなあり方であるとされる。たとえば，語学の学習であれば，単語からその指示対象がイメージできること，社会科や理科の用語などの抽象的概念の学習であれば定義と実例を示すことができること，などであるとされる。さらに，機械的学習に比べて，知識を獲得することも記憶の再生も容易であり，保持期間も長いとされる。このような，有意味受容学習とは，児童生徒が重要だと判断した情報を，自主的に児童生徒の知識のスキーマに取り込む学習手続であるといえる。オーズベルは，発見学習と有意味受容学習の関係について表4-2のようにまとめている。

表4-1 発見学習の展開例 (水越, 1981を改変)

	金属のさび（小学6年）
(1) 課題把握	第1次（2時） 1．鉄，銅，アルミニウムなどの金属片を対比する。 2．対比の観点を出す。（色，つや，硬さ，重さ）（磁性，電導性），（熱に対する性質） 3．4．実際にそれらの観点でしらべてみる。あるいはしらべ方を考えてみる。 5．金属を熱した時のようすで，「熱の伝わり方」，「体積の変化」の他に「色の変化」もあるのではないか（鉄），しらべてみる。
(2) 仮説を立てる	第2次（2時） 1．鉄を熱したら黒くなった。さらにしらべてみると，色の変化は表面だけで，内部は変わっていない。なぜだろう。 2．(a) すすがついたのだろう。 　(b) 熱でこげて黒くなったのだろう。 　(c) もとの鉄とは別のものになったのだろう。 3．a．b．c．の仮説のたしかめ方を考える。 　(a) ならば——こすればとれるだろう。 　(b) ならば——もっと強く熱したら中もこげるだろう。 　(c) ならば——電導性がちがうだろう。 4．実験によって，仮説a, bをチェックアウトしていく。そして質変化という仮説Cを確認する。 5．より高次な仮説にまとめてみる。「鉄は空気と熱によってもとのものとは質のちがった黒いものに変わるのではないか。」
(3) 作業仮説をたかめる	1．もし熱だけでなく，空気も関係しているのなら，それをどのようにしてたしかめたらよいだろう。 2．空気にふれる面とふれない面をつくって熱すればよい。 　　　　　　↓ 3．（2枚の鉄板を密着させて熱したらよい）
検証とまとめ (4) (5)	4．実験する。 5．結果にもとづいて，熱した時の鉄の質変化（黒さび）の成立条件をまとめてみる。 　　　　　　（熱） 　　鉄 ＋ 空気 → 黒さび

表4-2 学習の型 (Ausubel, 1963より作成)

	発見学習	受容学習
有意味学習	有意味発見学習	有意味受容学習
機械的学習	機械的発見学習	機械的受容学習

3．社会的学習理論

　さて，本章では，古典的学習理論，認知的学習理論を紹介してきたが，これらは，

基本的には，個人の学習を想定して提唱された理論である。これに対し，発達の章でも，ピアジェとヴィゴツキーの関係でも述べたように，仲間と学習する，あるいは仲間から学習する，というような社会的学習理論が提唱されている。そこで，社会的学習に関する学習理論を紹介したい。まず，バンデューラ (Bandula, A.) の観察学習を紹介する。これは，一般的にはモデリング学習ともよばれるもので，見本すなわちモデルを望ましい行動であると，児童生徒が定義し，モデルのように行動することを目指すという学習モデルである。バンデューラの示した観察学習のモデルを図4-5に示す。観察学習の概要は，記憶のモデルに対応する部分が多い。まず，モデルの行動を見たり聞いたりして記憶する。そして，その情報を記憶内に保持する。次に，実際に行動してみる。最後に行動に対するフィードバックが動機づけ過程として存在する。以上の要素に基づいて，観察学習は構成される。観察学習の特徴の中で重要なことは，モデルを見つけるのは，児童生徒自身の価値や特性，能力に基づいた，自主的な意思決定を伴う判断であるということである。有意味受容学習では，あくまで教師によって児童生徒に有益な情報が提示されることが計画されていたが，観察学習の場合は，何がモデルとなるかについては，教師が計画できる部分と計画できない部分がある。観察学習は，教育実践においては，ピアサポートなどの異年齢交流や，道徳教育の分野で計画されることが多いと考えられるが，

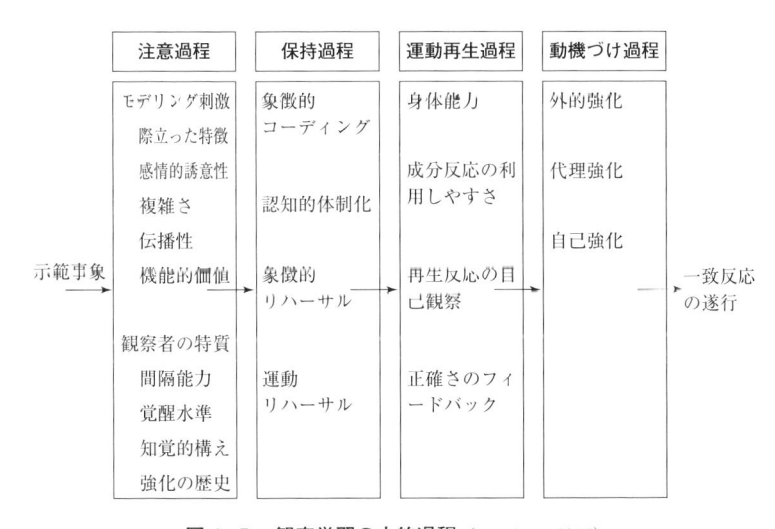

図4-5　観察学習の内的過程 (Bandura, 1977)

第4章　学習

それは，そのような活動が，モデルを提示しやすいという理由に基づくのではないかと考えられる。観察学習におけるモデルは，小学校課程においては，ピアサポートや道徳，中学校課程においては，さらに部活動などの課外活動に有効であると考えられる。

4．21世紀型学習理論：知識創造モデルによる学習指導

最後に，以上の学習理論をふまえたうえで，21世紀型の学習理論について説明する必要があるだろう。21世紀型の学習理論については，森（2010a）が，その方向性と柱を指示している（図4-6）。森は，21世紀型の学力について，次の3つのキーワードが基盤となると述べている。まず，ディペンダブルな学習である。これは，信頼できる学問的根拠に基づく学力を意味しており，従来の学校教育では，このディペンダブルな学力が育成されてきた，とされている。次に，ポータブルな学力が必要であると述べている。すなわち，学校で身につけた知識は学校の外では役に立たないという学力観を打ち消す必要があるからである。最後に，サステイナブルな学力の必要性を述べている。すなわち，従来の学校教育では，児童生徒の学習が学びの本来の意味である「自己形成のプロセス」から切り離されていたからである，と述べられている。学校時代に学習の意味や価値を見いだすことができない児童生徒は，学校を卒業すれば学ぶのを止めてしまう，と述べている。この点については，筆者も，大学や高等学校等での授業をするにあたって感じることが多い。高校生は，希望の大学に合格するためにさしあたって今の課題をこなす，大学生は卒業して就

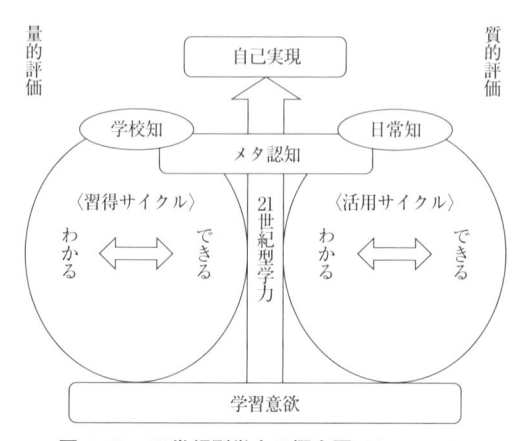

図4-6　21世紀型学力の概念図（森，2010a）

職するために授業に出席する，となかば公言しているような生徒や学生を見ることは少なくない。この点について，教育課程における教育や学習の不毛性を感じない新たなる道筋について考え続ける必要があるだろうと筆者は考える。

3節　学習の過程

1．特性に応じた学習（適性処遇交互作用：ATI）

　教育に関する学習の過程を理解するうえで，最も重要な要因のひとつが，児童生徒の特性を理解したうえで，学習内容や教具，カリキュラムを設定するということである。これを教育心理学では適性処遇交互作用（Aptitude Treatment Interaction：ATI）とよぶ。体験や実験によって学習が促進される児童生徒に対しては，発見学習型の授業が有効であるかもしれない。一方，自分で学習内容の意味的関連づけをするのが得意な児童生徒にとっては有意味受容学習のような授業が有用であるだろう。また，他者とのコミュニケーションや援助要請が得意な児童生徒にとっては，観察学習が有効であるかもしれない。このような，児童生徒の学習に対する特性（向き不向き）をふまえた学習過程をATIとよぶ。適性処遇交互作用はクロンバック（Cronbach, L. J.）によって提唱されたものであり，適正の違いによって処遇を変えることによって，教育効果を高めるというモデルである。深谷（2006）は，適性処遇交互作用について，次のように述べている。すなわち，「学習者の適性（特性，個性）として，学習者の学力や学習スタイルがある。知識を獲得していく際の認知的な活動や得意な学習活動の方法や様式に対する好みには個人差がある。適性処遇交互作用が起こりうるような学習者の特性としては，学習スタイル以外に，テスト不安や社会性などの性格特性や，学習意欲や学習態度のように状況による変化が起こりやすいものも含まれる学習意欲は個人の安定したスタイルというよりも，「これは大事だ」「面白い」という課題のとらえ方や，「あの先生は一生懸命教えてくれる」，などの社会的な関係で決まることが多い」というものである。

　実は，適性処遇交互作用は，教育にかかわる心理学のキーワードとして，とりわけ教員を志望する学生に理解してほしいものでありながら，なかなか理解してもらうのが難しいと感じるものでもある。実際，筆者は毎年，教育心理学の授業で1コマを使って教えて，試験で理解度を把握するが，よい成績であった年度でも，正答率は50％程度である。森（2010b）は適性処遇交互作用について，図4-7を用いて

第4章 学習

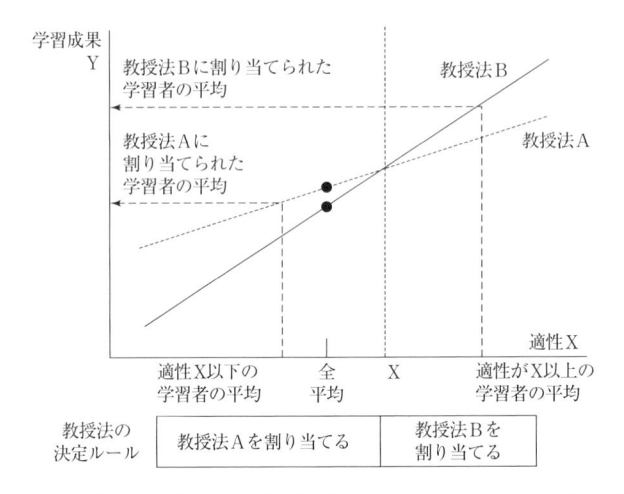

図4-7 適性処遇交互作用の模式図（Cronbach & Snow, 1977；森, 2010）

説明している。図4-7によると2本の直線の交点Xを境に学習成果が逆転している。教授法Aと教授法Bがありそれに対する適正がX以上であれば教授法Bのほうが，学習成果がよいのに対し，X以下であれば，教授法Aのほうが，学習成績がよい。ここで注意しなければならないのは，Xと全平均は必ずしも一致しないということである。すなわち，全体の平均点を基準に教授法を選択するのではなく，先述したように，個々のさまざまな適性を理解したうえで授業実践を行う必要がある。

2．学習の熟達

熟達とは，ある領域での長期にわたる経験によって多くの地域や優れた技能を獲得し，その領域での課題について非常に優れた問題解決ができるようになること（大浦，2007）とされている。優れたスポーツ選手は，われわれには不可能と思われるプレーをすることができるし，優れた芸術家などもわれわれの発想の及ばないような作品をつくることができる。しかし，われわれが日常生活をストレスなく行うことができるのは，われわれ自身が日常生活に必要なスキルの多くに熟達しているからであると考えられる。このように考えると，熟達には，領域一般的なものと領域特殊的なものがあるのではないかと考えることもできる。

大浦（2007）は，グレイサーとチー（Glaser & Chi, 1988）やエリックソンとスミス（Ericssonn & Smith, 1991）などの先行研究に基づいて，熟達に関する研究

の必然性には次の2つの側面があったと述べている。第1は，少数の人が示す優れた遂行は個人差，つまり，それらの人たちの一般的知能や基礎的な認知・知覚的能力の高さ，あるいは人格特性によっては十分説明できないことが明らかになったこと，第2は，人間の問題解決過程を，基礎的で領域を超えた一般性をもつ処理（情報の出入力，消去，変換，生成など）を用いて発見的探索をしていく過程として理論化する試みが十分な成果を上げえないことが徐々にはっきりしてきたことである，としている。

広義の教育において，熟達についての知識を身につけておくことは，教育に携わる者としては不可欠であるだろう。そこで本節では，初心者と熟達者の違いについて，学習方略の熟達について，生涯発達と熟達について検討したい。

初心者と熟達者の違いを検討するにあたっては，多くの先行研究があるが，ここでは，記憶の正確さについて焦点化したい。大浦（2007）はチェズら（Chase & Simon, 1973），を紹介し，チェスの熟達度と記憶の精度との関連を検討している。

大浦（2007）によると，チェスの熟達者は短期記憶の負荷を減らすために，長期記憶内にある駒の配置と照合して，駒の組み合わせを「熟知した配置」としてひとまとまりにまとめ（チャンク化），記憶したのだろうと考えた。それに対して初心者は駒をうまくチャンク化できないか，あるいは1つのチャンクに入る駒の数が少ないことが予想される。彼らはマスターから初心者までの指し手に，局面を5秒見てそこでの駒の配置を別のチェス盤に再現するという記憶課題を課した。実験の結果，熟達者は初心者よりもはるかに速く正確に盤の再現ができた。また，1つのチャンクに含まれる駒の数は技量が高いほど多く，また第1試行で再現されたチャンクの数もマスターは初心者より多かった。

同様の知見は日本においてもみられる。野島（2006）によれば，伊藤ら（2004）は，将棋のエキスパート（プロの棋士）を対象とした同様の研究が行われているが，9×9の盤面上を飛び交う40の駒の位置を数秒でほぼすべて正確に記憶し，それを再現することができる，とされる。また，単にでたらめに，すなわち，実際の対戦ではけっして現われないように配置すると，駒の位置はほとんど記憶できなくなってしまうという知見を得ている（図4-8）。

学習方略の熟達について，岩男（2006）は「思考力」を活かして，教育や学習の効果を促進することである，と指摘している。単純に内容を受け身の立場で丸暗記するよりも「思考力」を活かすことによって，より効果的な学習が可能になる。この点において，重要な役割を果たすのが，先述したメタ認知である。メタ認知とは，

第4章　学習

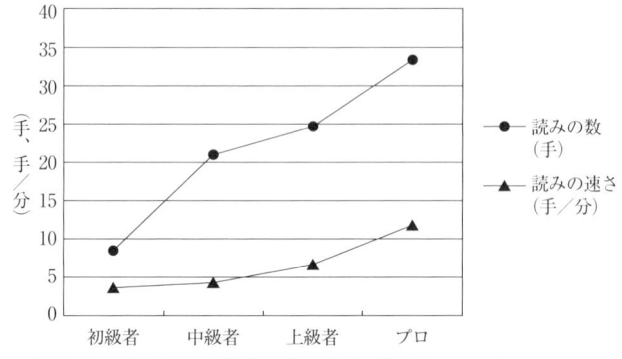

図4-8　棋力による読みの数と速さ（伊藤ら，2004）

認知についての認知であり，自分自身の認知過程の認知である。また，自分自身で気づき理解したうえで，さらにコントロールすることである（岩男，2006）。この過程は，後述する批判的思考の過程とも大きく関係する。

野島（2006）は，生涯発達と熟達化の関係について，次のような条件をあげている．
1．小さな頃からその課題に十分にふれる環境にいること
2．よく考えられた訓練を継続的に行っていること
3．その子どもが訓練に専念できるような金銭的・環境的な支援を家族が与えていること
4．その課題の楽しさを教えてくれる優れたコーチがいること

バルテスら（Baltes et al., 1999）によると，人の知的能力の発達は20歳前後をピークとして後は低下していくだけだという考え方に対し，認知能力を「文化的知識としての知能（pragmatic intelligence）」と「情報処理能力としての知能（mechanic intelligence）」の2つに分ける考え方を提案している。

この知見に基づき，野島（2006）は，人間の知的な能力やそこから創り出される熟達技能は，この2つの組み合わせによって実現されるのであり，たとえば記憶力が衰えたからといって能力全体が失われるのではない，としている。

また，楠見（2011）によると，カンズマンら（Kunzmann & Baltes, 2005）では，叡智を生涯発達における中心的課題と位置づけており，叡智を人生で遭遇する困難な課題を解決するための「人生に関する根本的・実践的考慮についての熟達化」として定義している。

このように，生涯発達の観点からみると，人生の最終的課題としての叡智は，個々

の方略ではなく，それらを包括する人間を幸福に追求させる動因となるのではないだろうか．

4節　学習の指導法

1．一斉授業

一斉授業とは，クラス全員に対して，教師が板書や教科書の音読，あるいはドリル学習など同じ課題を課す授業形態をさす．豊田（2008）によると，一斉学習の利点としては，計画的に授業を進めることができること，多数の子どもを一緒に教えることができるという点をあげているが，同時に，次のような問題点もあることを指摘している．
1．子どもの学習に対する積極性が乏しくなる（学習者の消極性）．
2．子どもの個人差に応じた指導ができない（個人差の無視）．
3．暗記的な知識の学習が中心になる（暗記（知識）中心）．
4．言葉での学習が中心になる（言語中心）．

以上のような問題点もあるが，多くの小中学校において，一斉授業はまだまだ主流であると言わざるを得ない．しかしながら，言語活動の重要性が指摘されるようになった現在，一斉学習の問題点を解消する指導法も試されるようになっている．

2．プログラム学習

個人差の無視を補う指導法のひとつに，プログラム学習がある．プログラム学習には，次の5つの原理があるとされる（豊田，2008）．
1．スモール・ステップの原理：学習目標に達するまでの過程を細かく刻んでいくこと．
2．積極的反応の原理：学習者が自発的に回答を出していくということ．すなわち，学習者の行動があってはじめて学習が成立するという考え．
3．即時確認の原理：学習者の答えの直後にその正誤を知らせること．正誤を知らせる時が遅れると，学習効率が低下する．
4．ヒント後退の原理：学習のはじめには，正答しやすいように多くのヒントを与えるが，学習が進むにつれてヒントを徐々に減少させていくこと．
5．自己ペースの原理：学習者が自分に合った速さで問題への答えを出し，学習

第4章　学習

を進めること。すなわち，問題を理解し考えるのが，速い者も遅い者も自分のペースで学習できる。個人差に応じる方法として最も大切な原理である。
　このようなプログラム学習の原理に基づいて学習指導計画を立てることで個人差に応じた指導を行うことが可能となる。

3．自己調整学習

　自己調整学習は，ジマーマン（Zimmerman, B. J）によって提唱され，今や，わが国の教育心理学における授業計画におけるひとつの手法として，浸透しつつある。ジマーマン（2001）は，自己調整学習の特徴を次のようにあげている。まず，生徒たちは，自分自身の学習過程の中で，メタ認知的に動機的に，行動的に積極的な関与者であるその程度に応じて，自己調整をする（Zimmerman, 1986）。第2の特徴は，自己調整のほとんどの定義の特徴は，学習しているときの自発的フィードバック・ループ（図4-9）である（Carver & Scheive, 1981）。第3の自己調整学習のすべての定義に共通する特徴は，生徒たちは，どうやってなぜある自己調整過程，方略，反応の使用を選択するかの記述である。自己調整学習は，すでに関連する領域と複合的構造を形成するようになっている。

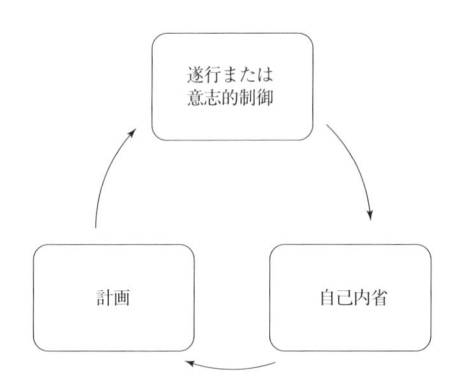

図4-9　自己調整学習の学習サイクルの段階（Schunk & Zimmerman, 1998）

4．協同学習

　協同学習とは，学習者同士の相互協力関係を生かした学習法のひとつである。ジョンソンらは，協同学習の構成要素として，相互協力関係，対面的－積極的相互作用，

個人の責任，協同の技能，グループの改善手続きの検討の5つをあげている。協同学習を取り入れた学習法には，ジグゾーなどの学習者同士の対面的作業を中心としたものだけでなく，インターネット上で学習活動を共有することを支援するシステムとして，CSCL（Computer Supported Collaborative Leaning）などがある。

(1) 協同学習の基本的構成要素

ジョンソン（Johnson, D. W.）らによると，協同学習とは，学習者一人ひとりの学力や学習意欲の向上を目指しながら，自分の学習と互いの学習を最大に高めるための方法の習得を目指す学習活動のことをさし，協同学習グループと旧来の学習グループの違いを表4-3のように整理している。

表4-3を見るとわかるように，協同学習とは，単に複数の学習者が1つの課題に取り組む学習法をさすわけではない。たとえば，掃除当番や給食当番のような生活班のシステムでは，生活班が一日の活動の大半をともに共有する。これに対し，協同学習では，1人の学習者ができるだけ多くの他者と交流する機会を多く設けるように課題や手続きを設定する。つまり，協同学習の活動の中には，個人の責任が重視されているか，リーダーシップの分担があるか，社会的技能の習得があるか，グループ改善手続きがあるかというような工夫が仕組まれる必要がある。

表4-3 協同学習と旧来の学習の違い

協同学習グループ	旧来の学習グループ
相互協力関係がある	協力関係なし
個人の責任がある	個人の責任なし
メンバーは異質で構成	メンバーは等質で構成
リーダーシップの分担をする	リーダーは指名された一人だけ
社会的技能が直接教えられる	社会的技能は軽く扱うか無視する
教師はグループを観察，調整する	教師はグループを無視する
グループ改善手続きがとられる	グループ改善手続きはない

(2) 協同学習の学習観・知識観

協同学習の理論的背景は，構成主義的心理学にあるといわれ，協同学習の知識観は，知識構築型であるとされる。知識構築とは，知識は公的な場で常に生成・刷新され，コミュニティのメンバーに共有されていくという概念である。協同学習と旧来のグループ活動の違いを理解することの難しさは，知的構築の考え方が難しいからではないだろうか。これを，協同学習の構成要素の特徴と関連づけて検討する。

第4章　学習

たとえば，協同学習ではメンバー構成を異質なもの同士にすることが望ましいとされる。最後にリーダーシップについて説明する。協同学習におけるリーダーシップの重要な点は，リーダーも多くの役割のひとつであるということである。協同学習の手続きでは，グループの成員には，一人ひとり異なる役割が割り当てられる。それら役割には，活動中の具体的な行動目標がある。リーダーシップとは，メンバーが各自の役割について，責任をもってグループに伝えるということである。

このように，複数の学習者が，1つの目標を共有し，それぞれの役割を尊重しながら，学習課題の解決に向かっていくのが協同学習が成立する重要な点である。

5．CAIとCSCL

コンピューターを用いた教授学習のシステムをCAIとよぶが，CAIの利点は，多人数の学習者に対して，教材をコンピューターで提示することにより，機械化された教授学習システムに基づいた円滑な個別学習を行える点にある。図4-10の伝統的CAI（第1世代）は，最も初期の学習支援システム形態とされる。ここでは，学習者は，ディスプレイに表示される問題に対して答えを入力するという形式で学習を進める。このような学習は，いわば枝分かれ型のプログラム学習に対応するものであり，伝統的CAIは，学習者が望むペースで枝分かれ型プログラム学習を進めることを可能にした。

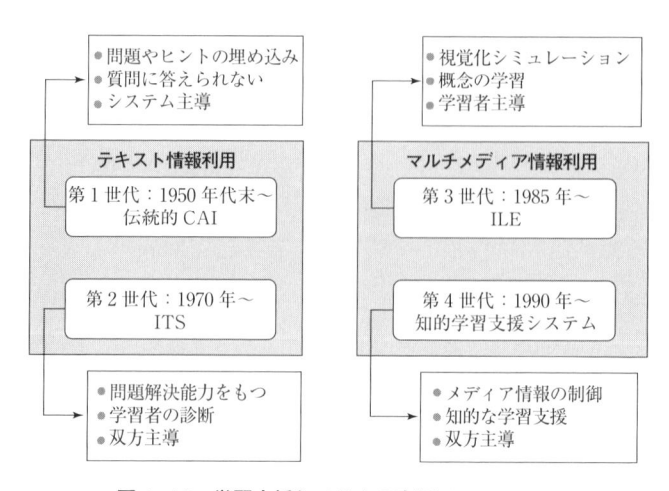

テキスト情報利用		マルチメディア情報利用	
第1世代：1950年代末〜 伝統的CAI	・問題やヒントの埋め込み ・質問に答えられない ・システム主導	第3世代：1985年〜 ILE	・視覚化シミュレーション ・概念の学習 ・学習者主導
第2世代：1970年〜 ITS	・問題解決能力をもつ ・学習者の診断 ・双方主導	第4世代：1990年〜 知的学習支援システム	・メディア情報の制御 ・知的な学習支援 ・双方主導

図4-10　学習支援システムの変遷（井上，2006）

一般に，インターネットを利用した学習をeラーニングとよぶが，eラーニングには，次のような特徴がある。まず，従来よりも大幅に自由度の高い遠隔教育を可能にするという点である。現在では，一般的な情報教室がもつ環境でも，インターネットを利用して国際間のコミュニケーションを図ることが可能である。あるいは，宇宙飛行士がスペースシャトルで行っている実験を，地球に住むわれわれがほぼ同時的に見ることが可能である。

　自由度の高い遠隔教育と並ぶeラーニングの特徴としては，コンピューターによる協調学習の支援がある。この，コンピューター支援による協調学習をCSCL（Computer supported collaborative learning）とよぶ。CSCLには，いくつかの実践例があるが，ここでは，ベライターとスカーダマリア（Scardamalia & Bereiter, 1994）が開発した「ナレッジフォーラム」を紹介する。ナレッジフォーラムは，学習者みんなが書き込めるデータベースとしての基本的な機能を備えている。すなわち，学習者が自分の考えを書き込んだり，互いに疑問に答え合ったり，他人の考えにコメントをしたりするという作業である。また，コメントを関連づけたり作図をしたりする機能も備わっている。ナレッジフォーラムでは，このような機能を利用して，複数の学習者がいくつかのグループを形成し，それぞれ異なるテーマに関する学習を進めていく。図はナレッジフォーラムの取り組みのひとつで，ろうそくの燃焼過程に関する調べ学習において，上記の活動が行われていることがわかる。

　このようなナレッジフォーラムをはじめとする実践例の知見をふまえて，森（2006）は，CSCLによる協調学習の長所として，次の2点をあげている。まず，共通のテーマを追求しているグループ間の協調学習が促進されたことである。次に，学習者のグループの成員は，互いに学習内容に関する他のグループの取り組みの内容についても認識していたということである。三宅（2003）は，ナレッジフォーラムの成果として，次の点を指摘している。まず，ナレッジフォーラムを利用したクラスの学生は，使用しなかったクラスの学生に比べて，読解力，語彙，つづりなどの言語テストの成績が優位に高かったことである。この傾向は，勉強があまり得意でないと考えられていた学生でむしろ顕著にみられた。次に，ナレッジフォーラムを利用し続けることにより，「新しく習うことについてうまく質問ができる」「友だちと協力して学ぶ習慣を身につけている」「自分の考えを証拠立てたり，他人の考えにコメントしたりする力を身につけている」といった，みずから学び考えるための自己効力感が高まったということである。

　このように，コンピューターを利用した学習は，単なる情報検索のための便利な

第4章　学習

道具という枠組みを超えて，学習者の学習意欲の向上に非常に有用なものとなっている。

第5章

学習の動機づけ

1節　学ぶ意欲の変遷：外発的動機づけと内発的動機づけ

1．内発的動機づけへの注目

　教育現場において，学習へ取り組む姿勢が成績に大きな影響を及ぼすことに大きな関心がある。その姿勢を生み出す推進力になるのが学習意欲であり，学習活動にかかわる動機づけの総称である。動機づけとは，ある行動を引き起こし，特定の目標の方向に導く力とされる。一般的に動機づけには，報酬や罰などのように，自分からではなく外から与えられて行動を起こす外発的動機づけと，行動すること自体に喜びを感じる内発的動機づけがある。報酬がなくなると行動もしなくなる外発的動機づけに比べ，自発的に，そして継続的に学習を進める内発的動機づけが評価されるようになったのは，以下のような研究結果からであった。

　デシ (Deci, 1971) は，大学生を対象に，内発的な意欲に対して金銭を与えるという報酬がどのような効果をもつかを検討した。報酬が与えられる大学生は，ソマというパズル課題でパズルが解けるたびに一定の報酬が与えられることを約束され，一方，解けても何も与えられない群も比較として用いられた。実際に用いられたパズル課題は，誰にでも解けるように計画されていた。その結果，自由時間の間にパズルに従事した時間は，報酬が与えられた群で低下していた。またグリーンとレッパー (Greene & Lepper, 1974) は，絵を描いて楽しむ幼児を対象に，じょうずに描けたら賞状をあげると約束して実際に賞状与える報酬期待群，事前に約束はしなかったが終えたときに賞状を与える報酬無期待群，そして事前に約束をすることなく，賞状を与えられることもない無報酬群との間で絵を描く意欲を比較したところ，報酬期待群が後に絵を描くことに自発的に取り組まない現象がみられ，内発的動機

づけの低下がうかがえたという。このように報酬を与えられることによって内発的な意欲が低下する現象をアンダーマイニング効果というが，アンダーマイニング効果を生み出すものが報酬というより報酬への期待であることが明らかにされた。

　デシ（Deci, 1971）は，みずからの行動の原因は自分でありたいとする自己決定の欲求が内発的動機づけの中核をなすと考えている。つまり他者から統制されていると考える状況ほど，自発的に行動することが少なくなる。金銭や物品は理由が明確な報酬であり，与えられる理由が明確なほど，それを得ることだけに執着することになり，他者に統制されていると思うようになるのであろう。

　さらに櫻井（2009）によれば，このような報酬による意欲の低下は，能力の高い子どもに現われ，低い子どもにはみられないという。したがって，よくできる子には，あたたかく見守るだけでよいといえ，一方で，意欲のない子の場合に，まず課題に取り組ませるきっかけをつくるため報酬を与え，少し意欲が出た段階では課題がよくできたら報酬を与えるのに切り替えるのが適切といえる。彼によれば，課題ができることによって報酬が与えられると有能感が高まり，人はみずから課題を遂行するようになるという。

　ただこのアンダーマイニング効果が生じない条件も確認されている。櫻井（2009）は，この効果は，情報的な側面の強い賞賛のような言語的な報酬にはあてはまらないとしている。つまり報酬を与える人と与えられる人の間の良好な人間関係のように，自分が統制されていると思わなければ内発的動機づけは低下しない。また安定した強い内発的な意欲をもつ子どもは，そう簡単には内発的動機づけは低下しないという。

2．外発的動機づけの再評価と発展：自己決定理論から

　人間が生きている状況からすると，内発的動機づけのように純粋に行動自体が楽しいから行うという場面は限られていよう。その行動によってなんらかの価値がもたらされることを期待するという外発的要素がからむのが自然であろう。

　ライアンとデシ（Ryan & Deci, 2000）は，外発的動機づけが常に内発的動機づけを損なうかというと，現在では必ずしもそうとらえられておらず，むしろ外発的動機づけの延長上に，あるいは前段階として内発的動機づけがあると想定している。むしろ内発的に動機づけられない子どもには，まず外発的動機づけを利用していくことが提唱されている。

　たとえば図5-1はデシとライアン（Deci & Ryan, 2002; Ryan & Deci, 2000）を

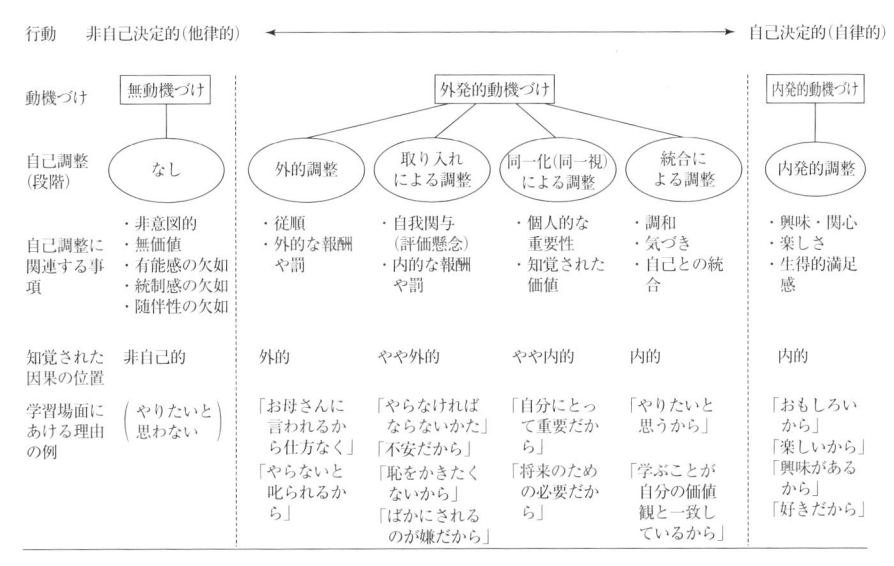

1節 学ぶ意欲の変遷：外発的動機づけと内発的動機づけ

行動	非自己決定的(他律的)					自己決定的(自律的)
動機づけ	無動機づけ	外発的動機づけ				内発的動機づけ
自己調整(段階)	なし	外的調整	取り入れによる調整	同一化(同一視)による調整	統合による調整	内発的調整
自己調整に関連する事項	・非意図的 ・無価値 ・有能感の欠如 ・統制感の欠如 ・随伴性の欠如	・従順 ・外的な報酬や罰	・自我関与(評価懸念) ・内的な報酬や罰	・個人的な重要性 ・知覚された価値	・調和 ・気づき ・自己との統合	・興味・関心 ・楽しさ ・生得的満足感
知覚された因果の位置	非自己的	外的	やや外的	やや内的	内的	内的
学習場面における理由の例	「やりたいと思わない」	「お母さんに言われるから仕方なく」「やらないと叱られるから」	「やらなければならないから」「不安だから」「恥をかきたくないから」「ばかにされるのが嫌だから」	「自分にとって重要だから」「将来のための必要だから」	「やりたいと思うから」「学ぶことが自分の価値観と一致しているから」	「おもしろいから」「楽しいから」「興味があるから」「好きだから」

図5-1　動機づけのタイプ，自己調整のタイプを中心にした自己決定連続体のモデル (櫻井, 2009)

参考に櫻井（2009）が作成したもので，学習の制御を自己決定性から配列したものである。取り入れによる調整とは罪悪感や不安感を取り払おうと，自分が有能であることを他者に見せたりする制御であり，同一化による調整は，学習することが自分にとって重要であると感じられることによる動機づけである。続いて自己にとって大切なことだからやるという統合による調整づけ，さらには楽しいからするという内発的動機づけにいたる。ここでの取り入れや同一化による調整については，自己決定性はさほど高くないものの，価値を取り入れたり同一化するきっかけとなるのが他者との関係性，とりわけ教師との関係性に影響される点に注目すべきであり，さらにこれらは現在重視されているキャリア教育にも関係している。教師から与えられる賞賛は外発的動機づけであるが，教師と生徒との人間関係がよい場合は，生徒の自己効力感を向上させるといわれ，人間関係しだいで内発的動機づけにつながる。西村ら（2011）によれば，外的，取り入れ，同一化，さらに内的な調整のうちのどれが，将来の成績評価と関連していたかを探った結果，途中の時点では取り入れによる調整が学業成績に正に影響していたが，1年後に正に影響していたのは同一化による調整であったという。

青戸（2013）によれば，学校の勉強をがんばって母親に褒めてもらうのが目的の

子は，母親からの賞賛という外発的動機づけに基づいているが，並行してしっかり理解したいという気持ちがもともとある場合は，さらに興味深く勉強に取り組むようになるという。

2節　学習の意欲を高める要因の基本的次元

1．学習の手段・目的と自律・他律

外発的動機づけは，結果が得られると結果が目的だけに終息してしまうが，内発的動機づけは学ぶ過程が目的であるため終息せず，逆に持続するという。それゆえに内発的動機づけに基づいたみずから継続して学ぶ姿勢は推奨できよう。自律性とは，他者からの指示などを受けず，自分の行動をみずから律するという性質のことをさし，他者からやるように強制されて仕方なく学ぶ統制的な学びとは対置される。

櫻井（2009）は表 5-1 のように，内発的と外発的を分ける観点として，「目的-手段」，と「自律-他律」をあげている。内発的動機は学ぶこと自体が面白くて学ぶことで，学習自体が目的で自律的に取り組む性質をもち，一方の外発的動機は報酬がほしかったり罰を避けるための動機であり，その学習は手段であり，他者から統制されて取り組む性質をもつ。なお櫻井（2009）は，賞賛のように，たとえ手段であっても，他者に依存するネガティブさのない自律もあるといい，それを社会化された外発的動機づけとよんでいる。

表 5-1　内発的動機と外発的動機の分類（櫻井，2009）

分類の観点	動機	
	内発的動機	外発的動機
目的-手段 （目標性）	学習が目的 目的的な学ぶ意欲 例： おもしろいから学ぶ	学習は手段 手段的な学ぶ意欲 例： ＊ご褒美が欲しいから学ぶ ＊憧れの大学に入りたいから学ぶ
自律-他律 （自発的）	自律的な取り組み 自律的な学ぶ意欲 （自ら学ぶ意欲） 例： 自ら進んで学ぶ	他律的な取り組み 他律的な学ぶ意欲 （統制的な学ぶ意欲） 例： 教師がやりなさいと言うので仕方なく学ぶ

ワイナー（Weiner, 1979）は，成功の原因帰属について，自身の能力と内的で不安定な自身の努力不足に求めるとますますやる気が起こるとし，特にコントロールできる努力に帰属するとやる気が起こる点に着目しているが，これが自律につながるのである。

2．学習内容の重要性と学習の効利性

図5-2の市川（1995）の唱えた学習動機の2要因モデルは，内発的動機づけや外発的動機づけにかかわるさまざまな動機づけを，学習内容の重要性と学習の効利性に基づいて分類したものである。まず学習内容の重要性とは，学習内容そのものを重視しているかどうかの次元であり，重要性が大きいものは学習に直接かかわる充実，訓練，実用志向であり，小さいものは学習が間接的な関係，自尊，報酬志向である。重要性の小さいものの中でも，他者につられての関係志向や，プライドや競争心からという自尊志向は，学習のあるべき理想とは異なるが，人間関係が重視される学齢期においては無視できない志向であり，速水（2006）が指摘しているように他者と比較して有能感を高める仮想的有能感が指摘される現代の若者においては，その傾向が強いと予想される。しかし，最初は目的を達成するための手段であったものが後に目的に変わる「機能的自律」にもみられるように，最初は学習内容を軽視していても，やがて関係や自尊志向をきっかけとして，しかも経験を積むことによって，充実志向や訓練志向に移行する可能性がある。教員からの賞賛を得るという外発的と思える動機から学習内容への興味が湧き，内発的動機づけが高まる

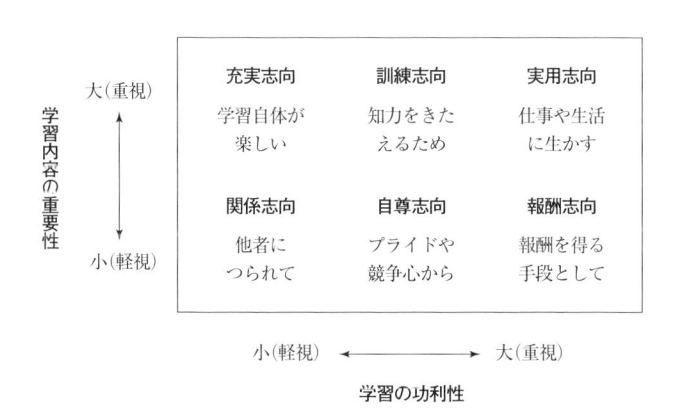

	小(軽視) ← 学習の功利性 → 大(重視)
大(重視)	充実志向　　訓練志向　　実用志向 学習自体が　知力をきた　仕事や生活 楽しい　　　えるため　　に生かす
学習内容の重要性	
小(軽視)	関係志向　　自尊志向　　報酬志向 他者に　　　プライドや　報酬を得る つられて　　競争心から　手段として

図5-2　学習動機の2要因モデル（市川，1995）

こともありうる。学習の効利性とは，学習による直接的な効果をどの程度期待しているかであるが，面白いだけでは物足りず，資格取得も求める現代人の生き方にとっては重要である。

3．学習の意欲を高める認知的要因

村山（2010）によると，学習の意欲を高める理論には動機論と認知論との2つの流れがあるという。以下に授業場面で学習の意欲を高めると思われる認知論に基づくものを中心にそのいくつかを紹介する。速水（2012）によれば，認知論は意識的なものを指し，中でも自己効力感といった概念は，外界との相互作用を意識した概念で，原因帰属理論は高い認知を指し，達成目標理論や自己決定理論は，「なぜ〜するのか」という行動理由まで問うものであると述べている。

(1) 自己効力感

われわれは何かの課題を与えられたときに，できそうだと思えるとやる気が起こるであろう。つまり期待が達成への動機づけを促すのである。

バンデューラ（Bandura, 1977）は図5-3のように，期待は大きく分けて2つあり，1つは自分がある目標達成のための行動ができるかどうかであり，もう1つはある行動をとったときに結果的にある対象が得られるかどうかであるとしている。前者は効力期待，後者は結果期待とよばれる。この子はやればできるというのはよく聞く言葉だが，実際には成果が出ないことが多い。一方で，よく努力するといわれる子が伸びるのも，結果を生み出すもとになる行動をこつこつと積み重ねるからであろう。個人によって知覚される効力期待は自己効力とよばれ，個人にとって「やれそうだ」という期待を促すような操作が必要であろう。英語の試験で高い得点を取るのは結果期待だが，毎日ラジオの英語講座を聞けるのは効力期待である。このように「やれそうだ」という期待が起こるのは，遠い目標ではなく，近い目標である。高校野球の投手にとって，三振を取りたいというのは遠い目標であろうが，コーナ

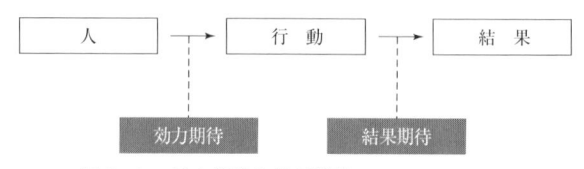

| 人 | → | 行　動 | → | 結　果 |

効力期待（人→行動）　結果期待（行動→結果）

図5-3　効力期待と結果期待（Bandura, 1977）

ーぎりぎりに投げるためのフォームをつくり上げるというのは近い目標で、それなら努力によってできそうである。

(2) 原因帰属

何かに成功したり、失敗したときにわれわれは何がその成功・失敗をもたらしたかを考えるであろう。たとえば、自分の能力と考えたり、努力したから、あるいはたまたま運がよかったからと考えるかもしれない。このように過去の成功・失敗の原因をなんらかの要因に求めることを原因帰属という。

ワイナー（Weiner, 1979）は表5-2のように、課題の成功・失敗の原因を内的－外的次元と、安定－不安定という2次元からとらえた。内的の安定は能力で、不安定は努力である。また外的の安定は課題の困難さで、不安定は運である。そして内的で不安定な努力に帰属させるときに、最も課題遂行に動機づけられるという。内的で不安定ということは、自分（内）でコントロールできること（可変）であり、自己決定の意味に近い。ドゥエック（Dweck, 1975）は、この失敗の原因を努力の不足にみなす再帰属訓練によって、無気力になっている子どもにやる気を出させることができるとした。彼女は、自分に能力がないから学習が進まないと思っている子どもに対して、「努力が足りないからだ」と認識させるような訓練を考案した。彼女は8歳から13歳までの子どもたちを対象に、算数の問題を解く練習を1日に15回するように求めた。その際に、基準が低めで必ず成功するように設定されている成功経験群と基準が比較的高めで2、3回は失敗するように設定されている再帰属訓練群の2つを設け、後者で失敗した際にはその原因が努力不足であることを告げるよう操作した。その結果、成功経験群は難しい課題に出会うと成績が急激に低下し、以前に解けた問題でさえ解けなくなるのに対して再帰属訓練群は、難しい課題に出会っても成績が大きく落ち込むことはなかったという。この結果から、失敗しても努力すればできるという信念は後の学習を促すことがわかる。

ただ、この原因帰属で懸念されるのは、中谷（2006）が指摘するように、努力し

表5-2 原因の位置, 安定性, 統制可能性の次元から分類した成功・失敗の帰属因（Weiner, 1979）

統制可能性	内的		外的	
	安定	不安定	安定	不安定
統制不可能	能力	気分	課題の難しさ	運
統制可能	不断の努力	一時的な努力	教師の偏見	他者からの思いがけない援助

ても失敗する場合は自分の能力を低くみてしまうことである。セリグマンとマイアー（Seligman & Maier, 1967）の学習された無気力とは，どのように回避行動を試みても電気ショックから逃れられない犬が，最終的には何も行動しなくなる現象であるが，行動しても結果が伴わないことの認知が，深刻な事態をもたらすことを示している。

(3) 達成目標理論

　学習する目標を何に置くかには個人差があるという。ドウェック（Dweck, 1975）は，達成するための目標を学習目標と遂行目標の2つに分けている。中谷（2006）によれば，学習目標とは，「新しいことをしたい」「新しいことを知りたい」「何かにチャレンジしたい」とか何か学んで熟達したいという目標のことであり，一方の，遂行目標は「よい成績を取りたい」「教師に認められたい」という評価や目に見える形での成績を求めることであるという。前者は内発的動機づけに，後者は外発的動機づけに近い。学習目標のような新しいことをしたいという目標では，たとえ失敗しても粘り強く続ける可能性が高いが，よい成績を取りたい場合のような遂行に焦点を当てる目標では，他者からの評価を気にするため，内容を学ぶという本質的なものから遠ざかる可能性が高い。

　エリオットとドウェック（Elliot & Dweck, 1988）は，小学校5年生を対象に，能力を伸ばすことを目的とする学習目標群と，他者から望ましい評価を得たいとする遂行目標群を設定し，学習目標群には「実験課題を解くと学校での勉強に役立つ」と告げ，遂行目標群には「後から成績が評価される」と告げた。どちらの群にも事前に正答のわからない課題が与えられ，課題の結果に対する評価について肯定的評価と否定的評価が半々になされた。その結果，学習目標群では肯定的評価と否定的評価の間でその課題への取り組みに差がみられなかったのに対して，遂行目標群では否定的評価を受けた子どもたちの課題への取り組み方が悪化した。この結果から，子どもが他者から望ましい評価を得ることを目標とする場合，否定的評価が与えられると目標に志向する行動が悪化したり，否定的な感情を抱くことが明らかとなった。したがって，結果が重視される場面での否定的評価はみずから学ぶ意欲を低下させることがわかる。

4．学習評価と学習意欲

　学習の評価が学習意欲に影響を及ぼす代表的な研究を以下にあげてみよう。鹿毛・

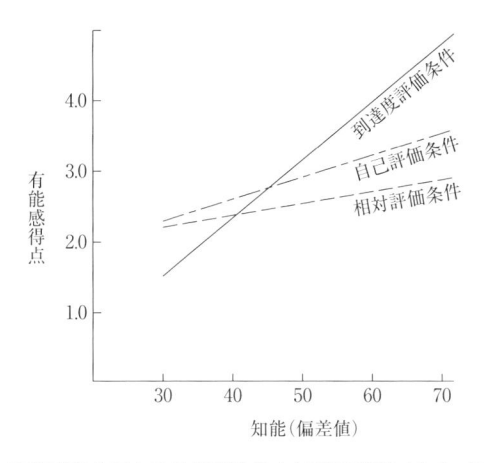

2節　学習の意欲を高める要因の基本的次元

図5-4　有能感得点における評価条件と知能の関係（鹿毛・並木，1990）

並木（1990）は，小学校6年生対象の算数の授業において，教師からの指示が，児童自身が設定した基準値をどのくらい達成したかを意識させる到達度評価群と，クラスの中で自分がどのくらいの位置にあるかを意識させる相対評価群，教師からの指示はなく，自分で評価する自己評価群の3群間で，プリントの自主提出，有能感や強制感を比較したところ，プリントの自主提出では相対評価群よりも到達度評価群が高く，有能感では到達度評価群が高く（図5-4），知能レベルが高いほどその傾向が顕著になり，強制感では相対評価群が高くなっていたという。このように目標を立てさせて自分で評価するように意識させた場合には，内発的動機づけを促し，有能感を増すことがわかる。

5．子どもの学習意欲を育てる学習内容について：因果性と包摂性のある学習内容

　現職の教師が考えるところの，子どもを意欲的にさせる授業の要素としては，見通し，必然性，納得などの要素がある（山口大学教育学部附属光小学校・中学校，2012）。また関連する教材との心理的距離の近さ，つまり親しみも必要とされる。それらを満たす教育心理学上の用語としての，因果性や包摂性，さらには親近性にかかわる例を紹介してみる。ここでは，指導内容と用いる教材の間に包摂性や親近性があれば解決への見通しが見いだせ，因果性や論理性があれば解決への必然性が生まれ，結論にも納得がいくと考えた。

第5章　学習の動機づけ

(1) 因果性

西林（1994）は，「間違いだらけの学習理論」として，現在の学校教育で使用されている教材には論理的なつながりが欠けると指摘している。そして彼は，論理的つながりをつける知識として以下のような例をあげている。

たとえば，アメリカンインディアンの居住場所と住居という関係で，
(a) 北西海岸のインディアン：杉の板材でできた斜めの屋根の家
(b) カリフォルニアのインディアン：日干しレンガの家
(c) 平原のインディアン：ティーピー（テント）

```
       住居は手近の材料によって作られる
       住居は気候や生活様式に左右される
      /                              \
 降水量大・大きな              大きな木が必要
 木が育つ・冬寒い              雪が積もりにくい
      |                              |
   北西海岸                   杉の板材・斜め屋根


       住居は手近の材料によって作られる
       住居は気候や生活様式に左右される
      /                              \
 大きな木が育たない               雨が少ない
 雨が少ない
      |                              |
  カリフォルニア                 日干しレンガ


       住居は手近の材料によって作られる
       住居は気候や生活様式に左右される
      /                              \
 バッファローを追う              移動が楽である
      |                              |
     平原                      ティーピー（テント）
```

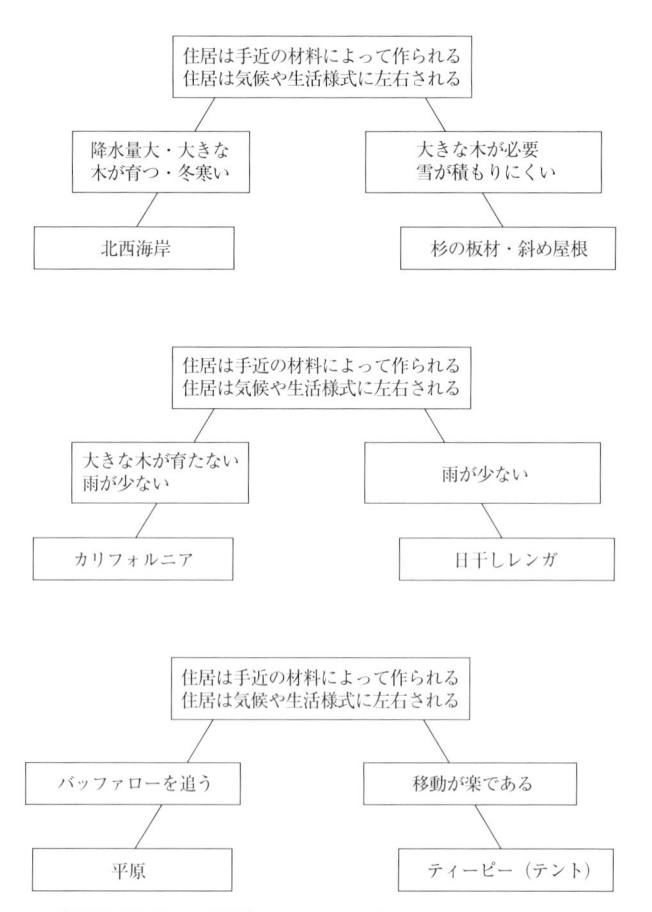

図5-5　住居場所と住居の関係における必然性のついた知識状態（西林，1994）

があげられたとしよう。

　この（a）（b）（c）は一見無関係に見えるが，1つのジャンルと考えると関係が見えてくる。つまり左の項目と右の項目との間にある必然性をつけることができれば，意味のある内容に見えてくる。まず「インディアン」から，インディアンたちは，工業化されていないから，身近な材料を使って家を作っただろうとは容易に想像できよう。この気候に適した家というジャンルから（a）（b）（c）を眺め，北西海岸について考えると，「シアトルという都市がある」「水産業が盛ん」などの特徴の他に，「降水量大」という特徴が浮かぶであろう。図5-5のように，上層の大きな法則である「住居は手近の材料によって作られる。住居は気候や生活様式に左右される」によって，北西海岸は，降水量大で，大きな木が育ち，また板材の屋根には，雪につぶされないために大きな木が必要で，屋根を斜めにするのは雪を積もらせないためということがわかる。

　図の中の上層を法則的知識とよび，下層を個別的知識とよぶが，さらに2つを結びつける「降水量大，大きな木が育つ，冬寒い」という接続的知識が重要となる。この接続的知識に生徒が気づけるように導くことが教師には求められる。

(2) 包摂性と親近性：メタファによる例示

　メタファとは新規な情報に対して，学習者のなじみのある知識の中から共通する要素を顕著にもっているものである。内容が共通していて包摂できるような情報を事前に与える学習として，有意味受容学習があるが，メタファは新規な情報と特徴的な部分が共通していて，しかも具体的であることが多い（田邊，2012）。

　たとえば，英語学習にもメタファが役に立つ。新幹線車内のテロップで，"bound for Tokyo"（bindの受動態bound）という英語文字が出る。鉄道は一方の場所から一方の場所に線路でつながれるイメージがある。その一方の場所が東京であり，列車は東京に向けて（for）進む。つながれるイメージから途中で停まる駅は，make a short stop at ○○になる。atは点のイメージでああり，つながれた線の途中の点が駅である。このようにイメージにすると英語の意味が自然と理解できる。

　理科の学習では以下のように，2003年度にアメリカ合衆国バージニア州にあるミドルスクールが採用した生物の教科書に載っていた「細胞は町」というメタファの例をあげてみたい。

　　■細胞の部位
　小さな町あるいは市を思い浮かべてください。それにはどんな部分がありますか。

道路があり，工場があり，学校があり，家があるでしょう。電力線もあり，電話線もあるでしょう。町ではいろんな人が働いて，町あるいは近隣の地域が必要とするサービスを提供しています。どの人も専門的な職業をもっています。どの建物もそれぞれの使用目的をもっています。すべての人と，サービスと，建物と，その構造が働き合って，町が円滑に動くようになっているのです。

　細胞はその小さな町あるいは都市なのです。細胞のそれぞれの部位は，独自の仕事をもっています。どの部位も細胞が生活を営むのを助けています。どの部位も，細胞がうまく働き続けるのを助けています。それはちょうど町のそれぞれの部門が協力して運営されているように，細胞の部位同士も生きるために協力して働いているのです。

子どもは，イメージできる町の概念から，細胞というイメージしにくい内容を親しみをもって理解できる。また包摂性があると見通しができ，違和感のあった教材とのズレが少なくなり，もっと知りたいという知的好奇心が湧く。

3節　キャリア教育から見た学習意欲

1．キャリア教育と学習意欲

　みずから学ぶ意欲はみずから働く意欲につながるのだろうか。櫻井（2009）は，自律的志向性が高いほど就業動機の自律性が高く，統制的志向性が高いほど，就業動機の自律性が低いとしている。そして西村・櫻井（2013）は，日本の小中学生を対象とした，学習動機づけの構造的変化について，小学校から中学生に向けて，自律的な動機づけは減少する一方で，統制的な動機づけは増加することを指摘している。ここで，日本の中学生においては，就業動機が見えなくなることが危惧されている。

　キャリア教育がはぐくむ要素としては，人間関係形成能力，情報活用能力，将来設計能力，意志決定能力の4つの要素が必要とされている。また下村（2009）に従って，キャリア教育のあり方を学校段階ごとに見ていくと，まず，小学校のときには，職業とか将来という言葉は抽象的すぎるので，具体的な人物を通してベースになるような経験をするのがふさわしい。一方で，中学生にもなると，抽象的な職業や将来といったことがわかり始め，実際に職業の現場を見学したり，体験したりすることにより意欲がわく。そして高校にもなると，そもそも学業成績や興味関心が似た

者同士が同じ高校に進学することもあって，学校生活自体がキャリア教育に近い。

　出会いに生き方を学ぶのは，まさに小学校のときの具体的な人物を通してであり，学習の調整としては価値観の取り入れや同一化の段階である。それが中学になると，「内省による夢づくりモデル」と「キャリア疑似体験モデル」が重要になるという。夢見る力と自分を見つめ選択する力を培うからこそ，職場体験などのキャリア疑似体験が必要となるだろうし，自分をふり返ることができるからこそ，体験が生きてくる。

　筆者は，2010（平成22）年度に山口大学教育学部附属光中学校の2年生を対象に，大学院生によるキャリアカウンセリングを実施した。その内容としては4段階を設けたが，第1段階としてまず友だちの興味関心を知ること，そして将来の職業選択への不安を共有することを目的にし，どのような興味関心をもっているかを開示させた。第2段階では，友だちから自分でも気づかない適性についての気づきをもらう。第3段階では，職業選択にためのいくつかの価値観についてお互いに討論し合い，職業選択の目的を明らかにした。用いた価値観は，やりがい，収入，地位・名誉，周りからの期待，適性，家族，健康等であった。最後の第4段階では，人生曲線を描いて，その中には失敗経験と対処を含めてリアルな将来展望をさせた。以上のように，自分の得意なものを他者との話し合いから気づき，自信をもって将来設計をしていく方法を示した。

2．各発達段階における学習意欲の姿

　以下に，学ぶ意欲と各期の主立った特徴との関係を櫻井（2009）の見解を中心に，上淵（2008）も参考にしながら解説してみる。

(1) 乳幼児期におけるみずから学ぶ意欲と発達

　この時期は，親とのアタッチメントを中心にして，安心して学べる人的環境の基礎ができること，知的好奇心が旺盛なことが特徴である。

　重要な他者に代表されるように，幼児が投げかける質問に即座に解答したりヒントを与えてくれる環境のことを「応答的環境」と呼び，応答してもらうことによって，子どもの知的好奇心や学習活動はさらに活性化され発展する。上淵（2008）によれば，この時期の意欲は，環境との効果的な相互作用をさすコンピテンス動機づけとよばれるという。コンピテンスとはエネルギーと能力が一体となった概念である。したがって，2～3歳くらいまでの幼児は，何にでも興味をもち探索する拡散

第5章　学習の動機づけ

的好奇心が旺盛で万能感も強く，3～5歳くらいの幼児は，興味深い対象を深く探索する特殊的好奇心も旺盛である。また母親とのアタッチメントが形成されるので，同意を求めては褒められるとやる気が起こる。4歳までには1人で食事ができ，1人で衣服の着脱ができ，1人でトイレに行ける。そのことによって自分に自信（有能感）をもつが，この自信をはぐくむためにも，周囲からの反応が大切な時期である。上淵（2008）によれば，5歳の子どもは努力というより結果に焦点を当て，失敗した結果によって無力感を感じるという。櫻井（2009）は，この時期の子どもは褒められるとやる気が起こるが，逆に母親や周囲の大人が「どうしてこんなことができないの？」と否定的な言葉をなげかけられると無力感を強く感じると指摘する。

(2) 児童期におけるみずから学ぶ意欲と発達

児童期に入ると記憶方略が自発的に使えるようになり，記憶量が増大する。短期記憶だけでなく長期記憶も増大し，思考の材料が増える。したがって，多くの知識が有機的に蓄積され，知的好奇心や有能さへの欲求が刺激される。

小学校中学年くらいになると他者に勝ちたいという優越欲求が強くなる。学習行動レベルの挑戦行動が活発となり，同じような能力をもつ子どもを相手に競争するしたり，グループで競争させるといった工夫があるとやる気が起こる。

上淵（2008）によれば，低学年では知的な能力は変容可能ととらえるが，高学年になると努力しても能力は増えないととらえる。つまり増大的知能観から実体的知能観に変化するという。その影響から，自分の能力がどのように評価されるか，自分の能力をどのように他者に誇示し，あるいは隠すかに関心が向けられるという。したがってこの時期は，同年齢の他者との間でしのぎを削る競争をうまく利用すればやる気が起こるが，同時に他者からの自己への評価を気にする時期であり，結果によって勉強に対する内発的な価値は低下する可能性があり，注意を要する。

(3) 青年前期（中学生）におけるみずから学ぶ意欲と発達

この時期は，有能さへの欲求が旺盛なのに加えて，自己理解が重要な課題となる。向社会的欲求が充実してくること，自己実現の欲求が形成され始めるのが特徴である。

青年前期には，優越欲求は児童期以上に強くなるが，どんな教科でも友だちに勝ることは少なくなる。不得意教科では，人と比べるような相対評価よりむしろ，自分の成長が確かに確認できるような絶対評価や個人内評価も採用して，それなりの

有能感を得ることが必要になる。児童期後期から青年期前期になれば，一般的な他者の立場になって考え，共感し，思いやりのある行動を取る向社会的な能力も発達し，学習意欲にも影響を与える。

そのような発達に従って，中学生くらいからは，自覚的に目標や計画を立て，学習活動が展開できる自己調整学習も可能となる。学習結果を自分で評価し，できれば自分を褒め，新たな目標や計画を立てるし，できなければ現在の目標や計画を修正することができる。この時期は，人格的要素を多分に含んだ自己調整能力がやる気を起こすといえる。

(4) 青年期中期（高校生）におけるみずから学ぶ意欲と発達

この時期は，安心して学べる人的環境が確保されると，新しい環境で意欲的に学ぶことができる。またこの時期は，幼少期から培われてきた知的好奇心と有能さへの欲求が，向社会的行動と融合して，自己実現の欲求へと発展していく。さらに自分の興味関心が職業につながることを目標にして学ぶ意欲を高めていく。

(5) 青年期後期（大学生）におけるみずから学ぶ意欲と発達青年期後期の教育

大学では，同じ専門の学生との人間関係を結び，お互いを刺激し合って意欲を高める。専門性を発展させた自己実現の欲求を充実する時期であり，モラトリアムとしてインターンシップやアルバイトの体験しながら職業選択を現実化していく。

4節　意欲を高める教師からの働きかけ

1. 自律性を促す教師の働きかけ

教師の自律性の支援と子どものやる気は関連性がある。櫻井（1991）は，小学校4年から6年の子どもたちに内発的動機づけならびに有能観との関連を検討した結果，自律性を支援するように指導した教師の学級は，統制的に指導する教師の学級に比べて，子どもの内発的動機づけや有能観が高かったという。また中山（1989）は，小学校6年生を対象に児童の動機づけ志向の内容と教師の指導態度の認知の関連を調べた結果，社会的志向性が高い群は，教師をアドバイスや指示をたくさん与えてくれる存在として，また教師から多くの情報を得ていると認知していたという。社会的志向性は，いわゆる向社会性と類似しており，教師をポジティブに認知してい

ることと向社会性には関係がある。

2．みずから学習する子どもを求めた授業内容

以下では，授業の内容に自然に学習意欲が高まるような工夫が施されている山口大学教育学部附属光中学校（2012）の授業方針を紹介しよう。その概要とは，図5-6のように中心発問1と2を使用したもので，生徒たちの意見をできるだけ多様に出させる拡散と，おもな対立する意見に収束させて授業を価値あるものにする伝統の授業構造である。

導入部分の後に，中心発問として拡散的思考を促すような質問をする働きかけをする。そして，多数の意見が出たところで，対立する意見を提案し，討論を促す。そして討論が煮詰まったところで，生徒たちの考え方を収束させるための中心発問が登場するが，これはおもに生徒だけの活動に行き詰まったところで，授業の核心

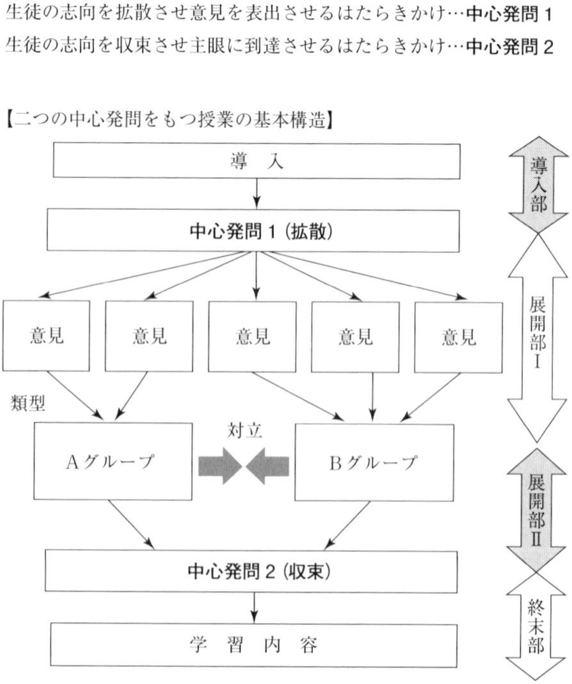

生徒の志向を拡散させ意見を表出させるはたらきかけ…**中心発問1**
生徒の志向を収束させ主眼に到達させるはたらきかけ…**中心発問2**

【二つの中心発問をもつ授業の基本構造】

```
                    導　入
                      ↓
              中心発問1（拡散）
         ↙  ↙    ↓    ↘  ↘
     意見 意見 意見 意見 意見
       類型 ↘ ↓     ↓ ↙
           Aグループ ⇔対立⇒ Bグループ
                 ↘       ↙
              中心発問2（収束）
                      ↓
                  学 習 内 容
```

導入部 / 展開部Ⅰ / 展開部Ⅱ / 終末部

図5-6　2つの中心発問をもつ授業構造（山口大学教育学部附属光中学校，2012）

部分に迫るための発問である。そして終末部では，生徒がふり返りを行い，授業のもつ価値を認識させる。

　この授業形態に近い伝統的な方法が，科学優位な考えと素朴な考えを児童生徒に闘わせ，最終的には結論に導く資料を教師が導入する仮説実験授業であろう。ここで教師が試されるのは，仮説実験授業と同様に，拡散的な質問をして提出された子どもたちの意見が，最終的に中心発問２に行かせる，いわば収束できるような展開にもっていくところである。拡散的には，子どもたちの知識を賦活させる方法としてメタファやアナロジーも用いられよう。たとえば，イソギンチャクとヒトデはどちらが大食漢かを考える問題では，子どもは自分たち人間に置き換えて，手をたくさん動かせるイソギンチャクのほうがお腹が減るのではないか，あるいは大きいヒトデのほうがたくさん食べるとか比較して考えるだろう。拡散させてから収束させていく箇所は，見通しや必然性があるからこそ起こりうるものである。

　光中学校は，以上のような伝統的な授業構造に基づきながらも，３年間にわたって以下のような学ぶ意欲を育てる構想を示した。

　まず，具体的な提案としては「つながる」授業を考案した。初年度は，学ぶ脈略を大切にして，手探りとして知識のつながりに焦点を当てた。具体的には，身近な生活から当該教科で身につけている知識や技能，見方や考え方（まとめて既習事項），他教科の既習事項，生活経験の中でつながることで世界が広がることを感じさせた。ここで身につけているものと矛盾や不確かさを含む未知の要素には距離があり，身近な材料を与えて距離を縮め，見通しがもてる工夫も考えられる。たとえば日常生活や社会からのつながりとしては，メタファやアナロジーも一例としてあげられる。ただメタファやアナロジーを導入の後に挿入するか，展開の後に挿入するかの見解が分かれる。

　２年目には，注目すべき子どもたちの３つの様相とそこで求められる教師の役割を設けた。つまり生徒のわかり方の「ありのまま」の姿から，「行き詰まり」の姿，「旅だち」の姿への進展である。特にやる気を起こすには「行き詰まり」の姿から乗り越えることに注目した。

　子どもの学びの姿は，時には独りよがりであったり，一面的でかたよりのあったりするものである。そこで導入する学習課題としては，壁を用意し，教師が資料を与えて乗り越えさせてものである。この壁にぶち当たった様相を「行き詰まり」の姿とよぶ。揺さぶりの質問とも呼ばれるものである。

　たとえば，中学の社会科で，アフリカ統合はアフリカ版EUになれるかという課

第5章　学習の動機づけ

題を出して，アフリカといえば工業化が進んでいないと漠然と考える生徒に対して，ガーナでチョコレートの生産よりカカオ豆の輸出が高いという身近な例について考えさせた。その授業内容と活動の概要を図5-7に示した。それは，原材料提供国と先進工業国の貿易関係の資料を見せ，国際分業が効率的に行われている事実と，モノカルチャーという単一作物や生産物に依存する国家の経済的基盤の弱さを見せて，子どもを観察者の立場から全体的な視野に立たせる内容である（山口大学教育学部附属光小学校・中学校，2012）。この貿易関係のたとえとして，宗主国と植民

1　カカオ豆生産量の上位国を予想する
2　ガーナのチョコレート生産量を予想する
3　ガーナでチョコレートの生産がさかんでない理由について予想する

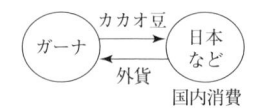

4　ガーナが一次産品を加工せずに輸出する理由について考察する

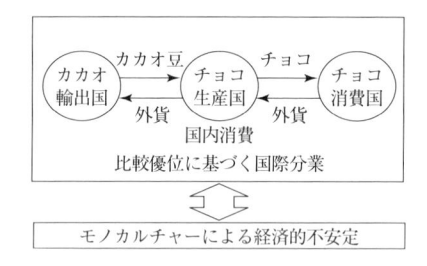

5　原材料提供国と先進工業国との貿易関係を，たとえを用いて説明する

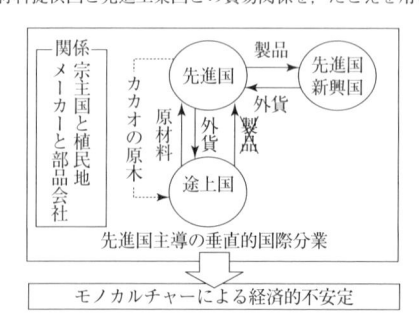

図5-7　「モノカルチャー経済」の学習過程における学習内容・活動の概念図
（山口大学教育学部附属光小学校・中学校，2012）

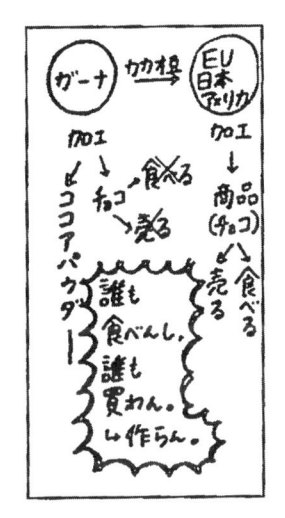

4節 意欲を高める教師からの働きかけ

図5-8 「観察者」の立場に立った子どもの記述例
(山口大学教育学部附属光小学校・中学校, 2012)

地とか, メーカーと部品会社の例をあげているが, 後者の例は搾取の要素がないことから, 必ずしも正しい例えではないが, 子どもが真の理解に達するまでの手段としてみなすべきである。そして図5-8に示したように, 生産国が加工したチョコレートの方が売れることに気づき, 子どもの考えも授業の進行とともに客観性を高める方向に動いているのがわかる。

　最後の3年目は, 学ぶ意欲をはぐくむ最終年として, 言葉の吟味を通して, 学びの納得を得させようとして学びの醸成を目指した。そこでは, 意見と考え方を総称した「ことば」の吟味をする。子ども自身の「ことば」の吟味を中心に, 仲間による「ことば」の吟味を通して, 複数の見方考え方に出会うことで自分の意見に不足していた要素や視点等を補うことができる。また教師による「ことば」の吟味を通して, 自分たちだけでは見つけることができない見方・考え方を得ることができる。文部科学省の学習指導要領には, 言語活動の充実が謳われているが, 3年目の目標は, まさに言語によるコミュニケーションを目指している。

　この3年間の試みを学習の心理からふり返ると, まずは教科内でとどまりがちな知識を他教科や生活・社会からつながりを見いだし知的好奇心を高め, また自分たちの知識だけでは行き詰まってしまう段階で, 教師から壁を乗り越える課題を提供してもらうことによって飛躍して乗り越え, 最後には仲間や教師からの見方や考え

方を取り入れてみずからの考えを醸成していることである。つまり知識を拡げた後に、投げかけられたゆさぶりを超えていき、いろいろな意見を入れて考えを醸成させる。この3段階を経ると生徒の知識が精錬されていくことがわかろう。意欲の飛躍をもたらす重要なポイントは、教師が学びの壁を設けて、それを子どもに乗り越えさせることであろう。子ども主体とよばれて久しいが、その飛躍を促す黒子としての教師の存在はかけがえのないものである。発見学習でもいわれることであるが、発見となるような原理をどこで子どもに与えるかは教師の腕のみせどころである。

第6章

学校教育相談のあり方

1節　学校における生徒指導の中の教育相談

1．生徒指導における教育相談

　文部科学省（2010）の中学校学習指導要領解説（特別活動編）によれば，教育相談は，一人ひとりの生徒の教育上の問題について，本人またはその親などに，その望ましいあり方を助言することである。その方法としては，一対一の相談活動に限定することなく，すべての教師が生徒に接するあらゆる機会をとらえ，あらゆる教育活動の実践の中に生かし，教育相談的な配慮をすることが大切であるとされる。

　他方で，生徒指導は一人ひとりの児童生徒の人格を尊重し，個性の伸長を図りながら，社会的資質や行動力を高めることを目指して行われる教育活動とある。

　生徒指導がおもに集団に焦点を当て，行事や特別活動などにおいて，集団としての成果や変容を目指し，結果として個の変容にいたるのを目指すのに対して，教育相談はおもに個に焦点を当て，面接や演習を通して個の内容の変容を図ろうとするものである。教育相談は，生徒指導の一環として位置づけられるものであり，その中心的な役割を担うものであるといえる。

2．生徒指導と教育相談の統合

　教育相談と生徒指導との関係については，現在までは，両輪論と役割分担論，そして統合論がある。それを栗原（2002）を参考にまとめてみる。

　まず両輪論は，生徒指導と教育相談が互いに補完し合うまさに車の両輪のような関係でとらえる。ここでの両輪論は，両者は矛盾なく内的に統合できると想定するという抽象的な定義である。しかし理念として，指導中心の教師と相談中心の教師

を分けることは可能としても，現実の生徒とのかかわりでは困難であり，個人のレベルではなく組織のレベルにおきかえられるという。そこで両者を教員が分担してもつという役割分担論が出てくる。ここで，低学年児童の教育に関してはこの2つを併せた担任教師の指導も可能だが，中・高等学校段階では，両者を独立させて密接に連携しながら指導と支援を与えるのが効果的と思われる。栗原（2002）は，相談的姿勢はいかなる指導にも欠かすことはできないとし，統合論というより教育相談は生徒指導の中核にあるとする。

そこで最後に現われたのが，両者の立場の矛盾を意識しながら統合していく統合論である。統合論を具体的に示した説明としては，山下（1999）の論考を紹介してみよう。彼によれば図6-1のように生徒指導と教育相談はお互いに尊重する関係にあらねばならず，またその葛藤を高めて，よりよい進化した解決策を見つけるのが最終的な立場であるという。たとえば氏家（1991）は，生徒会から冷水器の整備と増設を要求されたときに，「冷水器を修理したり増設することはやさしい。……（中略）……どうすれば冷水器が生徒を教育するようになるか，みんな考えて欲しい」と要望し，生徒指導的な立場では生徒の要求を認めてよいのかと問うのに対し，教育相談的立場ではある程度受け入れたいとして対置されている。その統合的解決としては，生徒たちは廃品を回収して，その収益で冷水器を購入し，やがて協力してくれた町内の人へのあいさつ運動として発展したことを紹介している。

生徒指導主導では，たとえば教育困難な高校にみられることであるが，自分たちの生徒指導でこの学校はもっているという一種のおごりがあったりする。一方の教育相談主導では，何でも受け入れてしまうのをカウンセリング・マインドと信じて対応する教育相談であったりする。教育相談と生徒指導はお互いに尊重しつつ指導するのがふさわしい。山下（1999）によると，教師の心の中としては，子どもの起

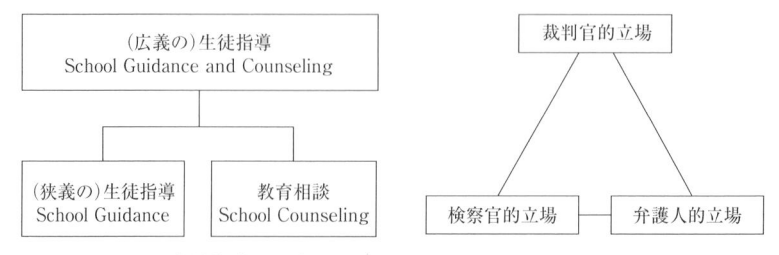

図6-1　生徒指導と教育相談の関係および3つの立場（山下，1999）

こしてしまった問題行動の真意を理解しつつも，社会的ルールに基づいて時には処分をしなければいけない心の苦しみがなければならないという。子どもの心を引き上げるというイメージを参考にすると，自由度が許されている中でも，罪を不問に付すことが必ずしも教育的とはならず，ルールから逸脱した行動は断固たる態度で臨むのも社会化の育成には必要である。それは子どもの成長を願うからである。

　嶋﨑（2001）は，人間尊重だからこそ，厳しい対応も必要と述べ，栗原（2002）も，一喝することも生徒指導では必要という。教育相談的な対応においては，子どもの声だけを聞くことに終始して，本来必要な指導を怠るとして批判されるが，教師の心に子どもに対する人間的な尊重があれば，様子を見るだけにとどまらず，時には強い姿勢が出ることもありうる。最終の教師の姿としては，生徒の前では厳然たる態度をとるが，裏ではあきらめず，背景を考えたりする。いわゆる教師の感受性や生徒を大きく包み込む愛情が必要であろう（田邊，2002）。

3．子どもの変化に合わせた教育相談の意義

　戦後，非行に対して管理訓育的な生徒指導が中心であったが，1970年の後半から1980年の前半にわたって校内暴力が吹き荒れる頃には，管理訓育的な指導が子どもたちの実態に合わないようになってきた。特に高度経済成長の中で，学歴が重視されるようになると不登校が顕著になり，その対応として教育相談が重視されるようになった。その際に導入された考え方が，カウンセリング・マインドである。一方で子どもたちのみずからを制する力が劣ってきたと指摘されるのもこの時期である。田邊（2002）は，平成7年当時の教師に対するアンケート回答結果における当時の子どもの特徴と取り巻く状況（図6-2）を示し，克己心がない子ども，比喩的にいえば芯がない子どもが増えてきていると指摘する。秦（1999）によれば，なぜ校則を守っているのかということに対する中学生の回答でも，「守るのが当然だから」(14.7)，「規則だから」(22.3) という意見に対して「先生に注意されるから」(31.0) という割合が最も高いという。

　このように子どもの心は脆弱化しているのに，カウンセリング・マインドだけで対応しようとするのも危険である。秦（1999）が主張するような，子どもたちに主体性，自主性を認めるのも1つの試みであるが，前述の嶋﨑（2001）や栗原（2002）が指摘するような，本来の人間の成長，つまり人間尊重を基にした心情は汲むものの，時には厳しい対応を含めた指導も考えていく必要があるし，子どもと活動をともにした横並びの姿勢で社会的スキルを教えていく教育も必要となる。

第6章　学校教育相談のあり方

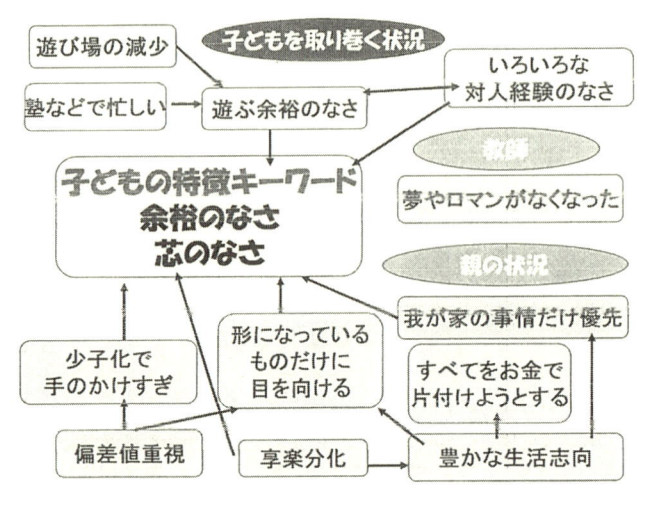

図6-2　子どもの特徴と取り巻く状況（田邊, 2002を改変）

4．学校臨床心理士（スクールカウンセラー）の役割

　スクールカウンセラー（SC）制度は，あるいじめ自殺事件を契機に教育相談の専門家を学校に導入しようとする平成7年のスクールカウンセラー活用調査研究にはじまり，平成13年には全国の中学校のすべてにSCが配置されることになった。SC制度は，教師とは異なる外部の視点を入れて生徒の理解を促し，教師を支える目的をもつ。その活動内容には，児童生徒のカウンセリングや教師へのコンサルテーション，保護者のカウンセリング，教育相談の啓蒙活動などが含まれる。最近でも，発達障害についての支援やますます深刻化するいじめ問題への対応など，その必要性がさらに高くなっている。スクールカウンセラー制度の導入は，役割分担論の再定義であり，教師を教育相談的な視点という生徒指導の中核的な部分から支える役割をもつ。

2節　学校教育相談におけるアセスメント（査定）

1．学校援助サービスという考えからのアセスメント

　石隈（1999）は図6-3のように，学校における援助サービスには三段階がある

2節　学校教育相談におけるアセスメント（査定）

```
　　　　　一次的援助サービス
　　　　　　すべての子ども
　　　（入学時の適応，学習スキル，対人関係スキルなど）

　　　　　　　二次的援助サービス
　　　　　　　　一部の子ども
　　　　　（登校しぶり，学習意欲の低下など）

　　　　　　　三次的援助サービス
　　　　　　　　特定の子ども
　　　　　　　（不登校，いじめ
　　　　　　LD（学習障害），非行など）
```

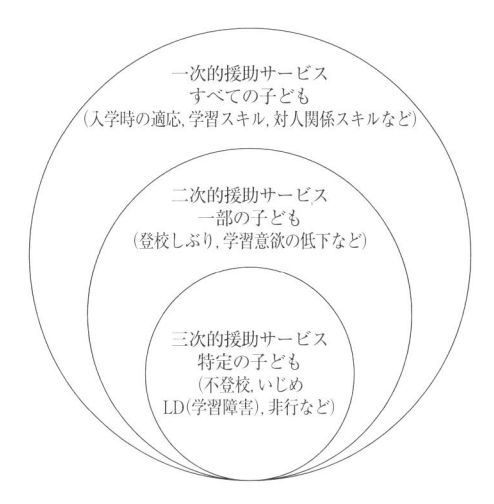

図6-3　3段階の援助サービス，その対象，および問題の例（石隈，1999）

とし，支援のあり方を学校というマクロから個人というミクロにまでわたり，また予防開発的な支援から事後対応的な支援まであるとした。その三段階として，まずすべての子どもへの援助であり，学校のあらゆる場面で生きる一次的援助サービスがある。たとえば，入学時や進級時における新しい集団への適応，教師や友人との人間関係の確立，学校行事（遠足，運動会，林間学校など）参加，学習意欲，学習理解のように，すべての子どもがなんらかの問題を抱えている。問題がこれ以上進行しないために予防的援助が必要であるし，それらの問題が子どもの発達を促進するように援助することも重要である。この援助サービスは，ほとんどの教師が担うことになるが，その前提として，校長による学校方針の決定や学校行事による学校の雰囲気づくりが重要である。

そして一次的援助サービスのかいもなく，学級崩壊にはいたらないが荒れが広かりそうになったり，いじめのきざしがみえたり，学級に活気がなくなったりした時のように，学級や子どもたちが危機的な状況になったときに，それを早期に発見し，問題が大きくならないように援助するのが二次的援助サービスである。二次的援助サービスとしては，クラスでの授業や教師による支援が中心である。たとえば発達障害児童・生徒への暖かいまなざしであったり，いじめ防止の熱血先生だったりする。いじめについては，オルウェーズ（Olweus, 1993）は，教員が休み時間などに校内を巡回したり，いじめ防止のためのオーナーになる姿勢を示すと，いじめの発

現が抑制されるという。山岸（2002）も，いじめを防止する熱血先生がいると，いじめの防止に協力しても安心とみなして，いじめ防止に協力する生徒数が漸次増えていき，臨界点を超えるとクラス全体が一気にいじめ防止の雰囲気に変わるという。

そして二次的援助サービスを受けなかったり，また受けたにしてもその効果がなく，不登校，学業放棄，いじめ，非行，薬物使用，家出，暴力，摂食障害，援助交際，妊娠，学級崩壊など，さまざまな形で問題が露呈したときに対応するのが三次的援助サービスである。三次的援助サービスは，専門的な臨床心理士や学校心理士はもちろんのこと，教員や保護者の他，必要に応じて精神科医などの専門家や他の相談機関と連携した援助サービスである。三次的援助サービスが取られる前に，一次的や二次的援助サービスのような事前の開発・予防対応がしっかりすることも重要である。

2. 学校教育相談のアセスメントと流れ

(1) 学校教育相談におけるアセスメント

教育相談におけるアセスメント（心理査定）とは，文部科学省（2010）によれば，「見立て」とよばれ，解決すべき問題のある事例の家族や地域，関係者などの情報から，なぜ問題のある児童生徒がそのような状態にいたったのか，児童生徒の示す行動の背景や要因などの情報を収集して系統的に分析し，明らかにしていこうとするものである。

(2) 教育相談の流れ

教育相談の流れは図6-4（福岡教育大学心理学研究室，1980）のように，まず自分から面接に来ようと思ったか，それとも誰かに言われて来ようと思ったかの問題提起を含めて，受理面接の段階で誰が問題としているかが大切である。本人は気

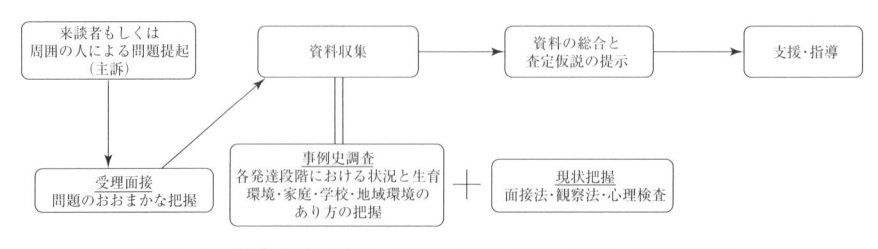

図6-4　教育相談の流れ（福岡教育大学心理学研究室，1980を改変）

が進まず，家族が連れてくる場合もあるが，その場合は，両者の関係性から見ていく必要がある。保護者より本人が気に入って積極的に来談する場合には，本人に家族を変える意図が含まれている場合もある。

　受理面接は，1回か，必要であれば2回で，見立てといっておおよその検討をつける。その際に，心理テストは客観的資料を得るために必要とされるが，心理テストだけで判断するようなことはあってはならない。あくまで面接での観察を重視すべきである。鑪・名島（1989）によれば，受理面接では，セラピストが受け取る印象も大切という。セラピストが目で行う仕事としては表情，動作，話し方などに着目して，そこから不安や緊張を読み取ったりする。セラピストの受け取るクライエントイメージも大切で，身体に伝わってくる感覚や，クライエントから誘発される感情面での印象も参考になる。資料の収集が終了した時点で，すべての情報を総合して，査定仮説を立てる。アセスメントは受理面接以降も継続され，見立てが間違っていれば，その都度修正して，新たに見立て直すことも必要である。最終は指導あるいは支援としての心理療法になる。支援する者に求められる心理療法の技術は，基本的には傾聴であるが，伊藤（2011）が指摘するように，たとえば不登校から学校復帰にいたるプロセスでは，行動療法的にスモールステップで登校を促したりすることも必要であったり，またうつ症状がみられるときには認知行動療法を導入するのも必要であるという。詳しくは第9章にゆずる。

3．生育歴や学校歴

　見立てを誤らないためにも情報収集が必要であり，事例史として生育歴，学校歴などを詳しく聞いていく作業が必要となる。また精神科的なアセスメントのためには，家族に同じような特徴をもった人がいるか，今まで病院にかかったことがあるかなども聴いていく。
　たとえば事例史の例として筆者が面接でおもに聴取する例を以下にあげてみる。
生育歴
　・出生児の体重と母親の年齢（未熟児かどうか）
　・栄養状態（人工乳か母乳か）
　・始歩，人見知り，話し始めの時期
　・幼稚園，保育園の様子（発達障害を疑う場合には，他の園児との関係，こだわり，光や音に対する敏感さ）
　・弟妹の出生など（心因）

・幼いときからの性格
学校歴
　　・小学校での様子　たとえば友だち関係，先生から指摘されたこと（発達障害）
　　・学力の程度，得意な教科，不得手な教科
その他
　　・既往症
　　・好きなこと，嫌いな食べ物
　　・家庭状況や親の仕事の状況
　　・習い事
　発達障害の場合は，幼いときからその傾向はみられるものであり，詳しく聴き取っていく必要がある。

4．学校に生かせる臨床心理アセスメント

(1) 症状のアセスメントの順序

　症状の原因としてはどのようなものが考えられるだろうか。青木（2001）によれば原因には，以下のような外因性と，内因性，心因性の3つがあるという。
　外因性とは，もともと器質的な原因によるものと考えられるもので，脳血管障害，脳腫瘍，感染症，内分泌疾患（たとえば甲状腺機能障害は焦燥感や抑うつ感をもたらしやすい），中毒疾患，変性疾患，外傷などがある。発達障害も外因性に該当することが多い。内因性は，環境の影響なく内部から起こってくるものであるが，現在では遺伝的と後天的な環境要因による相互作用と考えられている。統合失調症と躁うつ病などが例としてあげられる。心因性は，心理社会的要因によって精神障害が起こると了解されるもので，神経症，反応性精神病などがある。
　アセスメントの順序といえば，外因から内因の順序でまず押さえて最後に心因を見る。たとえば，強迫神経症はうつ病の薬が効くこともあるように，以前は心因と思われていた症状に現在では薬物投与による効果がみられるように，遺伝レベルなどの器質が関与していることも示唆されている。発達障害も脳のある部位の損傷という外因性であり，まずはそのチェックから，虐待等の環境要因である心因との違いを探っていく。ただ外因や内因だからといって，心理療法の意味がなくなるわけではなく，人間の思考や行為における自己決定や自由意志という部分は必ず残り，そこに心理療法はかかわってくる。
　不登校の場合でも，まずは医師の診断を受けるほうがよい。外因も内因もない場

合は、心因に基づくカウンセリングに安心して入っていけるからである。不登校には、心因ではない起立性調節障害が疑われる場合がある。その見分け方として、心因による不登校の場合は学校がある日の朝に起きられないことが多いが、起立性調節障害の場合は休日でも起きられないことがあげられる。しかし、実際には両者は混在していて見分けがつかないことも多い。

(2) 発達障害のアセスメントと対応

文部科学省（2010）は、自閉症、高機能自閉症（High-Functioning Autism）、学習障害（Learning Disabilities: LD）、注意欠陥多動性障害（Attention-Deficit/Hyperactivity Disoorder：ADHD）等の定義を以下のように示している。

まず自閉症は、3歳までに現われ、社会関係の形成の困難、言葉の遅れ、特定のものへのこだわりなどがみられる障害で、中枢神経になんらかの機能不全が推定される。高機能自閉症は、自閉症の特徴のうち、知的発達の遅れを伴わないものであり、加えてアスペルガー症候群は、知的発達の遅れを伴わず、かつ自閉症の特徴のうち言葉の発達の遅れを伴わないものである。広汎性発達障害（Pervasive Developmental Disorders: PDD）は、自閉症および自閉症に近似した特徴を示す発達障害の総称として用いられ、高機能自閉症やアスペルガー症候群もこの広汎性発達障害に含まれる。最近では自閉症スペクトラム障害（Autism Spectrum Disorder: ASD）という名称が代わりに使われることもある。学習障害は、全般的な知的発達の遅れはないが、聞く、話す、読む、書く、計算するまたは推測するのうち、特定の習得と使用に著しい困難を生じるものである。なお学習障害は医学用語ではなく教育用語である。ADHDは、年齢あるいは発達に不釣り合いな注意力、衝動性、多動性を特徴とする行動の障害である。

新井（2008）は、発達障害の中でもたとえばADHDの早期発見の目安として、1つめに、不注意、多動性、衝動性の特徴があるか、2つめに、家庭と学校などで2つ以上の場所で同じ状態がみられるか、3つめに、7歳以前にその兆候がみられたかをあげている。

また発達障害について注目したい点は、図6-5のように状態像が重なっている子どもがいることである。したがって、幼少時には目立たなかった症状が児童期以降に現われたり、逆に症状が目立たなくなることもある。当初の診断名や障害名による先入観に左右されず、子ども一人ひとりの状態を把握して、特性を理解し、何より適応を最優先に考えることが求められる。

第6章 学校教育相談のあり方

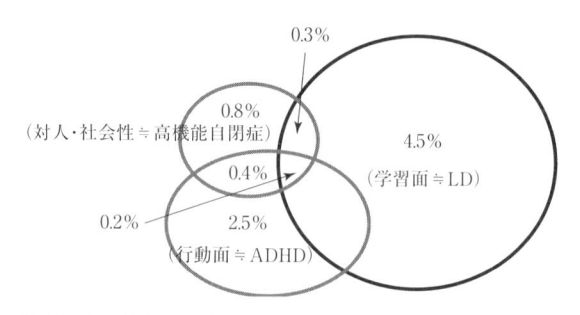

図6-5 発達障害の状態像が重なっている児童生徒の比率（文部科学省，2010）

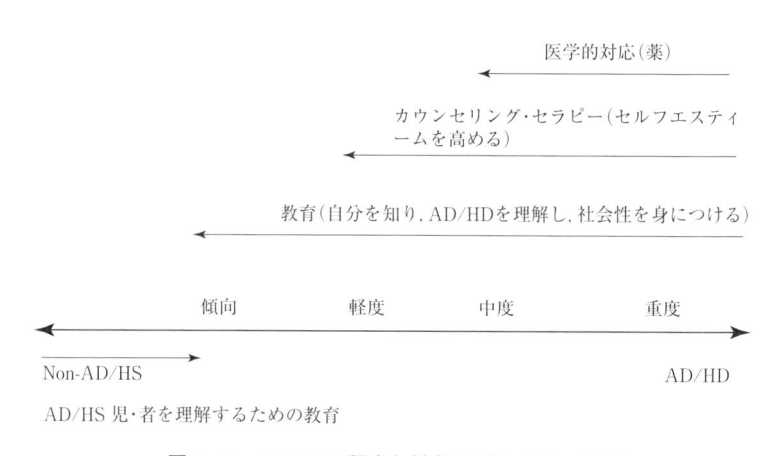

図6-6 AD/HDの程度と対応の関係（高山，2000）

　高山（2000）は図6-6のように，ADHDの程度によって，軽度，中度，重度に分けている。まず軽度の場合は，心理教育だけでも行えるが，重度となると生物学的な要因を想定せざるを得ず，薬の処方で精神をまず安定させることも対応に含まれる。留意すべき点は，ADHDがおっちょこちょいとは違い，原因として生物学的要素があることを認め，それでいて環境からの改善方法があることを伝える必要がある点である。また薬でできることはおもに精神の安定であり，自尊感情の育成は心理教育によるところが大きい。すべてを努力不足に帰すると二次的な情緒的障害をもたらすことになりかねない。「叱るときは1人で，褒めるときはみんなの前」の原則を実行するだけでも子どもは生かされる。ADHDの特徴を生かした対応例

として，ADHD児は一度に2つの処理を行う同時処理が得意で，継時処理が苦手なので，カードなどの視覚的教材を用いて，順序を示し，見通しをもたせる。刺激に過敏な点では，刺激を除いた教室の前に座らせるなどが役立つ。また立ち歩きについては，教材を教壇にもってこさせたり，プリント配布のアシスタントをさせたりする対応策がある（田中・高山，2002）。

アスペルガー症候群の場合も，知的には高いので見逃されやすいが，人の気持ちを理解できないゆえに友人とトラブルを生じることから気づかれることがある。

(3) 不登校のアセスメント

①不登校のアセスメント

文部科学省（2012）によれば，平成23年度の不登校児童生徒数は，図6-7にみられるように小学校で2万2463人，中学校9万7428人の合計11万9891人で前年度より3千人減少しているが，いまだに高い数である。不登校は，高度経済成長の時代から顕在化してきたという。つまり学歴社会が出現するにつれ，見た目にも顕著になった。不登校は，本人のパーソナリティの問題以外にも，学校要因，社会の要因を含めて考える必要がある。中1ギャップとよばれるように中学校に入ると不登校が増加する点については，中学校が教科担任制で，教員との関係性が希薄であるのに加えて，生徒指導に厳しいことから起こると考えられるが，一方で家庭で叱られ

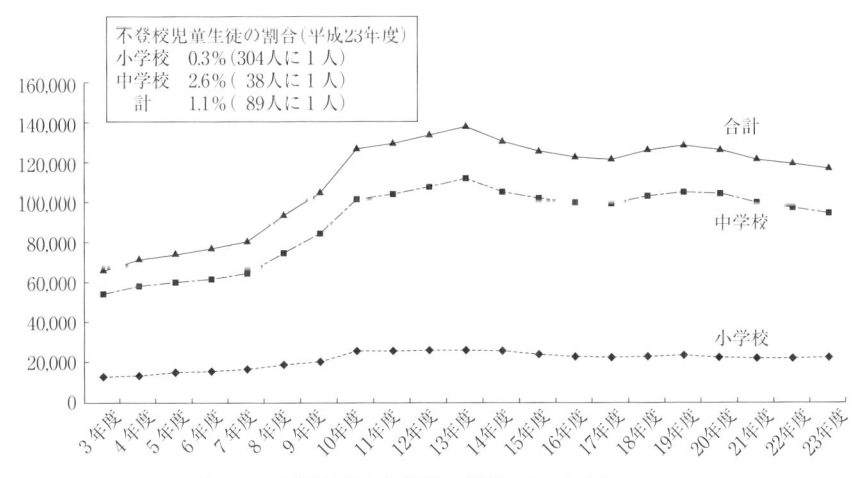

図6-7　不登校児童生徒数の推移（文部科学省，2012）

なくなり，しつけまで学校に求められるようになった現代での家庭と学校とのしつけの温度差にも起因すると考えられる。

②不登校の分類からのアセスメント

小泉（1988）の分類は，不登校がまだ主に登校拒否とよばれた当時の分類であるが，その神経症型の中でも優等生の息切れ型が典型的な不登校であった。その要因としては，肥大した自己像が根底にあり，葛藤が強いと想定されていた。これは高度経済成長での立身出世を中心とした学歴志向による負の部分であるが，一方で当時の子どもたちは，葛藤できるだけの自我の強さもあり，友だちや大人と交流する社会性もそこそこにあると思われた。小泉（1988）の定義に対して，筆者による家庭環境の推測と印象，考えうる短期的対応と長期的対応を示した（表6-1）。加えて，新しく生まれたタイプについてもふれてみた。

その表によれば，同じ怠学傾向であっても，その背景に家庭の不和や離婚で疲弊

表6-1 不登校の子どもにおいて推測される家庭環境と印象および短期・長期的対応

小泉（1988）の不登校（登校拒否）における「心理的理由」の分類（一部改変）			推測される家庭環境	印象に基づく特徴	短期的対応	長期的対抗
心理的理由によるもの（広義の登校拒否）	狭義の登校拒否	神経症的登校拒否				
		分離不安定型	親の子離れ不可能	親子とも不安が強い	担任・養護教諭がエスコート	親の子離れ促進
		甘やかされ型	親として意識不足，親の不安	子どもの不安を先取りして手を出してしまう親	受容と指導の両面対応	親の自立性支援
		優等生の息切れ型	強制的親（条件的な愛情）	学校に行こうとした時に葛藤が強い	体をケアーしながら対応	親の姿勢の変化を促す
	精神障害によるもの			親にも無力感と疲弊感がある	医師を紹介	授業を含めた医師の診断を参考に学校で対応を検討
	怠学傾向	無気力傾向（疲弊）	家庭の不和，離婚，虐待	怠学について教師の理解とカウンセラーの理解に離齬が生じやすく，増大傾向にある	子どものつらさの理解	本人の意向を尊重した学校行事への誘いかけ
		無気力傾向（在宅自閉）	意識のずれた家庭	兄弟姉妹にも不登校が多い	まずは親の行為をねぎらい信頼感を得る	徐々にスキルを伝えていく
		非行傾向	親の心理的欠損（子どもに向き合っていない親）	子どもの問題がよそごとのように見える親	子どもに向き合う示唆	親を受容した長期的な面接
	積極的・意図的拒否		学校への不信感の強い場合と子どもに対応できない場合	積極的に拒否する場合とどう対応していいかわからず合理化する場合	真の意図を探る	親の価値観の変化促進
	一過性のもの		自分探し，性同一性の拡散	支えると将来は好転しやすい	親の心の支援	長いスパンの視野と将来の成長の展望を持たせる
	発達・学力遅滞		アスペルガー障害の二次的情緒障害	増大傾向にあり		

したケースが多い。その場合に，子どもの心は疲弊して，その心の回復のために何もできず休むしかないこともある。よく見受けられる「めんどくさがる」子どもの言動に対しても，安易な逃げと突き放してはならない。現代型不登校の特徴を考慮すると，単なる怠けではなく，裏に頑固さやスキル不足が隠されていることも多い。同じ無気力傾向でも，家庭の不和や虐待から起こる場合と，子どもの求めているものがわからない，いわば意識のズレた親の存在が背景にある場合がある。また親が子に向き合っていない心理欠損による怠学傾向の場合は，親に向き合ってほしいと願って子どもが非行を起こす場合もある。積極的意図的拒否の場合にも，学校に不信感のあるケースと，親が子どもとどのようにかかわっていけばよいかわからないケースもあり，後者の場合は子どもに対応するスキルを示していく必要がある。

③不登校の背景

不登校の背景には以下のような要因が例として考えられる。
・個人　性格的　感受性が強い，頑固，まじめ
・家庭　母強く，父弱い　ネグレクト
・学校　育った環境とのギャップ　中1ギャップ
・社会　不登校が選択肢として存在している

学校（教室）要因が改善されても，不登校に改善がみられないようであれば家庭的な要因が強いと考えられるが，実際には要因は複合している。また発達障害から起こる不登校も見逃してはならない。

④不登校の新たなタイプ　現代型不登校の出現

近年は，対人不安が比較的少なく，好きな行事には参加できるような，理由がわからない現代型不登校（大石，2010）も増えつつある。以前は不登校の大半が改善するといわれたが，今は逆にひきこもりへの移行が懸念される。長期化については，初期対応がまずかったり，必要な休息が保証されなかったり，回復に応じての適切な環境が与えられてこなかったなどが理由として考えられる。

(4) 心理アセスメントの留意点

福岡教育大学心理学研究室（1980）によれば，心理アセスメントにおいては，アセスメントと支援は不可分であり，基本的信頼感，心理的疎通性（ラポール）が必要であるという。心理アセスメントは医学的な診断と異なり，支援者のまなざしがすでにクライエントに影響を与えている。したがって，心理アセスメントでもクライエントを育てるやさしいまなざしが必要である。

(5) 深さ・重さのアセスメントと対応

　たとえば，精神分析でいう陽性・陰性転移に当たるところの，教師に対して極端に好きになったり逆に嫌いになったりする子どもは，母親に関係するような内的な対象関係に問題を抱えることも想定される。また，ささいなことで衝動的に攻撃するなど，感情の不安定さがめだつ青年期の境界性パーソナリティ障害（ボーダーライン）が疑われる場合は，教師やカウンセラーを巻き込むことも多いので教育相談係やカウンセラー側においても注意とそれなりの覚悟が必要である。

　虐待等のトラウマがあると予想される子どもの場合には，心の奥に凍結されたものが何かのきっかけでよみがえることもあり，教員にとっては心あたりのない反応を突然に受けることがある。

(6) 現代の特徴をふまえたアセスメントと対応：不登校を例にして

　鍋田（2007）によれば，精神分析の立場では神経症の原因は，さまざまな欲求・欲動が，恐怖体験などによって押さえ込まれ，葛藤状態にあるとする。したがって，本来あるべき自分の何かに気づいて生き直せば，本来あるべき生き方にいたるという。一方で，現代では，本来の自分や主体の中心たる自己そのものが分裂していたり，欠損している自我の状態が指摘されており，従来とは異なった対応を迫られている。

　不登校においても，前述のように自分がわからないタイプのものが現われていると指摘される。鍋田（2007）は，ひきこもりや不登校は，コミュニケーション能力や他者に働きかける力が衰えることから起きると指摘し，支援者がそばについて一緒に何かを体験しつつ（料理をする，絵を描く，スポーツをするなど），徐々に群れる体験を加えながら，社会性全般を育てるアプローチが必要であるとする。

3節　学校教育相談の体制づくり：相談窓口の一元化と多様な目

1．教員同士の連携

　教員同士の連携とは，おもに担任，学年主任，教育相談係，養護教諭，SC等の連携をさす。重要なケースの場合は，管理職（校長・教頭）による陣頭指揮も必要であり，定期的な生徒指導連絡会議が必要である。

　あるSCによる保護者面接後の風景であるが，SCが親面接を終えた後，担任に報告する際に，教育相談係，学年主任，養護教諭を交えての話し合いとなる。中学校

の場合には，学年主任が情報の集約に責任をもつような体制が望ましいと考える。
　教育相談窓口に関して現在理想と考えるのは，コーディネーター（教育相談係）が相談窓口の一元化をはかることである。予約も教育相談係を必ず通し，担任と学年主任と，養護教諭からの情報を得ながら，適宜SCを交えて検討していく。

2．ケース検討会議

　ケースを正確に理解するには，いろいろな情報を持ち合わせて，情報を統合することが必要である。また複数の目から眺めることが必要であるが，教職員全員が情報を共有できるようにし，支援の方法は1つにするのが肝心である。正規の会議ではないが，昼食時に教育相談係が生徒指導担当と，各学年の教育相談係とともに情報交換を行う設定もある。このように平生の細やかな活動を基にして，校長，教頭，生徒指導担当，教育相談担当を含めたケース検討会の機会があれば，学校全体としてケースの理解と対応が進む。
　また家庭が経済面を含めて，あらゆる面で脆弱な場合は，児童福祉司やスクールソーシャルワーカーを交えてのケース検討会議もありうる。

3．保護者との面接におけるSCと教員の体制

　教育相談係は，必要に応じてSCによる親面接を組む。その場合，保護者の要求に応じて，教師が臨席する場合とSCのみの場合がある。保護者が教師に対して信頼が厚い場合は前者を好み，一方で不信感があるような場合は，後者を好むことが多い。教師が臨席すると保護者からの要望にすぐ対応できるメリットもあるが，教師に遠慮して本音が出にくい。最初はSCとざっくばらんに話し合い，教師の支援が必要とされる話が出始めた時点で，教師を呼ぶという複合的なやり方もある。

4．校外連携

　たとえば不登校生徒を適応指導教室に預けている場合も，適応指導教室に丸投げするのではなく，子どもの様子と学校の意見を随時伺うことが教師には必要である。適応指導教室やフリースクールを利用している場合も，教師は適宜情報交換を行い，学校を広くとらえるイメージで対応するのが肝要である。病院との連携では，教師から受診を勧めにくい場合は，SCから子どもが心配なことを保護者に伝えてもらい，受診することを勧めてもらうとよい。連携には基本的に相談機関，医療機関，児童相談所等の福祉施設，警察等の刑事司法関係の機関などとの連携がある。

5．連携の具体例

(1) いじめの不登校ケースでの校長の対応

　いじめのような重要な案件は，学校の統括役として校長の役割が重要である。教員への指示，いじめの加害者への指導，いじめの被害者への支援，被害者の家族への配慮についても陣導指揮を執ることになる。その場合，いじめの監視と防止を教員に常々求める以下のような体制を取って支援していくことが必要であろう。たとえば加害者においては，本人も重い悩みをかかえていることが多いので，加害者の行為は厳しくただすが，人格まで責めることなく，被害者を安心して学校復帰させるような共感的な気持ちに変えさせる働きかけを教員は行っていく。一方で，被害者においては，被害者の家族からの訴えにはそのまま耳を傾け，被害者が安心して学校に向かえるように，受入体制を整える。そして相談室等の中間施設を活用して学校に漸次慣れさせ，しかるべき時に，学校行事への参加を促して学校復帰を果たしていく。

(2) 危機対応における教員の連携

　たとえば生徒が学校外での交通事故のように突然死亡した場合を考えてみよう。まず校長や教頭などの管理職は死亡生徒の保護者への心のケアーと，在校生との心のケアーの両方を考える。前者においては，生徒の両親に懇意に接することのできる教師を窓口に置いて，今後の保護者の意向についてうかがっていくのが心のこもったていねいなやり方である。後者については，まず教育委員会に連絡を取り，危機対応の教員を派遣してもらうなどして，保護者への連絡方法などについての判断を仰ぐ。たとえば保護者への連絡用の例文を作成してもらい，クラスの連絡網は用いず，担任が文面に沿った連絡を個別に行ったりする。生徒と親密な関係のあった生徒に対しては，SCに依頼し，生徒たちの相談窓口となったり，行事等ではそばについていてもらったりして心のケアーに心がける。ここでは，多くの大人が見守っているという安心感を生徒に与えることが大切である。全校生徒への連絡は，集会で行うのが集団心理をあおると判断されれば，放送等で行う場合もある。

4節　学校教育相談の具体的方法

1．児童生徒理解のあり方

　嶋﨑（2001）は，教育相談の面接をチャンス面接，呼び出し面接，定期教育相談，自主来談に分ける。本来は，自主来談が望ましいが，その他を利用しつつ，困ったときに人の力を借りる力を育成していくのが必要である。文部科学省（2010）によれば，教育相談はあらゆる教育活動を通して行われ，定期面接や呼び出し面接は大事な場面であるが，各教科，道徳，総合的な学習，特別活動の時間でもさまざまな情報をつかむことができるという。

　子どもの理解の方法として嶋﨑（2001）は，①観察法，②面接法，③創作物を利用した方法，④アンケート調査，⑤心理テストなどをあげている。詳しくは第8章に譲るが，創作物として，たとえば国語の作文や美術作品でも，カタルシス（心の浄化）とともに子どもを知る資料ともなる。たとえば，児童生徒の作文に親への訴えがあったり，体育のダンスでみんなと歩調が合わなかったり，美術の時間に自画像を小さく描いたりすることから心の異変に気づくこともある。

2．学校教育相談の構造

（1）学校教育相談の構造

　心理面接の基本は，有料で，時間が50分と決められ，相談室での面接で，自発的な来談である。本来の心理相談では，このようないわゆる治療構造の枠があるが，学校教育相談の枠はそれに比べてゆるやかである。たとえば無料であり，面接時間も随時であり，あらゆる場所で行われる場合が多く，来談形態も自主来談というより，多くは先生の薦めによって来談することの方が多い。ただ本間（2010）が指摘するように，教員に勧められたとはいえ，保護者の心に奥には相談への密かな期待があると考えてもおかしくなく，教育相談係やSCは親の意欲を創りあげていくのにも力を注ぐべきであろう。

　また学校教育相談の特徴として，受理面接をしっかり行えないこともあり，1回の面接内で必要最低限のアドバイスをしていく場合も多い。生育歴や問題歴などの詳細な情報についても，面接が継続されていく中で採取していくことも多い。

(2) 学校教育相談における守秘義務について

学校における守秘義務では，SCが面接を行うときの守秘義務について，学校での守秘義務に立つ立場からは，教師を信頼して多くの情報をSCから提示するが，生徒との守秘義務を徹底して守る立場からは，情報は流さない場合もある。スクールカウンセリングのガイドラインでは，学校で守秘義務を負うとされており，前田（2005）も，ネットワーク内での守秘義務（集団守秘義務）と考えたほうがよいとする。そして教員の守秘義務に対する考えがSCよりも低い場合は，最初は守秘義務を高く設定しておいて，信頼が高まるにつれ，レベルを低くしていくのがよいとする。

5節　気になる子への支援

この場合は石隈（1999）のいう二次的援助サービスに関係する。つまり一部の子ども（気になる子），たとえば登校しぶりや学習意欲の低下がみられる子どもへの援助である。早急に対応すべき面と，また逆に気になる点が子どもの成長につながるようにスローな対応の面がある。

1．「気になる子」の定義から

(1) 早期に対応すべき「気になる」：発達障害の場合

アセスメントのところの生育歴で述べたように，幼稚園や小学校低学年で指摘されたような，少しでもじっとしていない，視線が合わない，みんなと遊ばない，不器用，好き嫌いが激しいなどが指摘される場合，発達障害を疑うことが必要である。どの子も特別という視点から，その子に合った環境調整ができる点でも，発達障害における「気になる」指摘は重要である。

(2) 周囲の者の見方の変化を促す「気になる」

①教師にとって気になる

親や教師のような周囲の者は，従来の子どもとの比較をしがちである。しかしすべての子どもがはじめての子どもであり，従来の基準ではなくその子の基準で見る必要があろう。世の中は変わってゆき，それにつれて子どもも変わっていく。教員は，「こんな子は初めて」と口にしがちであるが，実はすべての子どもがはじめてで，

新しい子に出会ったらむしろ新しい見方を身につけさせてくれるとして見直すことも必要である。

②親にとって気になる

親の基準から逸脱するように見えるの場合では，子どもが成長して次の段階に入り始めたきざしであることもある。親は子どもに対して自分の言いつけを守るような，親にとっていい子を求める。たとえばカウンセリングが進んだときに，親に攻撃的になり，カウンセリングでかえって悪くなったと訴える親がいる。その際には，反抗できるようになっただけ自分が出てきたことをカウンセラーは親に伝えるべきであろう。

③不適応の基準の違い

福岡教育大学心理学研究室（1980）によれば表6-2のように，不適応の基準には，平均的，価値的，病理的，発達的などの複数の見方があり，お互いに共通する点や，矛盾する点もあり，ケースバイケースで柔軟に総合的にとらえていく必要がある。たとえば平均的基準では，スロースターターの子どもは親からすれば他の子どもから遅れて見えて心配の種であるが，病理がない点では適応的な面がある。一方で，病理的基準では，人間が病気と共存して気高く生きる存在であることをふまえれば，病理があっても社会的活動にうまく生かしていけば自己実現となる。価値的基準は教師が取りやすい基準であり，いわゆる社会的価値に反する逸脱行動の有無をさす。しかし，逸脱行動とは社会の枠にはまらないだけで，エネルギーは十分にあることを考えると，社会に役立つような形でエネルギーを使うように仕向けていけばよいことになる。

表6-2　不適応の基準（福岡教育大学心理学研究室，1980を改変）

基準	説　明
平均的基準 （統計的）	あり方の平均値を求め，それからの偏りで考える
病理的基準	何らかの欠陥または障害があるために精神面に変化が生じ，それが問題行動となって現われていると考える
価値的基準 （対人的）	その社会的規範に合致しない（たとえば，道徳的価値）行動もしくはある人の利益に反する行動を不適格行動と考える
発達的基準	人間の発達基準（横断的なものと，縦断的なもの）にのっとり考える

2．気になる子に表われるサイン：ストレス対処行動として

表6-3は文科省の不適応のサインである。

子どものサインは，本人は意識していないものの，見守る側に伝達しようとして発せられることが多い。教師は児童生徒から発せられるサインを敏感に感じ取り，適応を最大限にすべきである。気になる行動もその子にとっては，現在の精一杯の行動かもしれないというように，価値を入れることなくストレス対処行動と冷静にとらえるべきである。サインには大きく分けて，言語化，身体化，行動化があるが，以下は兵藤（2005）による学校場面を考慮した学習態度と生活習慣の2つからとらえたものを参考にまとめてみる。

表6-3　児童生徒の不適応問題に早期に気づくためのポイント（文部科学省，2010）

学業成績の変化	成績の急低下は「心が勉強から離れてきた」「心が勉強どころではない不安定な状態になっている」ことのサイン
言動の急変化	「急に反抗的になる」「つき合う友達がかわる」「急に喋らなくなる」「遅刻・早退が多くなる」などの行動の急激な変化は，本人の中で心理的に大きな変化が生じていることに対応するもの
態度，行動面の変化	顔色の優れなさ，表情のこわばり，行動の落ち着きのなさ，授業に集中できない，けがの頻発など態度や行動に表れるサインにも注目
身体に表れる変化	頻尿，頭痛，下痢，原因不明の熱など身体に表れるサインもある
児童生徒の表現物	児童生徒の書いた作文，答案，描いた絵や制作した造形物などには，児童生徒が言葉には表現できなかった心が反映されていることに留意
その他	日常，他の教員や保護者とよい関係を築いておく「気軽に話せる」「率直に伝えられる」「相談しやすい」関係が児童生徒についての重要な情報をもたらすことに留意

(1) 学習態度に表われるサインと対応

やる気・根気・元気なしは子どもの調子が下降したときに現われる行動化である。たとえば，成績の低下・作品の低質化，具体的に作文量の低下，絵の内容の変化，なげやりな態度，忘れ物が多くなるなどである。それを怠けのような価値的基準で受け取れば，子どもを向こう側に突き放すことになり，問題解決にはいたらない。この場合は，単にエネルギーの低下とか，疲れとか，感情を入れず客観的に見てみることが必要である。筆者の子どもの経験であるが，アメリカのエレメンタリースクールに通わせていたとき，教師が投げかけた言葉の中で，○○（子どもの名前）has no enegyというのが印象的であった。この表現は，子どもに対して価値観

だけで見ず，エネルギーを補給すればよいという対応を教えてくれる。

(2) 生活習慣に表われるサインと対応
①生活習慣によくみられる不適応のサイン
　食べる・寝るもよく現われるサインである。食事の量が少ない。夜眠れない。日中ぼんやりしている。1人で食事しているなどである。またコミューニケーションにも現われることがある。睡眠に関しては，家でも睡眠が浅く，何度も目が覚めたり，寝言，時には泣いたり叫んだりすることもある。会話が少なく，離れようとしたり，言葉遣いも悪くなり，時には暴言も吐くなどの，言語化の例もある。これらを教師に対する攻撃とかととらえると問題の本質を見失う。子どもが心の安定を保つためのストレス反応ととらえて背景を探してみることが必要である。そのときのかけ声は，「だめじゃないの」ではなく「どうしたの，気になるけど」の方がふさわしい。
　また心が身体の不調に現われる身体化の場合は，保健室を頻回に利用することで顕在化する。その場合は，言葉に発することができない場合のストレスを身体化しているとみる。このように教員が連携して多様な情報を集める必要がある。筆者の経験によれば，痛い部分に心が象徴されているように思える。たとえば頭が痛い場合は考えがまとまらない，お腹が痛い場合は言いたくても言えない，足が痛い場合は前に進みたくても進めないなどが思い当たる。決めつけは控えるべきだが，想像を働かせながら理解を深めることは大切である。
②非行での行動上のサイン
　心が変調してくると興味・関心にも変化がみられる。中学生の夏休み明けにみられることがあるが，服装が乱れたり，派手になったり，言葉が乱暴になったりする。これは心の行動化であり，非行の前兆ともいえる。
③不登校のサインと対応
　不登校になるとよく現われるのが生活時間の変化である。遅刻，早退，欠席など，昼夜逆転などによるリズムの狂いから起こる。不登校の子どもが昼に寝ているのは，学校がある時に行けてないのがつらいからである。そのつらい気持ちは理解はできるが，睡眠覚醒リズムが崩れて昼夜逆転になりがちで，社会との接触がさらに低下して復帰が難しくなる可能性もある。低学年の場合であるが，朝に好きな番組等があると夜早く寝て朝も早く起きられることがあり，このように生活リズムを戻していく工夫も必要である。

④いじめにおける行動上のサイン

　いじめでは，いじめられる子は，学校では1人でぼんやりしていたり，おどおどしていたり，友だちの使い走りをしていたり，遊びの後にしょんぼりしているなどがみられる。たとえば笑っていたとしても，いじめから自尊心を守るために今の状況を笑うしかない場合もあり，注意を要する。一方で，いじめる子は，学校では先生を避けたり，反発したり，自分を被害者に思ったり，不平不満が多かったりする。

(3) 気になるサインの扱い方
①問題をなくすことを目的とするのでなく，その意味をさぐる

　問題をなくそうとする前にしなければいけないのは，子どもが伝えたいことに気づくことである。たとえば紙を破る子がいたとすると，もったいないという視点でだけで見るのではなく，その子なりの意味を見いだしてあげたい。秋山（2005）は，幼いときから手がかからず，家の手伝いもよくしてきた小学5年の女の子が，ミニバスのキャプテンを任された重圧から，母親への訴えが始まり，「失立失歩」という心身症を起こした例をあげている。そこには問題行動が，言語を含めた行動と身体症状によって表現されている。その際に留意すべき点は，サインは受け取ってもらえそうな人に向けて発せられる点である。暴言もそうであり，個人攻撃と受け取らずに「助けて」というサインとして受け取りたい。

②複数の眼を交えて観察

　サインは複数の場面で現われることが多く，校内ネットワークを利用して多数の教員で複数の目から見て再検討することが必要である。教員には，生徒の行動について場面や状況による違いを併せた総合的理解が求められる。反社会的行動が，発達障害児の自尊心を守るための自衛策であることもある。いじめは，教師がはじめからいじめがないという目で見れば，兆候を見逃しやすい。

③必要に応じて専門家（SC等）へ依頼

　子どもの発するサインは裏のメッセージを有していることが多い。たとえば，いつもは能面のような表情をした生徒が夢を報告した場合に，夢について詳しいSCは，生徒がしゃべらないが夢の中でいっぱいメッセージを発していると考えたりする。また作文や絵でメッセージを発している場合もある。特別に心理テストをしなくても通常の授業場面でサインは現われることが多く，ここでも教員の感受性が必要とされる。

6節 保護者へのかかわり方

1. 現代の親が置かれている状況

　好きなものが好きなときに手に入る便利な現代において、一番思い通りにならないのが子どもである。豊かなゆえに子育てが逆に難しいといわれるゆえんである。また現代では、経済的なゆとりがないと、子育ては二の次になりやすい。青木 (2005) は、親は特に母親は自分らしさと自己犠牲（子育て）の狭間で悩むことになると述べる。現代は核家族が主流であり、子育てを助けてくれる大家族ではない。一方で、父親は家事を分担してくれるとはいいがたい。つまり子育ての役割と責任が母親ひとりにかかってくる。すると細井 (2002) のいうように、子育てが自分の手柄としての子育てに傾かざるを得ない。その結果、親が自分のかけた労力分を子育てから得たいとする欲求がわきやすい。

2. 望ましい親のタイプ

(1) 親の愛情の3パターン

　布柴 (2006) によれば、親の愛情のパターンには、①条件つき愛情、②窒息の愛情、③無条件の愛情の3つがあるとする。効率的な世の中で、しかも教育に熱心な親は、①にも②にもなりがちである。関心を払わない親は、①も②も③もないことになる。親の望ましい姿としては、③無条件の愛情である。

(2) 無条件の愛情へ移行する条件

　条件としては親自身の問題が解消されることと親自身が認められること（自分がOKであると実感できること）が考えられる。こられのどちらかが満たされてこそ親として成長することに喜びを感じるようになれる。また、カウンセリングを利用したり、子育てサークルで認められることもある。筆者の経験で、児童支援の先生と、相談室でしか話せないことを母親から聞き、その中で本当によくやっていると伝え、親子関係が改善したケースがあった。

(3) 子育てをする親の最終目標

　子育ての最終的な目標とは何だろうか。村本 (2006) は、子育ての最終目標は、自分のお人形やペットをつくり上げることではなく、自立した一個の人間として社

会に出すことであるとする。ここで子育てとは，親の助けを必要とせずに生きていけることと再認識しておく必要がある。結局，親の無条件の愛情とは，親の都合や思いで子どもにかかわるのではなくて，子どもの必要性に応じて親のあり方を変えていくことを意味する。親は子どもが成長するにつれてよい支援者となるように移行していくべきであろう。

3．支援の基本的姿勢

(1) 親のせいではなく子どもの教育視点で

だめ親像をおしつけ，責任を押しつけても何の解決にもならない。弁証法的考え方ではシーソーのたとえがあるが，親を批判して向こうに落としたり，倒したりしないようにしたい。現在の親の行動も最大限の行動と認めるが，もっとよい方法があると伝えるのが望ましく，あくまで子どもの成長の視点に立ちたい。

(2) 親のそうならざるを得ない理由を考える

裵岩（2006）によれば，たとえば，親を見ると，親が自分の嫌な部分を子どもの中に見ていることもあるという。例として離婚家庭の母親が息子を虐待する場合，息子の中に離婚した父親と似ている部分を見つけることもある。

(3) 親へのポジティブなフィードバックを増やす

裵岩（2006）は，親を責めても問題は解決しないという。親は自分の中にOKな部分があることを認識することが必要である。たとえば教師が親に連絡するときはたいていは学校で問題が起きたときであるが，逆によいことでも電話をかけ，ポジティブなフィードバックを心がけると，親の自己効力感を増すことにつながる。

(4) 多様な保護者・家庭を思いやる想像力

親や家庭は一律ではない。たとえば忘れ物の多い子の場合，ひょっとしたら寂しいが親に負担をかけまいとして必要な持ち物を言わない場合とか，親が短い時間の接触を楽しんでいるが持ち物まで配慮できない場合もある。教師には，思いがけない背景を想像してみる努力も必要である。

4．具体的な支援方法

(1) 関係づくりと連絡

①親と直接会うことが基本
　まず親とはできるだけ直接会うことを前提とし，電話連絡もゆとりをもって行う。電話を避けたいのは，教師側が忙しいときに連絡を受けたとき，ないがしろな対応をしてしまう恐れがあるからである。
②突き放すではなく一緒に考える姿勢
　佐藤（2005）を参考にすると，問題行動を取る子どもの親に対しては，「～で困っている」とか「なんとかしてください」ではなく，「～なので心配しています」「そこで学校ではこう考えています」と伝えることである。教師は，自分たちはこのようにやっていこうと思っているが家庭としては何をやってもらいたいかを具体的に言うべきである。つまり共同作業の雰囲気を出すことが大切である。
③学校から保護者に来校を求める場合のかかわり方
　菅野（2004）によれば，以下のような対応が考えられる。
　①保護者の不安を受け入れる
　②問題を端的に客観的に伝える
　③保護者の言い分をじっくり聞く。質問にはていねいに答える
　④学校でできること，家庭でできることを話し合っていく
　⑤一回の話し合いで解決できると考えない
　⑥保護者に前向きな気持ちをもって帰宅してもらう

5．望ましい親を求めて

　必要な心配とは，まずは体のケアーであり，子どもの心をそのまま理解しているかの心配である。一方で，必要でない心配とは親の不安が投影されている心配や親の期待からくる心配である。子どもの求めるものにうまく対応でき，子どもにとって真に必要な教育ができる親でありたい。親が「子どもが保健室で寝ている」と連絡を受けて，子どもに会いに来たときの第一声が「こんなところで何しているの」という場合がある。まずは親には「どこが痛いの？」と体を心配する姿がほしいものである。

6．学校教育相談の解決にいたる基本原則：弁証法的考え方

　まずは，認証や受容である。2節の(5)で述べたように，境界例が指摘されるようになった時代には，子どもの行動の変化をまず求めると失敗に終わる。まずは認証して，それから変化を目指すようにする。

不登校では，「学校に行けない」と「将来のため学歴は得たい」という矛盾した現状がある。そこでの行き着く解決は，自分に合った学校を見つけることである。発達障害でも，もともと生物学的にできないこと，あるいは良くないことではあるけれども，本人にとって最大限の努力をした行動であることを認めることが必要であり，また認めつつも今よりもっと良い方法があることを教える。たとえば周囲の者になぐりかかることで訴えていく子どもがいたとする。その方法は現在のその子にとって最高の対処行動かもしれないが，そのやり方では他者から受け入れてもらえず，もっと良い伝達方法，つまりスキルがあることを教えていくことが必要である。

　また不登校の解決にみられるように，親子で底を体験すると後はお互いを理解して上昇するしかないという逆説がみられることがある（田邊，2011）。逆説とは，真理とはまったく逆の方向に移行したように見えて真理を満たす点である。不登校は，逆説的にとらえると，「学校に行かなくてもよい」とすると改善がみられると考えられるが，現在はひきこもりの危険性があるものの，今の居場所を認めると外への新しい一歩を踏み出すことも事実であろう。

第7章

学校教育相談における具体的問題への対応

1節　現在の学校事情と悩める子どもたち

1．教師と保護者の狭間に置かれる子ども

　近年,「モンスター・ペアレント」という言葉が話題になったが，実際に保護者が学校にさまざまなクレームを持ち込むようになり，教師はその対応に追われるようになってきたといわれている（嶋崎, 2008）。その背景には，保護者と学校または教師との関係が変わったことが考えられる。従来，学校や教師は子どもの教育の中核を担い，その意味での「聖域」を保っていた。保護者は子どもを学校に送り出し，学校での教育の中身に口を出すことはほとんどしなかった。この関係の中では，保護者と教師は暗黙の協定を結べていた。別の言い方をすれば，各家庭と学校との間には地域コミュニティという緩衝帯が機能しており，保護者単独での行動を結果的に抑止していた可能性もある。しかし，大量消費社会と地域コミュニティの崩壊が加速し，家族がカプセル化していく中で，保護者が単独で学校や学級担任に向けてわが子への対応に関するさまざまなクレーム行動を起こすようになってきた。その結果，教師はその対応に追われるようになるだけではなく，常に保護者を意識する形で子どもの教育に携わるようになってきた。

　一方，保護者が訴えを起こせるようになったことで，それまで学校や学級内部の出来事として見過ごされてきたさまざまな教育上の問題が明るみに出されることになり，子どもの教育が外部の視点から検討されることが可能になってきたことも確かなことである。

　ただし，このような形で教師と保護者の関係が変化してきたことが，子どもたちの教育にとってプラスに作用するときだけでなく，マイナスに作用していると思わ

れるような事例も少なくない。以下に紹介するのは，担任と部活顧問を兼ねていた教師の指導に対して，保護者がネガティブな反応を示したことが，結果的に生徒本人の学校適応を困難にしたと考えられる事例である。

以下，本章において示される7つの事例は，いずれも学校で起こった実際の事例を典型事例へと改変したものである。

【ケース：A君　中学校2年生，サッカー部】

　スポ少時代から運動神経では一目置かれており，親も熱心に応援してきた。しかし，中1終わり頃から，まじめに練習しようとしないことやふざけて集団を乱すなどの理由で部活顧問から注意を受けることが増えてきた。中2より，部活顧問は担任を兼ねるようになったが，中2の6月，顧問がいないときに，何人かでふざけてボールを蹴って校舎のガラスを割ることがあった。そのとき，日頃から優等生のB君はほとんど叱られず，A君がおもに叱られた。ガラスが割れたときのボールを蹴ったのは確かにA君だったが，パスしろと言ったのは他の生徒だったという。この出来事をきっかけにA君は顧問に対して暴言を吐くようになる。顧問は，保護者を呼び出し，ガラス事件のことや暴言のことを伝え，家庭でもきつく注意してくれるようお願いした。

　しかし，家庭の中では，A君の顧問に対する批判が堰をきったように話され，両親ともに顧問に対する悪感情を強めることとなった。その後，A君の態度は改善するどころか，時々朝練を休むようになり，そのことを注意されるとそっぽを向くという態度が見られるようになった。顧問もこれに対しては，「もう譲歩の限界がきた」ということで，「この態度を反省するまで，部活への参加停止」の指導を行うにいたった。それをきっかけに，A君は不登校となる。

　両親はその指導に対して怒りを露にし，校長に訴えに行く。校長は，「顧問にも伝えてみましょう」と受け止めたものの，顧問はそのことで態度をさらに硬化させたようであった。その後，保護者は校長からの勧めでスクールカウンセラー（以下，すべてSCとする）のところに相談に行くこととなる。面接では，保護者としての正直な気持ちが語られ，SCは自分なりの判断として，部活顧問の対応がやや強硬に感じられることを教育相談担当教員に伝えたが，顧問の態度が変わることはなかった。

　A君の不登校はその後も改善せず，3年からは別の若手教員が担任に代わったが，担任は顧問のことを気遣う形で，思い切った対応ができなかった。A君は教師にも親にも失望し，家庭内で荒れた時期もあった。結局，部活に参加できないことが理由となり，卒業まで学校に来ることはなかった。

　ここで，平行線を辿ることになった教師と保護者それぞれの言い分を整理してみ

よう。教師の言い分は，子どもの暴言を許している親が問題である。生徒が自分から頭を下げてがんばりたいというのであれば，いつでも迎える準備はある。他の生徒への影響を考えると，もうこれ以上特別扱いはできないというものであった。これに対して，保護者の言い分は，顧問の先生からもう少し温かい言葉をかけてもらえれば，この子はがんばれる。本人はただ意地を張っているだけだから，先生のほうから来るように誘ってほしい。それをしてくれない先生は冷たすぎるというものである。

では，本来であれば，教師と保護者，そして校長がそれぞれの立場でA君への対応の際にどのようなかかわりをもつことができたであろうか。その一例を示してみたい。

(1) 教師にできること

ガラスを割ったことは叱るとしても，事実を複数の生徒からよく聞いて冷静に対応する。その際，日頃からのA君に対するマイナス感情を直接ぶつけるのではなく，ゆとりをもったかかわりが求められる。自分の考えを見直すために，いったん同僚に話を聞いてもらうことも1つである。指導においては，本人の言い分を聞き，そのうえで反省すべき点について伝えた後，「きみには期待しているから，仲間の部員や1年生を引っ張っていってくれよ」などの励ましの言葉を添えることもできる。受容しつつ（気持ちを認めつつ）要求（指導）していくかかわりは，自分の感情からある程度距離が取れているときにより適切に行うことができる。

(2) 保護者にできること

ガラス事件にいつまでもこだわらずに，夫婦でよく話し合いながら，「親がどう動くことが子どものこれからの成長にプラスになるか」を考えていく。校長に言いに行く前に，信頼できる人やSCに相談しながら動く。そして，子どもに対しては，「確かに今回のことは残念だし親としても悔しいけど，ガラスを割ったのは確かなのだから，あなたはあなたで反省しなさいね」「どんな理由があっても先生に暴言を吐いてはいけないよ」など本人が教師と折り合っていけるための言葉を伝える。

(3) 校長にできること

まず，校長が顧問教師の言い分をしっかり聞く。そのうえで，顧問教師に，保護者と話し合う場を設ける提案をする。校長は，教師，保護者の前で自分なりの判断，

第7章　学校教育相談における具体的問題への対応

たとえば，顧問の指導が公平さを欠いていたことに言及するとともに，教師には教師の教育に対する信念があるのでそれは保護者にもわかってほしいことを伝える。そして，A君が立ち直れるために顧問と保護者いずれにも協力をお願いしたいことを伝える。教師に対しては，その教育方針に理解を示しつつ，必要な改善を求める。保護者に対しては，保護者の言い分を受けとめ，そのうえで協力を求める。それによって，教師と保護者それぞれが自分の立場で行えることを担っていく協力体制を構築する。現状で対立している両者の思いを聞き取り，両者が和解し，協力し合える関係へと橋渡しをするのが校長の役割である。表7-1は，この事例をふまえて，それぞれの立場にある者の役割が円滑に機能するために，教師がチームとして行える役割分担と対応例を示したものである。

仮に学校内部に当該生徒と保護者の立場に立てる教師がいたとしても，その教師は当該教師との職場での関係を考える結果，積極的には動きづらいことが多い。このような場合には，管理職やSCをはじめとする専門家や校外の関係機関が仲介業務を一時的に代行することが必要である。

それと同時に，教師の対応だけではなく，親機能の回復をサポートしていくことも重要である。親機能回復への支援とは，保護者の気持ちを受けとめることで感情を鎮め，「親としてどうふるまうことが子どもにとってプラスとなるか」について

表7-1　教師チームとしての役割分担と対応例

教師間での支えあい	当該教師の「困り感」を教師同士で共有する。教師サイドの「困り感」は教師同士で共有し，保護者とかかわるときはその「困り感」をいったん棚上げし，「子どものことが心配だ」と子どもの「困り感」を前に出した言い方を心がける。
教師から生徒への働きかけ	例「きみがそんな状態だと先生は悲しい。もともと力を持っているので，がんばってほしい。ただ先生は競技の上手さよりも人間としてのあり方を大事にしたいと考えている。きみがそんな態度だったら，先生としてはどうしたらよいか考え込んでしまう。きみは，どうしたらいいと思うか？」
教師から保護者への働きかけ	例「実は今日学校で××のことがありました。窓の近くにいた生徒がケガをしてはいけないので少し厳しく注意しておきました。ですから，お家の方ではあまりきつく叱らないでください。本来，物事をよくわかっておられるお子さんです。明日から気持ちをいい方向に切り換えてがんばるように伝えてください。」
SCによる仲介	保護者と当該教師双方から話を聞いていく。保護者と教師の歩み寄りが難しいと判断される場合には，教育相談担当教員と連携し，当該生徒の立ち直りに何が必要かという視点からケース会議を開く。
校長による歩み寄りの場の設定	ケース会議に参加し，状況を把握する。保護者の納得が得にくいようであれば，保護者と教師の心の溝を埋めるために，校長が間に入り，率直な話し合いのできる場を設ける。

冷静に考えて行動できるよう支援することである。そのためには，SCなどの第三者が，まずはその保護者の感情を受けとめる緩衝帯として機能することが求められる。

2．子どもへのかかわりに自信をなくしていく教師

　気になる子どもへの対応に際して，教師の心の中で受容的にかかわっていくほうがいいのか，厳しく出たほうがいいのかという迷いと葛藤が生じることはよくあることである。その迷いからくる心の揺れは，言外に子どもにも伝わり，表面上の励ましや肯定的な声かけとは裏腹に，子どもの問題をますますエスカレートさせてしまうことがある。そのようなとき，教師は自分の生徒へのかかわりを見直し，そこから一貫性のある対応を導き出さなければならない。

　教師が子どもに対して，「気持ちはわかる。しかしそれは絶対にしてはいけない」という言葉が迷いなくはっきりとした態度で伝えられるとき，子どもは教師から本気でかかわってもらったと感じるものである。逆に，思い切った態度を示すことができずにいると，結果的に子どもに対して矛盾したメッセージを伝えてしまう。

　教員の心の揺れを助長する背景には，生徒一人ひとりに向けられた人権意識の高まりや保護者による学校への要望的スタンスの影響があるかもしれない。これらにより教員は自分のかかわりにますます自信をなくし，専門家への依存を引き起こしていくことも考えられる。ここから，多くの人たちが関与していながら，中心となってかかわってくれる人のいない状況ができあがってしまうこともある。

　このような状況を打開していくためには，教師間で支え合える風土づくりが何より重要である。まずは，生徒本人に最も中心的にかかわる立場にある担任や部活顧問の思いに他の教員が耳を傾けることから始める。当該教師に対して，労いの言葉と具体的な助言を提供することが目的である。周囲の教師集団から支えられることが，生徒本人や保護者にかかわっていく力となっていく。また，必要に応じて，専門家に学校での情報を伝え，学校でできることについて指導を受け，当該教師をキーパーソンとする教師チームを形成し，それぞれの立場でやれることを話し合っていくこともできる。

3．学校や地域から孤立していく保護者

　学校での不適切な指導やいじめなどがきっかけで子どもが不登校になった場合，本人だけでなく保護者も傷つくものである。しかし，その傷ついた保護者が周囲の

者からの支えが得られない場合，保護者と本人とがともに心の傷を負った形で家にひきこもることになるケースは少なくない。また，先ほど取り上げたA君のケースも，その後，家庭にひきこもりがちとなっているA君に対して，学校以外の第三者機関が仲介に入り，本人と保護者が被害的になり家庭が学校や地域から孤立していくことを予防するかかわりが重要である。

元来，子どもたちは地域のかかわりの中で育っていた。そこには隣近所のおじさんやおばさん，おじいさんやおばあさんなどさまざまな大人たちが，複数の目で子どもたちを見守っていた。現代では，地域の大人たちが子どもを注意したとき，そのことを被害的に受け止める保護者が増えている。母親の多忙化による留守家庭の増加や不審者への対応が叫ばれるようになったことが，この状況を加速させている。その結果，地域の機能は急速に衰退することとなった。地域のかかわりが衰退した現代社会においては，これに代わる支え合いのネットワークや支援機関によるサポートを視野に入れていく必要がある。

2節　具体的な事例における対応

1．不登校

近年，不登校の中には，きっかけがはっきりせず，「わがまま」「甘え」「マイペース」に見える子どもたちが増えてきたといわれている。そして，これらの子どもたちになぜ学校に行かないのか尋ねてみると，「疲れる」「面倒くさい」「だるい」「息苦しい」などの言葉が帰ってくることが多い。筆者は，このような不登校を，特に1990年代以降の現代社会を背景に出現したという意味を込めて，「現代型不登校」としてとらえている。このタイプの不登校は，従来から指摘されてきた「学校へ行きたくても行けない」という葛藤に苦しむ神経症的不登校（小泉，1973）とは異なり，自分のやりたいことには参加するがやりたくないことはやらない，しかもそのことにさほど罪悪感を覚えていないように見える。見方を変えれば，時代とともに不登校の子どもたちの傾向が全体的に，葛藤を背景にもつ神経症型から自我の脆弱さを背景にもつ現代型へと変化してきていると考えることもできる。そして，その背景には，子どもの脆弱性を生み出す親子関係，すなわち，子どもの存在をまるごと受けとめる母性性と必要なときに歯止めとなって子どもを正しい方向に導く父性性の双方が弱体化した家族状況なども考えられる。

また，近年，不登校の子どもたちが精神科や心療内科を受診することが増え，不登校の状況や背景を「社交不安障害」「起立性調節障害」「睡眠障害」「うつ病」「学校トラウマ」「発達障害」などさまざまな精神医学の視点からとらえるようになったことが，教師や親としての積極的なかかわりを困難にしているもう1つの要因となっている。個々のケースによっては，精神医学の視点からの理解が行われることで，周囲の者に適切な対応が可能になるというプラス面がある。その一方で，すべての不登校を精神医学の視点でとらえていくと，教育が担うべき独自の機能と役割を弱体化させてしまい，教師や親が本人と直接向き合っていくことを困難にし，結果的に不登校を長期化させてしまうケースもみられる。このことは，教育場面で生じた問題を医療モデルに基づいて支援するようになったこと，すなわち「子どもの問題行動の精神医学化」（滝川，2002）がもたらしている新たな社会問題であるといえるかもしれない。

　鍋田（2012）は，近年，軽症化した対人恐怖症状を示す思春期・青年期の患者たちの増大を神経症全体の変化としてとらえており，これを「不全型神経症」とよんでいる。そして，その特徴を，「症状の出し切れなさ」，自我理想をめぐる葛藤状況の希薄さ，「避ける，こもる」という適応機制，社会参入への動機づけの弱さなどの視点から考察している。さらに，時代的変遷の3段階として，第1段階は「優等生の息切れ型」不登校，第2段階は「主体性の落ちている不登校」，第3段階は，ここ数年の間に目立つようになった「マイペース型の不登校」を仮定している。筆者が指摘する「現代型不登校」は，この区分に即して言えば，「主体性の落ちている不登校」と「マイペース型の不登校」の両者を含んだ概念となる。

　さらに，「現代型不登校」は，「周囲の期待に対する態度」と「本人自身が感じている教室での居場所感」という2つの軸を設定することで理解しやすくなる（大石，2012，図7-1）。「周囲の期待に対する態度」に関する一方の極は，集団規範よりも自分に価値を置く傾向，いわゆる「マイペースの子」であり，場合によっては，怠け，わがまま，甘え，弱さ，ズルさ，などとみられることもある。もう一方は，周囲の期待に応えようとする傾向，無理してがんばる子，過剰適応を強いられた状況にある子である。この視点からは，不登校の子どもたちはこの両極のどこかに位置づくことになる。たとえば，不登校を怠け，わがままなどとしてとらえる見方からは，本人が現実と向き合えるようなかかわりをもつことで，通常の登校に戻すことを目指す支援が提案されることになる。逆に，不登校をがんばりすぎた子どもの息切れだとする見方からは，まずは子どもをゆっくり休ませ，その後，回復に

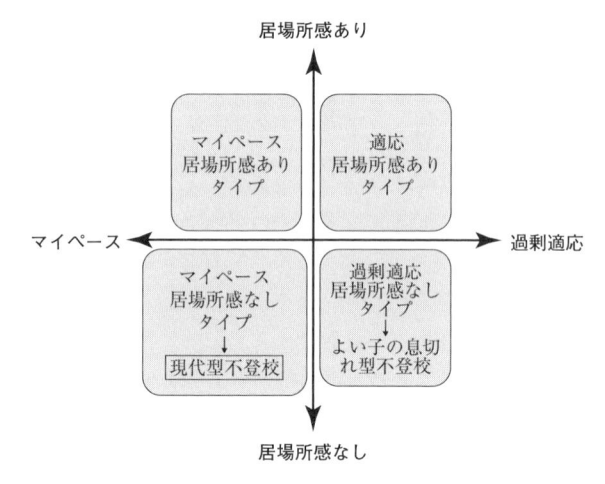

第7章　学校教育相談における具体的問題への対応

図7-1　不登校のタイプ（大石，2012）

（縦軸：居場所感あり／居場所感なし、横軸：マイペース／過剰適応）
- マイペース　居場所感ありタイプ
- 適応　居場所感ありタイプ
- マイペース　居場所感なしタイプ → 現代型不登校
- 過剰適応　居場所感なしタイプ → よい子の息切れ型不登校

応じた教育的受け皿を用意していく支援が目指される。ただし，「マイペース」に関しては，当事者からすれば，相手の状況や気持ちをまったく理解できていないことからくるものではなく，相手を困らせようとする意図があるわけでもない。ただそのときの自分の気持ちにとらえられ，相手の存在を考慮した行動が取れなかったことを，周囲の者からは協調性を欠いていると判断されていることもある。

また，「本人自身が感じている教室での居場所感」に関しては，みずからも不登校の体験をもつ貴戸（2011）が，不登校の原因を個人の能力的な側面に帰属していく現代の傾向に疑問を投げかけ，不登校の背景に個人にも社会にも還元できない人と社会の「関係性」の問題，すなわち，「関係的な生きづらさ」の問題が存在していることを指摘している。そして，そのことを，個人の特性や社会要因には還元されない「人が他者や集団につながるときにある局面で不可避に立ち現われてくる関係性の失調のようなもの」であると述べている。土井（2004）は，最近の子どもたちの友人関係が，相手のことを過剰に配慮し合う「優しい関係」に変質し，そのことが関係性の病としての新たないじめを生み出していることを指摘している。ここで重要な点は，その生徒が一見マイペースに振舞っているからといって，必ずしも学校や教室に居場所があると感じているとは限らないということである。以下に，「現代型不登校」の典型例とみられるB君の事例を紹介する。

2節　具体的な事例における対応

【ケース：B君　中学校1年生】
　小学校では基本的にはまじめでおとなしい子であったが，学校を休むようなことはなかった。小学校3年生から野球のスポ少に入ってがんばっていたが，5年生から厳しい監督に変わってからは休みがちとなっていた。
　中学校ではテニス部に入るが，夏休みになると練習を休む日が出てきた。2学期が始まると登校をしぶるようになり，体育祭後から学校に行かなくなる。きっかけははっきりしない。強いて言えば，担任が夏休み明けの宿題をしていなかったことをクラス全体に少し厳しく指導したことくらいであった。その後，担任が家庭訪問を何度か行ったが，B君は出てくることはなかった。3学期末にB君への対応についてスクールカウンセラーを交えたケース会議を開き，中学校2年生に進級するときが節目としていい機会だということで，新しい担任が積極的に働きかけていくことになった。
　最初は，新しい担任が家庭訪問しても出てくることはなかったが，B君が家で野球のYouTubeを毎日見ているとの情報を母親から受け，プロ野球についての質問を書いた手紙を置いて帰る。手紙には，「どこの球団が好きか？（先生は〇〇ファンです）」「選手は誰が好きか？（先生は投手では〇〇，野手では〇〇が好きです）」「今度の試合はどちらが勝つと思うか？（先生は〇〇が勝つと思う）」という3つの質問を記していた。すると，次回の訪問時にはB君が質問に回答した手紙をもって玄関に出てきた。その場でB君との野球の会話が弾んだ。そこで，担任は次回の訪問に向けてB君に宿題を出した。今度行われる試合の勝敗の予想と試合内容をふり返って解説するという宿題を出して帰った。すると，B君は次回の訪問時にワード原稿にA4版2枚にわたって試合についてのコメントを書いていた。その中で「先生が予想した試合内容についての認識は甘い」ということが書いてあったという。
　このようなやりとりをするようになった2週間後，B君を学校の相談室に誘うと学校に来始めた。午前10時から2時間ではあったが，8か月ぶりの登校であり，最初は緊張していたが，担任との話し合いを通して，相談室では各教科のワークブックを中心に自習学習をすることになった。そして，SCや手の空いた教師が立ち寄って声をかけるようにした。ある日，担任が，クラスは異なるがかつてB君と仲のよかった生徒を誘って休み時間に相談室に行くと，意外にもB君はうれしそうだった。相談室登校に慣れてきた頃，再びケース会議が開かれ，今後は徐々に授業に誘うことになった。担任はB君が教室に来る可能性があるので，そのときには温かく迎えてほしいことをクラスの仲間に伝えた。そして，「先生の社会の授業から出てみるか」との担任からの働きかけにより，担任の教科である社会の授業には出席できるようになった。それ以外の授業には参加することができなかったが，3学期になると，相談室で過ごす時間は給食を挟んで4時間程度に延びた。さらに，3年生になったら教室に上がりたい

という言葉を自分から言うようになっていった。
　中学校3年生でも担任はもち上がることとなり，中学校3年生のクラス替えでは仲のよかった生徒と同じクラスにする配慮を行った。B君は，言葉通り，始業式より完全に教室復帰を果たし，その後も毎日登校するようになった。2学期になると，高校ではコンピューター関係のことが学びたいとの意思を示し，進学先の情報を自分から探してきた。苦手な教科については，家庭教師がつく形で勉強し，みごと合格を果たした。

　「現代型不登校」の子どもの特徴として，周囲の者が学校に行かせようとしても梃子でも動かない頑固さをもっている。しかし，自分で行くと決めたら行くことができることもまた確かなことである。そこには教師との信頼関係が必須である。この事例では，担任がB君の好きな野球という関心領域に寄り添うことから信頼関係を構築することができた。教室に居場所を失った生徒が，教室に向けて第一歩を踏み出すには多大な勇気を必要とする。とかく教師は生徒が相談室に来るようになると教室への復帰を急ぎがちであるが，この担任はそのことよりも，B君が相談室で少しでも充実した時間を過ごせるための具体的な話し合いを行っている。教師たちは，まずは相談室に来ることで精一杯の状況にあるB君のことを評価し，声をかけるように努めた。このステップを飛び越えて，「教室に行け」「どの授業なら出られるか」とだけ言うようになると，B君は相談室にも居られなくなっていたであろう。
　そもそも生徒が感じていた教室での居心地の悪さ，居場所のなさは本人の力だけでは解消できない。仮に，勇気を出して教室に行ってみたとしても，その場所が安全とは言えないところであれば復帰は困難である。逆に，戻ってみたら大丈夫だったという経験が増えていくことは生徒の心を軽くしていくことだろう。しかし，そのためには，この生徒を教室で迎える生徒たちの力も必要である。担任が不登校や別室登校の生徒の存在を同じクラスの生徒たちにどう伝えるかが問われる。そして，その生徒たちが，不登校や別室登校の生徒をどのように迎えるかが重要なことがらとなる。たとえば，相談室や保健室で過ごしている生徒に対して，「今日，教室でこんなことをしたよ。こんなことがあったよ」とだけ伝える。それを伝えたら，「またね」と言って教室に戻っていく。あるいは，体育の授業に出ようとするが出られずに躊躇している男子生徒に，他の仲間がさりげなくボールを投げてやる。そして，いつの間にか本人も中に入ってボール遊びをしている。そのまま本人は体育の授業に参加する。このような生徒たちのセンスに学ぶところは多い。

保護者には，目に見えない本人なりの努力を認めながらも，教室に向けて一歩を踏み出せる勇気を引き出せるよう，本人としっかり向き合うことが求められる。教師は，生徒の思いを受けとめつつ，別室や教室でていねいに迎えていく。不登校支援は，このような保護者と教師の協働のもとに成り立つものである。特に「現代型不登校」の支援においては，子どもの理解にとどまることなく，くり返し働きかけを行っていくことが必要である。本人が自分で決めて自分から動ことを保護者や教師が代行することなく，本人が自分自身の納得と責任のもとで行動できるように，周囲の者たちによる柔軟かつ粘り強いかかわりが求められている。

2．発達障害

　文部科学省（2012）が行った調査によれば，発達障害が疑われる児童生徒数は全児童生徒の約6.5％と報告されている。1990年代後半から，発達障害という言葉は学校や社会に急速に広まっていった。しかし，この言葉が広まっていく速さとは裏腹に，発達障害の理解は必ずしも進んできたとは言いがたい。むしろ，健常児との違いのほうが強調され，依然として教師の中には苦手意識をもつ者が少なくない。学校現場における特別支援教育の推進は大きな課題であるが，障害理解には学校間や教師間で大きなばらつきがみられるという現状がある。

　精神医学の領域では，2013年5月に精神医学的診断マニュアルがDSM-Ⅴに改訂され，発達障害は重い自閉症からアスペルガー症候群までを連続的にとらえる「自閉症スペクトラム障害」に一本化された。そこでは，アスペルガー症候群の分類は削除されている。医療機関をはじめとする臨床現場では，同じ発達障害であってもその診断は医師により異なることがあるだけでなく，その臨床像は類似の症状をもつさまざまな他の精神病理とリンクする。たとえば，うつ病や双極性障害，パーソナリティ障害，あるいは虐待によるPTSDや愛着障害などとの併存とそれを含めた鑑別の重要性がさまざまな研究者により指摘されている（杉山, 2011, 岡田, 2011他）。その中で, 傳田（2008）は, 特に思春期以降のうつ病患者の現代的傾向に対する「なんらかの違和感」が, 発達障害との併存という観点を導入することで説明できることを指摘している。このように発達障害という視点は, クライエントの病理や障害に対する「説明モデル」として高い機能を発揮する。

　学校現場で問題となりやすい発達障害の子どもの具体的な特性としては，たとえば，騒がしい教室にいると周囲の声が雑音に聞こえてきて，頭の中が混乱してくる。状況に応じた気持ちの切り替えが難しい。情報の優先順位をつけることができ

ず，指示に対して適切な行動を取ることができない。他者の立場や状況が読み取れず，物事をストレートに言い過ぎる，などがあげられる。その結果として，仲間から浮いてしまい，それが時には，からかいやいじめへと発展することもある。

以下は小学校低学年でアスペルガー症候群の診断を受けていたC君の事例である。

【ケース：C君　小学校4年生】

　C君は日頃は大人しく目立たない児童である。C君は，自分の好きなことに対しては時に高い集中力を発揮するが，こだわりが強く，一度思い込むと修正が効かないといわれていた。学習成績は中の上であったが，状況を見て行動することが求められるグループ活動などは苦手である。相手の立場に立つことが難しいため，クラスの仲間からは浮いた存在であった。時々，仲間からからかわれ，それが暴力やパニックへとつながることもあった。また，教師が注意してもなぜ自分が叱られているのかがわからないことがあり，教師にとっても扱いづらい子であった。

　ある日，担任が給食の時間に他の子とふざけあっていたC君を「ちゃんとしなさい」と注意するが，やめないので，「どうしてやめないのか」と問い正すと，C君は言葉が出ない。ただ，その表情がふてくされているように見うけられたことに教師はいらだち，「おまえのその顔は何だ」と強く叱ってしまった。すると，翌日からC君は学校に来なくなった。その後，担任が家庭訪問を行ったが，本人が出てくることはなかった。結局，5年生になり，担任が変わるまで登校することがなかった。

　この事例をふり返ってみると，C君は担任の「おまえのその顔は何だ」という言葉によって自尊心を深く傷つけられ，しかもそのことをいつまでも鮮明に記憶していた。そのため担任によるその後の働きかけをすべて拒絶し，その傷つきへのこだわりはむしろC君の中では増大していった可能性がある。

　担任がC君の特性を十分理解しておらず，日頃の態度からC君のことをあまりよく思っていなかったことは事実であり，そのことが今回の不登校のきっかけをつくる背景となった。C君の言動が担任になんらかの不快な気分を生じさせていたことは確かであろうし，集団生活をしていくうえで，それがわがままで協調性のない姿に映ることも多かったことだろう。しかし，C君が日頃から感じていた「クラスに馴染めない感じ」や「陰で何か言われているみたいだ」という空気は根拠のないものではなかったかもしれない。C君が「空気を読めない子」であるとしたら，そのような子どもとかかわる練習は，周囲の子どもたちの社会化を促す機会にもなりうる。教師がさまざまなタイプの子どもたちがいる集団を抱えていくためには，集団

のルールづくりと関係維持の両方が必要である。教師はそのルールを発達障害をもつ子にわかりやすく具体的に提示できる大人であることが求められる。そのルールのもとで,子ども同士が社会化されていくことを支援できる力量が問われている。

周囲の子どもたちは,教師が本人にどうかかわるかを見ているものである。その教師のあり方とかかわり方が,本人を取り囲むすべての子どもたちにとってのモデルとなる。折を見て,他の児童生徒には,本人の特性,たとえば,「状況を見て動くことが難しいところ」や「人の気持ちを考えるのが苦手なところ」や「急な予定変更などで混乱しやすいところ」あるいは「一度思ったら気持ちを切り変えるのが難しいところ」などをわかりやすく伝え,本人を追い詰めるような言動を慎むように促す。最も配慮しなければならないことは,周囲の子どもたちが,本人に対して「変な子」や「すぐきれる子」などの見方をすることで,本人が精神的に追い詰められていくという二次障害への対応である。パニックを起こしたときには,目撃した子どもたちを中心に「本人にもしっかり注意しておいたので,それ以上言わないこと」などを指導しておく。表7-2は,気になる特性が問題化しやすい環境および問題化しにくい環境にするための工夫を対比的に示したものである。

本来,居場所と感じることができる教室とは,多少自分の変なところを出しても大丈夫な場,それを安心して出せる場のことである。それはすべての子どもたちが必要としている場である。しっかりとしたルールのもとで,お互いが素の自分を出し合える関係をつくっていけるならば,あえて発達障害という言葉を用いる必要はないのかもしれない。教師にとってある子どものことが「気になる」という場合,

表7-2 気になる特性が問題化しやすい環境および問題化しにくい環境への工夫 (大石,2004を改変)

	特性が問題化しやすい環境	特性が問題化しにくい環境への工夫
教師	教師の一方的な叱責,強制,一貫性のない対応	教師の「育てるまなざし」「柔らかい見なし」 特性に基づいた適応上の工夫(例:周囲の雑音を減らす,紙に書いて提示または掲示する,一度に複数の指示を与えない,物事の優先順番をつけさせる,教室での守るべきルールをわかりやすく示すなど) 本人の得意なことで役割を持たせる
周囲の子どもたち	周囲の子どもたちによる無理解,ふざけ・からかい	周囲の子どもたちによるさりげない理解と支え(曖昧な言い方や質問を避ける,問いつめない,からかわない,など)
本人	理解してもらえず屈辱感を味わう →パニックを起こすなど様々な二次障害の発生	本人がありのままでいられる教室,安心して過ごせる教室,よさが生かせる教室 →自己理解に基づいた自己コントロールが可能

その子を「気になる子」としてラベリングする前に，どういう状況でのどのような行動が気になるのかを「省察」し，適切な支援を探っていく態度が重要である。教師の見方が変われば，関係が変わる。関係が変われば子どもの行動も変わる。このようなプラスの循環が生じることで本人が成長していく可能性が常に考慮されていなければならない。鯨岡（2010）は，関係発達論の観点から，たとえ最初のきっかけはなんらかの「障碍（impairment）」にあったとしても，その後の「育てられて育つ」という時間的経過とそれに伴う関係発達の中で種々の能力の向上がみられることは十分に考慮される必要があると述べている。

　青木（2012）は，周囲の者が発達障害の当事者のことを，発達障害特有の傾向をもつ者として認識していくことは必要であるが，もう一方では，発達障害と定型発達は連続しており，定型発達者にも程度の差こそあれ，その傾向があるという理解も重要だとしている。特別支援教育が目指す「インクルーシブ教育」とは，障害のある子どもと障害のない子どもを分け隔てることなく，さまざまなタイプの子ども同士がともに学び合い，成長していくことのできる教育の場を創造していくことである。そのために教師は，気になる子どもたちへの個別支援と集団指導をバランスよく意識した児童生徒理解を実践していく必要がある。

3．いじめ

　2013年9月に，いじめ防止対策推進法が施行され，学校はいじめの防止等に関する措置を実効的に行うため，複数の教職員，心理・福祉等の専門家その他の関係者により構成される組織を置くことを義務づけられることになった。また，それ以前より，各都道府県の教育委員会単位で，いじめ対応マニュアルが作成されており，各学校に配布されている。ここでは，2つの事例を取り上げるが，次に示すのは，一方的にいじめを受けたD君の事例である。

【ケース：D君　高校2年生】
　母親からの報告によれば，本人の性格は，もともと正義感が強く自分の気持ちを言葉で表現するのが苦手である。高校入学後より，同じクラスの男子生徒2名から，言葉でのからかい，嫌がらせ，身体的な暴力を受ける。しかし，反撃に出ることもできず，親にも教師にも助けを求めることなく，ぎりぎりまで1人で耐え続けていた。いじめが明るみに出たのは，クラス替えのない高校のため2年生に同じクラスのままもち上がり，その直後にD君が学校を休むようになってはじめてその理由を母親が聞き

出そうとしたことがきっかけであった。

　その後，母親がD君から聴取した情報によれば，1年生の5月からいじめを受けるようになり，それが徐々にエスカレートしていった。2年生に上がって3日目から学校を休み始めた時点で，学校をやめることを自分では決めていたという。母親から担任に状況が伝えられたことを受けて，担任がいじめた側と本人に事実関係確認のための場を設けるが，そこでのやりとりが本人にとってさらなる外傷体験となった。その後，担任以外の教師もかかわり，SCにもつなごうとしたが，本人はかたくなに拒否する。

　2年生の5月より，母親が息子とどうかかわっていけばよいかについて，SCへの相談を申し出る。その後，約1年半にわたり，母親面接が続けられた。学校では加害者の2名は事実を認め，2週間の無期停学処分を受けることになる。一方，D君は，2年生の秋，高校を退学し，フリースクールに通い始めることで，現実復帰を図ることとなった。

　いじめに際しては，いじめられた側への心のケアといじめた側への介入・指導を同時に進めていく必要がある。ただし，いじめられた側から事実関係を聞き出そうとする際には，そのこと自体が心の傷を深める可能性があることへの配慮が必要である。いじめを受けた生徒に対しては，事実関係の確認よりも心の傷への対応を優先させながら，信頼関係を構築していく。本人による直接の事実確認が難しい場合は，本人の保護者や友人，教師，目撃した生徒からの情報も参考にしていく。いじめた側への介入・指導といじめられた側へのケアを別々に同時進行で行うが，いじめた側に対しては，教員チームをつくり，一つひとつの事実を個別に確認していく。さらに，二度と繰り替えなさないための「歯止め」を行う。指導をくり返す中で，いじめた側の反省が深まってきた時点で，いじめられた側に謝罪を行う。謝罪を急ぐ対応を行うとかえって問題が潜伏化することがある。両者が同じクラスの仲間として，今後やっていける方向での和解の場を設けることもあるが，いずれの場合も，いじめを受けた側の了解を得ながら進めていく。

　D君の状況：学校を休み始めて1か月を過ぎた頃から，表面上は「ふつう」の生活が可能になってくる。それを見て，親はもう回復してきたものと思っていた。そのとき，学校のほうから「加害側が反省し，謝罪したいといっているので聞いてもらえないか。クラスの仲間が学校にもどってきてほしいといっているが，働きかけてもらえないか」などの誘いがあり，親のほうもつい「わかりました。やってみましょう」

ということになった。それに対して、D君は「ふつうでない」反応を示す。いじめを受けた場面がフラッシュバックし、悪夢にうなされるなどの症状が再発した。その後、D君は退学を希望し、その3か月後、新しい居場所としてフリースクールに通うようになる。そこで徐々に同世代の仲間たちとの関係もでき始める。それと同時に、いじめた側に対する怒りの気持ちが本人の中ではっきりしてくる。家では、自分をいじめた生徒に対して、絶対許せないという気持ちを表明するようになったという。

　D君は当初いじめを受けながらもそれに耐え続けた。そして、自分の中で学校を辞めることを決めたことで、ようやくそのことを母親に話すことができた。このように考えると、D君の場合、学校をやめることそのものが、いじめを受けたことによる心の傷への対処行動であり、それによってかろうじてそれ以上の危険な行動を防いだということでもある。

　仮に教室復帰が可能となるには、その前提条件として、担任と本人との信頼関係が必須である。D君の事例であれば、担任による関係修復が行われるための第一歩は、いじめに気づけなかったことへの謝罪の思いを伝えることであろう。これは教師としての職務上の責任において求められる謝罪である。その後に、D君の了解を得ながら加害側への指導を行き届かせていく。また、学年の節目においては、クラス替えなどの環境調整によって、本人が過去の出来事を引きずらないための対応も考慮される必要があるだろう。これらの作業が本人の回復に寄り添う形で行われてはじめて、教室復帰への可能性が開けてくる。これらの働きかけを行ってもよいかどうかの指標は、本人が担任をはじめとする学校関係者と会おうとするかどうかである。会おうとしない場合は、時機尚早あるいは決心が固いと判断しなければなるまい。

　支援においてしばしば起こりうる状況とは、学校側が解決を焦るために、あるいは学校としての責任遂行を優先させるため、とかく本人の心の回復を待たずにさまざまな介入がなされ、さらに本人を追い詰める結果となりやすい。このような学校からの働きかけは、本人の心のバランスを壊す方向に作用し、その結果、本人は新たな心の傷を受け、よりかたくなに自分を守る必要に迫られる。これが「二次被害」とよばれるものである。

　本人がその学校を退学することを決め、別の学びの場を新たに見つけるという選択をした場合でも、過去のトラウマが再現されることはありうる。その意味で、保護者や支援者は、長期的なスパンのもとで本人の回復を見守っていかなければなら

ない。新たな仲間との出会いと自分の人生の目標を得ることによって，本人のトラウマは少しずつ癒されていくものと考えられる。

次に，被害者の側にも発達上の課題が認められると判断されるEさんの事例を紹介したい。

【ケース：Eさん　中学校3年生】
　性格は，まじめで正義感が強く，融通が利かないタイプ。自分が正しいと思っている価値観に合わない子の行動を許容することができず，気になったことを一つひとつ先生に言いに行く。仲間からは「チクリ魔」というあだ名がつけられるようになった。別の場面では，自分の思ったことをそのまま相手に言うことで相手を傷つけることがあり，自分のしたことが相手にどのような影響を与えるかについては気がついていない可能性がある。そのため，周囲の子からは敬遠され，時にからかわれ，仲間からは外されている。からかわれると，そのことをまた先生に言いに行く。それによって，さらに敬遠され，からかわれるという悪循環が生じていた。
　教師の立場からすれば，からかいや仲間はずれになっているEさん本人のほうの課題が大きいと感じられ，一方的に行われているいじめとしては認識しづらい。しかし，一対多の関係によって精神的に追い詰められ，本人が苦痛を感じているという点ではいじめととらえなければならない。ただ，教師がいじめられる側にも問題があるとみなしているため，対応は後手にまわり，いじめた側に対して強い指導を行うことが難しい状況が続いていた。
　Eさんが思春期を迎えた頃から，Eさんの母親は精神的に不安定となり，学校であったことを逐一聞こうとする。それに対して，Eさんは自分が被害を受けた部分だけを話すので，母親はそれを真に受けてさらに不安定になり，学校に対して対応上の問題があったのではないかと訴える。教師サイドは，Eさんの正義感は，他者の立場を視野に入れたものではなく，それゆえに不適応を招いている可能性が高い。母親はそのことに気づいておらず，その結果，仲間からからかわれるという状況が生じていると考えている。このように，教師の対応に問題があると考えている母親と母親の娘へのかかわり方に問題があるとみなしている教師との間には，大きな心の溝が広がっていた。その結果，教師たちはEさんに対する苦手意識を募らせていった。
　そんなある日，部活動の顧問教員がキャプテンの髪が伸びているのを見て，後ろに束ねるよう指導したところ，教室にもどって「あの先生ムカツク」など悪態をついているところをEさんが見て，顧問にそのことを言いに行く。それに対して顧問は「そんなことをいちいち言いに来る必要はない。そんなことを気にしないようになりなさい」と指導した。学校では，一事が万事このような対応がくり返されていた。それに

> よって，Eさんはますます教室や部活動に居場所を失っていくことになった。

　このような場合，担任や部活顧問は，Eさんや周囲の生徒たちに対してどのようにかかわっていけばよいのだろうか。ここでは，キーパーソンである担任や部活顧問が，自分の気持ちをていねいに内省しながら双方の生徒に伝えていく方法の一例を示してみたい。
　たとえば，キャプテンのことを言いに来たEさんに対して，「そうか，あなたはそれが気になったんだね。先生はあの子がそんなふうに反応することはだいたいわかっていたよ。確かにそれは良いことではないけど，先生の言い方がまずかった面もある。ただね，先生はあなたがこのことを言いに来ることで，仲間とうまくいかなくなることが気になるのよ。それについてあなたはどう思う？」このような働きかけによって，本人が自分のあり様について，もう1つ別の目をもって少し冷静に眺められるように仕向けていくことが，教育的かかわりである。
　特に，被害者の側にも発達上の課題が認められるケースにおいては，いじめる側に対して本人たちの言い分に耳を傾けることが必要である。そのうえで，たとえば，「Eさんを見ていてムカムカする気持ちはわかるよ。でも，Eさんはそれが気になる子なのよ。ムカムカするからといって，彼女をからかったり，無視したりしてもいいということにはなりません。そういうやり方ではなく，『いちいち先生に言いに行くのはやめてほしい』と本人に伝えるほうがまだいい。それよりも，いちいち彼女にムカつかない自分になることが大事だと思うよ」などと伝える。Eさんに対しては，「そのことが気になるのはよくわかるし，仲間たちの直すべきところは先生も注意していくね。でも，あなたも仲間のことをもう少し広い心で見ていけるとよいのではないかな。そのために何ができるか一緒に考えましょうよ」などと伝える。このような双方への働きかけを同時進行で行ないながら，部活動全体の集団性の質を高めていく。それによって，生徒同士がお互いの個性を認め合いながら，向上していける集団をつくっていくことが教師の仕事である。担任や部活動顧問をキーパーソンとしたチーム対応が重要となるが，まずキーパーソンとなる教師が当事者たちとしっかりと向き合っていくことができるように，他の教師はそれぞれの立場からキーパーソンを支えていくことが求められる。

4．虐待を背景にもつ問題行動

　虐待は近年増加の一途を辿っており，2012年度の児童相談所での相談件数は

66,701件であり，これは児童虐待防止法施行前の1999年度の5.7倍となっており，増加傾向に歯止めがかからない状況にある。その背景には，虐待に対する意識の高まりによって通報が増えたことも考えられるが，実際に，学校では虐待を疑われる児童生徒が数多く存在しており，児童相談所の人手不足が深刻な状況にある。以下，虐待の背景をもつ児童生徒が自傷行為ないしは暴力を起こした2つの事例を紹介し，学校でできる初期段階での対応上の留意点について考えてみたい。

【ケース：F君　小学校6年生　自傷行為】
　パニックを起こし自傷行為を行う。小学校低学年のときに高機能自閉症の診断を受けている。
　出来事：小2の子どもたちと遊んでいたのを別の子どもからけんかと間違われ注意されたことでパニックになる。そのとき，それを見ていた子どもたちに「これで僕を殴れ」とそばにあった木のブロックで頭を叩かせた。どうしても叩こうとしない子に対して，今度は家庭科室の包丁をもち出し，それを自分に向け「刺せ！」と言った。
　家庭背景：3人きょうだいの長男。F君が4歳のとき両親は離婚。家では1歳半のとき下のきょうだいが生まれると同時におむつが取れるなど，とてもよい子であったが，小学校4年生頃より，学校で怒りを抑えきれない場面がみられるようになった。

■F君への初期対応：まず，今後のことも考え，パニックのときの避難場所を設定した。次に，通級教室担任，特別支援教室担任，養護教諭の連携を中心に，教育相談，学年主任らも支援チームに加わる。それぞれの担当場所での本人の様子を伝え合うことで，F君の特性理解を深めることに努めた。さらに，保護者に対しては，かつて診断を受けた担当医への受診を勧め，受診結果については，保護者から聞かせてもらう。今後の状況によっては，保護者の了解を得て，教員が学校での情報をもって担当医に学校での対応について指導を受けることとなった。

【ケース：G君　中学校2年生　きれてガラスを割る】
　G君の母親は看護師で本人が幼少期より多忙，父親は料理店調理師でお酒を飲むと本人に暴力をふるうことがあった。G君は担任が指導に入ろうとすると暴言を吐く。それが時に暴力や物を壊すことへとエスカレートすることもあった。あるとき，G君が相談室でSCと面接をしていたとき，廊下から担任の声が聞こえたとたんに廊下に出て逃げようとした。そのとき，G君の表情は攻撃的な表情に豹変した。G君はささいなことがきっかけで，自分の怒りをコントロールできない状況にあった。

第7章　学校教育相談における具体的問題への対応

■G君への初期対応：まず，本人のことを温かく受け止めてくれる養護教諭と暴言や暴力に対して毅然とした態度で対応してくれる生徒指導担当教員，そして学級でのルールをしっかりと示したうえで，F君のことを迎えてくれる学級担任らによる役割分担をベースにしたチームづくりが行われた。次に，本人が怒りを制御できなくなり，パニックを起こした時の対応マニュアルを作成し，教員全体で共有した。また，母親にはSCが継続的な面接を行い，これまで本人が母親に甘えたい気持ちを抑えてきたことや家庭でのかかわりを増やしていく方法について話し合う時間をつくった。

F君とG君いずれの事例も，その後，ときおり子ども同士でトラブルを起こすことはあったものの，行動は徐々に安定していき，大きな問題行動は起こさなくなったという。いずれの事例に対しても，学校では定期的にケース会議が開かれ，児童生徒のパニック時の対応について，以下のような方針（表7-3）が共有された。これらの事例は，適切な初期対応がいかに重要であるかを物語るものである。

暴力や自傷行為は，衝動を制御できなくなった子どもの「捨て身のアピール」である。トラブルとなった出来事は，本人とかかわりを深めるための大切なきっかけとして活用していく姿勢が求められる。保護者との話し合いも重要な位置を占めており，その出来事に対する保護者の受け止め方に寄り添いながら信頼関係を構築していく。事例の状況によっては，児童相談所との連携や，SCなどの専門家に保護者対応を依頼することで，親子関係や家庭環境の改善のための介入を行う必要がある。学校内では，本人が他の児童生徒とのかかわりの中で成長していけることを支

表7-3　児童生徒のパニック時の対応

①パニック時の対応は，静かで落ち着いた環境で行う。
②本人の混乱状況を他の子に見せない。その場から離し，落ち着くまで待つ。
③落ち着いてきたら，「どうしたの？」「何があったの？」と穏やかに語りかけ，本人にどのようにしてトラブルが生じたのかを語ってもらう。本人による状況説明は，目の前で紙に文字や図で書きとめ，状況を目撃した他者の情報と本人の説明に食い違いがないか確認しながら事情を聞く。本人の感情は否定せず，「そんな嫌なことがあったんだね」と受けとめる。状況理解に食い違いがある場合は，感情を認めたうえで説明する。その後に，その行動がなぜよくないかを話し合う。その際，「あなたならわかるはず」という言い方を心がける。そして，「気持ちはわかるが，そのやり方は絶対ダメ」という姿勢をはっきりと伝える。
④今度同じような気持ちになったときにはどうすればいいかを一緒に考える。例えば，いったんその場を離れることは，自分も相手も守れる賢い手段であることを伝える。日頃から興奮したときに気持ちを落ち着けるための場所として「ひとりになれるスペース」を用意してもらう。そこで，しばらく自分のやりたい作業をする。その場ではとにかく我慢し，あとからその気持ちを先生に話すことを約束させる。

援する。その際，本人のことをクラス全体で受け止められるような学級経営を心がける。また，生徒指導担当教員とも連携し，問題が発生した時の対応体制と役割分担についてあらかじめ検討しておく。特に虐待を背景にもつ子どもの問題行動に対しては，校内での支援体制づくりが重要である。

以上，不登校，いじめ，発達障害，虐待に関連する事例を紹介してきたが，実際にはこれらが重なり合っているケースが少なくない。今後ますます専門家との連携を必要とする事例が増えていくことが予想されるが，そのような状況にあっても，教師は常に学校教育という場の中で何ができるかを考えていくことが求められている。

3節　教師に求められる態度：カウンセリング・マインド再考

子どもは元来，教師や保護者，仲間から関心をもたれたい，認められたい，尊重されたい，理解されたいという欲求をもっており，その欲求が満たされると，自分からよりよい方向へと成長していく。来談者中心療法の創始者であるカール・ロジャーズは，有機体としての人間に元来備わっているこのような傾向を「実現傾向」とよんだ。この仮説に基づいた教師の態度は，従来，カウンセリング・マインドとよばれてきた。それは，教師が，一人ひとりの子どもの成長欲求を信頼し，学校生活のあらゆる場面で子どもたちに肯定的な関心をもってかかわっていこうとする態度のことである。しかし，学校現場では，特に生徒指導上の問題を抱える子どもたちへの対応に追われる中で，つい「カウンセリング・マインドだけではやっていけない」「時にはビシッと叱らなければ子どもに舐められる」などの言葉がささやかれているのが現状である。

そこで，このカウンセリング・マインドという言葉を現場教師の立場から再検討することによって，より実践的な観点からのとらえ直しを行ってみる必要がある。カール・ロジャーズは，援助者の側に「無条件の肯定的配慮」「共感的理解」「自己一致」という3つの条件が整っているとき，クライエントがより肯定的な方向に変化していくことを指摘している。

特に教師の立場においては，この3つの条件の中で「自己一致」が最も難しいテーマである。「自己一致」とは，「純粋性」ともよばれ，自分が内面で感じていることと言葉や行動とが一致した状態のことである。教師の「自己一致」を難しくす

る要因として，①教師は職業上，「教師とはこうあるべき」あるいは「教師としてこうありたい」という思いをもちやすく，子どもとのかかわりの中で生じるさまざまなマイナス感情を抑圧しやすいこと，②気になるその子個人のことだけではなく，学校では集団全体を意識して行動する立場にあり，そこで生じている矛盾と葛藤を回避しやすいこと，③教師の役割が先行し，自分自身と向き合うことが軽視されがちであることなどが考えられる。これらのことは，教師のメンタルヘルスを考えていく際に重要となってくる視点でもある。

　学校教育において集団のルールは重要であるが，個々の対応においては教師と子どもが「対話」という形を通しながら望ましい方向を見いだしていくことが求められる。そこでは教師の態度とそれによる子どもとの関係のもち方がポイントとなる。

　たとえば，学校に行けない子どもに対して，教師が上の立ち位置から「どうして来ないのか」と尋ねると，その子は「わからない」としか答えられない。聞かれていることを叱られていることのように感じ，ますます言葉が出てこなくなる。そんなとき，教師がその子の言葉にならない言葉を聞き取ることができるかどうかが重要である。教師が一緒に考えようとする態度で，「どんな工夫をすれば少し元気になれそうかな？」あるいは「どんな形であれば少しでも学校に来やすいかな？」などの言葉をかけてくれるならば，その子は自分がどうしたいのかについて少しだけ勇気をもって考えられるようになるかもしれない。このような関係性をつくるためには，教師はまず自分がその子のことをどう感じ，どう理解しようとしているかを知ろうとすることから始める必要がある。その中で伝えたい言葉を見つけていく。「自己一致」した言葉はその子に伝わるものである。教師は1人の子どもと向き合うために，まず自分自身と向き合うのである。このような教師の中の「自分との対話」から引き出された言葉が，その子の中の「自分との対話」を引き出していく。

　教師からの問いかけに対して，自問した結果「しばらく仲間とは離れたい。今は学校を休みたい」と答えるかもしれない。あるいは「保健室だったら大丈夫かもしれない」と答えるかもしれない。たとえしばらく学校を休むという選択をしたとしても，教師から見放されて休むのと，教師からの信頼のもとで休むのとでは後に大きな違いを生むのではないだろうか。

　教師は教育の仕事に携わる中で，とかく「この子は××が問題だ」「この子には○○のように変わってほしい」と考えがちである。そのとき，「私はこの子のどんなところをやりにくいと感じているのだろう？」「私はこの子とどんな関係をつくりたいのだろう？」と自分に聞いてみることはできないだろうか。このような自問

自答から,「この子は日頃どんな気持ちで過ごしているのだろう？」「もしかしたら○○な気持ちでいるのかもしれない」などのことが見えてくるかもしれない。教師が「自己一致」を基盤としながら内省を深めていくことを通して,子どもの理解が深まるとともに子ども自身の内省も深まっていく。これは,揺れながらもブレない教師の態度を可能にしていく。このように,子ども一人ひとりの「自己内対話」を大事にする教師の態度性は,子どもたちが安心して過ごせるクラスや学校,不登校の子どもがいつでももどれるクラスや学校の風土をつくるうえで最も重要なことの1つであると考えられるのである。

第8章

教育相談と臨床心理学

1節　教育相談における臨床心理学

　本章では臨床心理学についてふれる。臨床心理学の専門職として臨床心理士があげられるが、その業務は「臨床心理査定」「臨床心理面接」「臨床心理的地域援助」「これらに関する調査・研究」の4種とされている。本章では「臨床心理査定」と「臨床心理面接」を，第9章では「臨床心理的地域援助」を学ぶ。

　そもそも，学校の教員がなぜ臨床心理学を学ぶ必要があるのだろうか。第1の理由として，臨床心理学の知見は教育相談の場面で役立つ。臨床心理面接の知識は，問題を抱えた子どもと接し，どのように理解していくかを考えるうえで，大きなヒントになるだろう。また，たとえば児童相談所でどのような心理検査が行われているかを教育相談の先生が知っておくことは大変有用である。第2の理由として，スクールカウンセラーなどの臨床心理士との協働に向けて，これらの知識が必要となることがあげられる。第9章では学校教員と臨床心理士の協働による教育相談の可能性を論じるが，協働にあたっては臨床心理士がどのような理論に基づき，何を考え，どのように行動しているのかについて知っていることが望ましい。

　本章では臨床心理査定，または心理アセスメントについて2節で，臨床心理面接，または心理療法について3節で概説する。なお，本章では相談を依頼する者を「クライアント」，相談を受ける者を「セラピスト」と記述する。なおここでは「カウンセリング」と「心理療法」とを同義のものとして扱う。

2節 教育相談と心理アセスメント

　心理アセスメント（assessment；査定）とは，対象となる個人の長所と短所を含む現在の状態を正確かつ明白に理解すること（高橋・高橋，1995）である。

　ここで注意しなければならないのは，心理アセスメントは診断（diagnosis）とは異なるという点である。臨床心理士は診断して病名をつけることはできない。心理アセスメントが目標とするのは個々人の独自性，個別性の理解であり，それを通して心の問題を抱えた個々の人々により適切な援助を提供しようとするものである。

1．アセスメントの方法

(1) 面接

　アセスメントの基本は面接である。後に述べる心理テストはアセスメントのためのツールであり，アセスメントそのものではない。面接ではクライアントに直接会って話をしたり質問したりしながら，言語的な情報だけでなく表情や態度，雰囲気といった非言語的情報を得ることで，そのパーソナリティや問題を理解しようと努める。ラポール（rapport；セラピストとクライアントの信頼関係）の形成が重要となる。

(2) 行動観察

　行動観察とは，クライアントの行動を観察することにより必要な情報を収集する方法をいう。面接による情報収集が困難なクライアント，特に子どもの場合は行動観察によるところが大きい。

(3) 心理テスト

　心理テストとは，標準化された刺激のもとで反応させて，それを観察し，知能やパーソナリティなどの特性を理解する方法をいう。ここで大切なのは，心理テストでは「標準化された刺激を用いる」という点である。研究によって数多くのデータが得られ，そこから信頼性と妥当性が確認されたものが，心理テストとして用いられる。このような手続きがふまれていると，そのテストからどのような反応が得られるかがデータからわかっているため，データと比較しながらクライアントの特徴を理解することができる。いわゆる「心理占い」や「心理ゲーム」では，標準化さ

れた刺激が用意されていない。

2．代表的な心理テスト

心理テストには知能検査やパーソナリティテストなど，さまざまなテストが存在する。次に，代表的なテストの一部を見ていこう。

(1) 知能検査
①ビネー式知能テスト

一般児童の3分の2が合格する問題を年齢ごとに作成し，どの年齢の問題まで合格するかによって，精神年齢（Mental Age：MA）を算出する。知能指数（Intelligence Quotient：IQ）は精神年齢を生活年齢（Chronological Age：CA）で除し，100をかけて求める（IQ＝MA／CA×100）。わが国では鈴木・ビネー知能検査や田中・ビネー知能検査などが開発されている。

②ウェクスラー式知能テスト

精神年齢を算出するビネー式とは異なり，ウェクスラー式では同年齢集団の中でどのあたりに位置づけられるかを示す，偏差IQを算出する。偏差IQは以下の式で算出される。

偏差IQ＝100＋15×（個人の得点－同年齢集団の平均点）／集団の標準偏差

3歳10か月〜7歳1か月の幼児にはWPPSI（ウイプシイ：Wechsler Preschool& Primary Scale of Intelligence），5歳0か月〜16歳11か月の児童にはWISC-Ⅳ（ウィスク・フォー：Wechsler Intelligence Scale for Children -Fourth Edition），16歳〜89歳の成人にはWAIS-Ⅲ（ウェイス・スリー：Wechsler Adult Intelligence Scale -Third Edition）が用いられている。

このうちWISC-Ⅳでは全体的な認知能力をあらわす全検査IQ（FSIQ）と4つの指標得点（言語理解指標（VCI），知覚推理指標（PRI），ワーキングメモリー指標（WMI），処理速度指標（PSI））を算出する。発達障害のアセスメントなどでよく用いられる知能検査である。

(2) パーソナリティテスト
①質問紙法

質問紙法とは，あらかじめ用意した質問項目に対して「あてはまる」「どちらでもない」「あてはまらない」などの選択肢から1つ選んで○印をつけて回答する心

理テストである。短時間で多人数に実施可能であり，実施と採点が容易で数量的な整理が可能であるが，意図的な回答操作が可能である，クライアントが自分自身で気づいている側面に関する情報しか得られないなどの欠点を併せもつ。ここではよく用いられるMMPIとTEGを紹介しよう。

MMPI（Minnesota Multiphasic Personality Inventory）はもともとは精神医学的診断の客観的な手段を提供するために開発された尺度であるが，現在はパーソナリティのテストとして用いられている。意図的な回答の操作をチェックする妥当性尺度4尺度と，臨床尺度10尺度からなる550項目で構成されている。実際には略式の383項目を使うことが多い。

TEG（東大式エゴグラム）はバーン（Berne, E.）の交流分析理論に基づくパーソナリティ検査である。TEGでは5つの自我状態，すなわち「批判的な親（CP：Critical Parent）」「養育的な親（NP：Nurture Parent）」「大人（A：Adult）」「自由な子ども（FC：Free Child）」「順応した子ども（AC：Adapted Child）」を測定する。実施が比較的容易で，アセスメントだけでなく自己理解のためのツールとしてあらゆる臨床場面でよく用いられている。

②投影法

インクのしみなどのあいまいな刺激に対する反応から，クライアントのパーソナリティの特徴を理解しようとする方法である。意図的な回答操作が難しく，クライアント自身も気づいていないような無意識的な側面に関する情報を得ることができるが，その実施や解釈には熟練を要するテストである。

図8-1　ロールシャッハ・テストの図版（ダミー）

ロールシャッハ・テストは左右対称のインクのしみが描かれた検査図版10枚を1枚ずつ見せて，それが何に見えるかを答えさせる心理テストである（図8-1）。最も代表的な投影法の1つである。

　TAT（Thematic Apperception Test）は日常生活の様子が描かれた絵を1枚ずつ示し，自由に物語をつくらせて，そこからパーソナリティを理解しようとする心理テストである。マレーの欲求―圧力理論に基づき分析する。児童用のCAT（Children's Apperceptino Test）もある。クライアントの人間関係について知りたい場合などに用いられる。

　P-Fスタディ（Picture Frustration Study）は日常の欲求不満の場面が描かれた漫画風のイラストを呈示し，空いている吹き出しの中に記入させる台詞から，パーソナリティを理解しようとする心理テストである（図8-2）。クライアントの欲求不満への反応を知ることができる。

　文章完成法（Sentence Completion Test：SCT）は「私の父　　　」「私はよく　　　」というような刺激文に続けて自由に言葉を加えて短文を完成させるテストである。矯正施設や病院などでよく用いられる。

　描画テストは一定の手続きに従って描かせた絵からパーソナリティを明らかにしようとするテストである。実のなる木を1本描いてもらうバウムテスト，人物の全身画を描かせる人物画テスト，家族の絵を描かせる家族画テスト，家・木・人を描いてもらうHTPテスト（House-Tree-Person Test），家・木・人・その反対の性別の人を描いてもらうHTPPテスト（House-Tree-Person-Person Test）などがある。

図8-2　P-Fスタディの図版例（模式図）

(3) 学級集団のアセスメント

楽しい学校生活を送るためのアンケート「Q-U」は学級集団をアセスメントし，より適切な支援をするための補助ツールである。「いごこちのよいクラスにするためのアンケート（学級生活満足度尺度）」と「やる気のある学級をつくるためのアンケート（学級生活意欲尺度）」の2つの尺度と自由記述アンケートで構成される。いじめや不登校などの問題行動の予防や対策に用いられる（河村，2006）。

生活アンケートFITはQ-Uと同様に生徒の学校生活等への適応感を測定する尺度である。「生活満足」「教師支援」「家庭支援」「友人関係」「社交性」「安心感」「学習」の7つの側面ごとの適応感を測定し，それをさらに「環境適応感」「対人適応感」「学習適応感」の3つのパートに再構成する。CC-BY-SA（クリエイティブ・コモンズ・ライセンスの1つ）で公開されており，誰でも無償で利用することができる（小杉，2013）。

3節　教育相談と心理療法

次に，心理療法の理論をみていこう。本節では「精神分析的心理療法」「クライアント中心療法」「行動療法・認知行動療法」の3つの立場についてそれぞれの概要を学ぶ。なお，詳しく知りたい読者は「引用・参考文献」を参照してほしい。

1．精神分析的心理療法

(1) 精神分析とは

精神分析は19世紀後半のウィーンの精神科医フロイト（Freud, S.）により創始された心理療法の立場であり，「無意識」の解明作業による治療や研究をいう。フロイトの精神分析理論の特徴をみていこう。

(2) 局所論

フロイト（1900）は夢の研究などから，人間の心の深層には意識されていない部分とされる「無意識」が存在すると主張した。フロイトによれば，無意識には人間の心にとって意識するには都合の悪い内容が抑圧されているという。

フロイトは夢から無意識の内容を知ることができると考え，「夢判断は，人間の心の営みの中にある無意識的なるものを知るための王道である」と述べている。フ

図8-3　局所論

ロイトによれば，覚えている夢（顕在夢）は隠された願望（潜在思考）が"検閲"を受け，意識可能な形に加工されたものであるという。

フロイトは心がこの「無意識」と，普段は気づいていないが，意識を向けることのできる部分とされる「前意識」，いま気がついている部分とされる「意識」の3層から構成されると考えた。これを局所論とよんでいる。局所論はよく図8-3のような氷山にたとえられる。精神分析では人間の心のうち意識されている部分は氷山の一角であり，水面下の無意識がかなりの部分を占めていると考える。「無意識」はいまでこそ日常的に用いられるあたりまえの言葉だが，フロイトの学説が発表された当時は画期的な考え方だった。

(3) 性の理論

フロイト（1905）は「人間の基本的，根源的欲動（本能）の目指すものは性の満足である」とし，幼児期から性欲が存在すると考えた。精神分析における性欲とは性器の結合による性行為（セックス）への欲求だけではなく，自己保存の本能や他者とのかかわりを求める気持ちをも含むものとされる。また，性欲動（性の本能）を発現させる力を「リビドー」とよんでいる。

フロイトは，人間の精神は性欲動に関係して段階的に発達すると考えた。これを

心理性的発達段階とよび，次の5段階からなるとされる。
①口唇期（出生〜1歳半くらい）
　赤ん坊が乳房を口に含むことで安心し，満足する時期である。ただ栄養を取り込むだけでなく，心理的な安心や喜びをも得ているとされる。
②肛門期（2歳〜4歳くらい）
　子どもは排尿や排便に伴う感覚を楽しむようになる。この時期はトイレットトレーニングの時期であり，子どもは「大小便を我慢し，適切な場所で排泄する」ことを教える親のしつけによって，自分を制することを学んでいく。
③男根期（3歳〜6歳くらい）
　子どもがペニスの有無によって男女の違いがあることを知り，異性の親に性的な関心を抱き，同性の親に敵意を抱くようになる時期であるとされる。特に男の子は母親に対して性的欲望を感じて父親に嫉妬し，父親の不在や死を願うようになる。しかし自分は異性の親と一緒になりたくても，同性の親がすでに結婚しているので，できないことがわかってくる。一方で，男の子は父親に対して愛情をもっているので，自分の願いに苦痛を感じたり，このような思いをもつ自分を父親が処罰するのではないかという不安を抱くようになる（去勢不安）。このような葛藤をエディプス・コンプレックスという。エディプス・コンプレックスの解消のあり方が，性格形成や神経症の発症などに重要な関連をもつとフロイトは主張した。
④潜伏期（6歳〜12歳くらい）
　しばらく幼児性欲の発達のみられない時期であり，児童期に相当する。
⑤性器期（12歳くらい〜）
　唇，肛門，男根といった幼児期の部分欲動が，生殖のための性器結合への衝動へと統合されていく時期である。

(4) 構造論

　フロイトは当初人間の精神を「意識」「前意識」「無意識」の3層に分けてとらえていた（局所論）が，後年それだけでは不十分として，人間の精神は「イド」「自我」「超自我」の3つの構造からなるとする構造論をとなえた（Freud, 1923）。
①イド
　「エス」ともよばれる。人間の心の無意識的で原始的な側面であり，快楽原則に従う。本能エネルギーの貯蔵庫であり，反道徳的で非論理的である。

②自我

「エゴ」ともよばれる。人間の心の意識的で知性的な側面であり,現実原則に従う。適切な現実的対応を行い,生産的で論理的である。

自我はイドに由来する本能衝動を加工して苦にならないかたちに変える働きを有しており,これを防衛機制とよぶ。防衛機制の例として,子ども返りのように現在より幼い時期の発達段階にもどる「退行」や,敵意の強い人が親切な態度をとるなど本来の欲求とは正反対の行動を強調する「反動形成」,困難な場面から空想や疾患などへと逃れる「逃避」,衝動を社会にとって価値あることに向ける「昇華」などがあげられる。

③超自我

道徳性や良心であり,おもに親のしつけによる社会規範や価値観の部分である。イドの本能的衝動を抑え,自我の機能を現実的なものから理想的,道徳的なものにする。

(5) 精神分析による心理療法

①自由連想法

自由連想法はフロイトが開発した精神分析の技法の1つである。クライアントは静かな部屋で寝椅子に横になり,頭に浮かんだことは,どんなに馬鹿げたこと思えても包み隠さず,すべて話すことを要求される。クライアントの連想が途中で止まってしまったり,頭には浮かんできてもセラピストには言えなかったりすることがあり,そこから無意識を探ろうとする。ただし,現在の精神分析的心理療法では寝椅子は使われないことがほとんどである。

②転移

クライアントが過去に両親との間で築いてきた関係性を,面接者との関係の中で無意識的に再現することをいう。クライアントがセラピストに愛情などの好意的な感情を向けてくることを「陽性転移」,敵意などのネガティブな感情を向けてくることを「陰性転移」とよんでいる。セラピストによる転移の解釈は,クライアントの幼児期の葛藤が意識化される契機となる。

これとは逆に,セラピストがクライアントに対して幼児期の未解決の葛藤感情を向けることを「逆転移」とよぶ。セラピストに激しい揺さぶりをかけるクライアントにより引き起こされやすい。うまく利用すればクライアントの洞察につながるが,そのためにはセラピスト自身の自己理解が必要となる。そのためにセラピストは教

2．クライアント中心療法

(1) クライアント中心療法とは

　「クライアント中心療法」はカール・ロジャーズ（Rogers, C. R.）によって創始された心理療法の立場である。当初は「非指示的療法」とよばれていたが，その後セラピストの態度を重視した「クライアント中心療法」へと名称を変え，その後さらに教育や紛争解決への応用など心理療法にとどまらない「パーソン・センタード・アプローチ」へと発展してきている。

　この立場は「個人は自分自身のなかに，自分を理解し，自己概念や態度を変え，自己主導的な行動をひき起こすための巨大な資源をもっており，そしてある心理的に促進的な態度についての規定可能な風土が提供されさえすれば，これらの資源は働き始める」というロジャーズ（1986）の仮説に基づく。

　ロジャーズ（1986）は「パーソン・センタード・アプローチは，あらゆる有機体に備わっている実現傾向，つまり成長し，発展し，その可能性を十分に実現しようとする傾向を基盤にしている。このあり方は，より複雑で完全な発達に向かおうとする，人間の建設的な，方向性のある流れを信頼するものである」と述べている。それまで「医師やセラピストこそが患者を理解し，変化させることができる」とされてきた発想を，「クライアントを変えるのはクライアント自身のもつ力である」へと逆転させてしまったのである。ロジャーズの主張は強いインパクトを与え，大きな論争を巻き起こした。

(2) パーソナリティの理論

　ロジャーズ（1951）はパーソナリティを図8-4のように図式的に説明している。「体験（経験）」の円は知覚的・直感的な体験の直接の場を表わす。感覚のすべての様相を通して，個人に体験されるすべてのものを表わしている。これは，1つの流動的な変化している場である。

　「自己構造」の円は自己概念であり，個人の特性や対人関係についての定型化された認知を含むものである。そうした認知と結びついた価値観も同時に含んでいる。それは意識化できるものである。

　領域Iでは，自己および関係の中の自己概念は，知覚的・直感的な体験から供給される根拠と調和しているか，あるいは一致している。

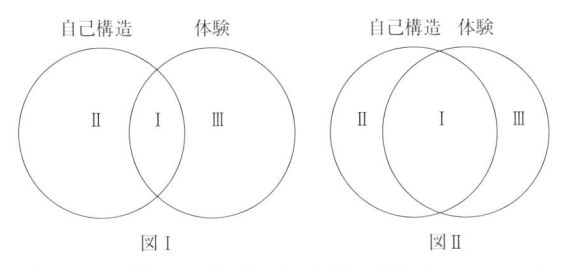

図8-4　ロジャーズのパーソナリティ理論 (Rogers, 1951)

　領域Ⅱは，社会的あるいはその他の体験が，歪曲されて象徴化され，その個人自身の体験の一部として認知されている現象の場を表わすものである。知覚，概念，価値観は両親や他者から環境の中で投入されたものだが，現象の場の中では感覚的な根拠から生み出されたもののように認知されている。
　領域Ⅲは，自己の構造と一致しないために，意識化が否認されている知覚的・直感的な経験である。
　図Ⅰでは領域Ⅰが小さく，自己構造と体験が不一致の状態にあり，心理的に不適応の状態にある。心理療法を受けてそれが成功裏に終結すると，図Ⅱに示すように自己構造と体験が一致してくるとロジャーズは考えた。

(3) セラピーの必要十分条件
　ロジャーズ (1957) は心理療法においてパーソナリティ変化が起こりうる条件を以下のように定義し，それぞれを測定可能としたうえで，膨大な研究を行なっている。
①2人の人が心理的な接触をもっていること。
②第1の人（クライアントとよぶことにする）は，不一致の状態にあり，傷つきやすく，不安な状態にあること。
③第2の人（セラピストとよぶことにする）は，その関係の中で一致しており，統合していること。
④セラピストは，クライアントに対して無条件の肯定的配慮を体験していること。
⑤セラピストは，クライアントの内的照合枠を共感的に理解しており，この体験をクライアントに伝えようと努めていること。
⑥セラピストの共感的理解と無条件の肯定的配慮が，最低限クライアントに伝わっていること。

以上6点の態度がセラピストから提供されさえすれば，クライアントはみずから変化していくとロジャーズは考えた。このうち③〜⑤は「中核条件」ともよばれる。
　③は「自己一致」条件である。セラピストが職業上の建前や個人的な仮面をまとわず，その関係の中で自分自身であればあるほど，それだけクライアントが建設的に変化し，成長する可能性が高くなるとしている。セラピストが自身の内面でその瞬間瞬間に流れつつある感情や態度に十分に開かれており，ありのままである。セラピストの内臓レベルで体験されていることと，セラピストの中で意識されていること，クライアントに向けて表現されていることとが，密接に符合し，一致している。
　④は「無条件の肯定的配慮」条件である。クライアントがその瞬間にどういう状態であっても，セラピストがクライアントを肯定的に，非判断的に受容する気持ちを体験していることをいう。クライアントの中にいま流れている感情が，混乱であれ，憤慨であれ，恐怖であれ，怒りであれ，勇気であれ，愛であれ，プライドであれ，クライアントがその感じになりきれることにセラピストが寄りそおうとすることである。それは「相手を所有しようとしない暖かさ」であり，条件つきでなく全面的に尊重しようとする態度である。ここで「受容」という言葉が言い表わそうとするところが日本語の意味するところと若干異なる点に注意してほしい。ここでいう受容（acceptance）とは「あなたにそんな気持ちがあると認める」というくらいの意味であり，「あなたのどんなことでも許して受け止める」という意味ではけっしてない。
　⑤は「共感的理解」条件であり，クライアントの世界をあたかも自分の体験であるかのように実感してみる体験である。クライアントが体験しつつある感情やその個人的な意味づけを，セラピストが正確に感じとっており，この受容的な理解をクライアントに伝えることをいう。共感的理解が最もよくすすむときにはセラピストは，他者の私的な内面の世界にまで深く入れ込んでいるので，クライアントが気づいている意味づけだけでなく，クライアントが気づいていない深いレベルの意味づけまでをも明確化することができる。

(4) 十分に機能する人間

　ロジャーズは，セラピストとクライアントとの関係においてこのような風土が提供されさえすれば，クライアントは「十分に機能する人間」へと変化していくと考えた（Rogers, 1961）。
　十分に機能する人間は次のような性質を有しているという。第1に，体験してい

ることにますますオープンになる。その人は，もっとよく自分自身に耳を傾けることができるようになり，自分の内部で進行していることをもっとよく体験することができるようになる。自分の中にあるがままにその感情を自由に意識に受け入れることができるようになる。

第2に，ますます実存的に生きる。その瞬間瞬間に生きるようになり，固さがない。自己やパーソナリティは，体験そのものから生まれてくる。自分の体験に対して，前もってつくり上げた構造や評価を押しつけない。

第3に，自分の有機体をますます信頼する。自分の体験に対してオープンになり，「よいと思う」ことをやれば，それが本当に満足できる行動への，力強い，信頼できる指標になることがますますはっきりしてくる。

3．行動療法・認知行動療法

(1) 行動療法とは

行動療法は，第4章でも取り上げた学習理論に基づく心理療法である。ウォルピ（Wolpe, 1969）は「不適応行動を変革する目的で，実験上確認された学習諸原理を適用し，不適応行動を減弱・除去するとともに，適応行動を触発・強化する方法」と定義している。行動療法では観察可能な行動をおもな対象とし，実証性や客観性が重視される。

次に，「古典的条件づけ」「オペラント条件づけ」「社会的学習理論」に基づく行動療法の各技法をみていこう。なお，各学習理論については適宜第4章を参照されたい。

(2) 行動療法の諸技法

①古典的条件づけによる技法

系統的脱感作法は，相反する2つの反応が同一の刺激に対して生じないとする逆制止の原理を応用した技法である。たとえば不安が強い状態と，筋肉がゆるんでいる状態は，同時には起こりづらい。したがって，筋肉をゆるめることで不安を弱めることができる。系統的脱感作法ではまず不安階層表を作成する。クライアントの不安を引き起こす場面を調べて，それを不安の弱いものから強いものまで並び替え，階層表を作成する。次に，クライアントに筋弛緩などの不安制止反応を習得させる。次にクライアントに階層表を示し，不安の弱い場面から順番にイメージしてもらう。不安を感じたら筋弛緩などを行う。不安を感じなくなったら次に強い不安場面に移

っていく。

フラッディング法は，最初から最も不安や恐怖の強い場面に曝露し，不安や恐怖を感じなくなるまで直面させ続ける方法である。恐怖症や強迫性障害に有効とされる。

②オペラント条件づけによる技法

シェーピング法は，目標行動へいたるまでの行動をスモールステップで設定し，容易な段階から順番にその行動ができたら強化していくことで，目標行動の習得を目指す方法である。

トークン・エコノミー法は，クライアントに望ましい行動が出現した際にシールやポイントなどのトークン（代用貨幣）を与え，その行動を強化する方法である。

除外学習法は，望ましくない行動を維持している好子を除去し，その行動の生起頻度を減少させることをいう。たとえば教室で奇声を発する児童がいたとする。観察により「注目されること」が好子になっていることがわかれば，奇声をあげても知らん顔をし，奇声をあげないようにさせることができる。

タイムアウト法は，クライアントを問題行動場面から退去させ，刺激の少ない部屋に一定時間おくことで，問題行動を維持させている好子を除去する手続きをいう。

③社会的学習理論による技法

モデリング法はクライアントに望ましい行動をとるモデルを観察させることで，目標行動を学習させる方法である。

(3) 認知行動療法とは

認知行動療法とは，クライアントの外的変数である行動の変容を目標とする行動療法に，内的変数である認知を変化させる技法を取り入れたものをいう。認知行動療法では，クライアントの問題は誤った考え方や歪んだ思考様式などにより生じるものと考え，セラピストはさまざまな技法を用いてクライアントの認知が適切なものに変容するよう指導していく。次に，認知行動療法のおもな理論である「論理療法」と「認知療法」をみていこう。

①論理療法

「論理療法」はアルバート・エリス（Ellis, A.）によって創始された心理療法の立場である。

論理療法は「ABC理論（ABCDE理論）」に基づく。職を求めて面接を受ける人の例を考えてみよう（Ellis & Harper, 1975）。「職を求めて面接を受ける」という

誘因となる出来事（Activating event）に対して「もしヘマをやって職が得られないとしたら，私の人生はもうおしまいにちがいない」という信念（Belief）をもっていたとすると，その人は「面接に強い不安を感じる」という結果（Consequence）を得るだろう。一方で，もし信念が「面接をきちんと受けて，雇ってもらえるかどうかやってみるまでだ」というものならば，「職を得ようという決意」や「面接に行こうという積極的な行動」という望ましい結果を得るであろう。

論理療法では前者を「非合理的な信念」，後者を「合理的な信念」とよぶ。非合理的な信念とは「～であらねばならない」「～にちがいない」というように，論理的でなく，選択の余地がないものをいう。一方，合理的な信念とは「～であるにこしたことはない」というように，論理的で選択の余地のあるものをいう。不幸感や失敗恐怖，不安といった感情は，このようなABCモデルで引き起こされるとエリスは考えた。

論理療法ではクライアントの非合理的な信念を論駁（D：Dispute）し，合理的な信念が得られるよう説得していく。このようにして効果的な新しい人生哲学（E：Effective new philosophy）が獲得され，症状が改善されるとする。

②認知療法

「認知療法」はアーロン・ベック（Beck, A.T.）が創始した心理療法の立場である。認知療法では，抑うつなどの不適切な感情は出来事をどのように解釈するかという認知によって引き起こされると考える。

認知は「自動思考」「推論」「スキーマ」の3レベルから構成される。

「自動思考」とはたとえば「自分は駄目な人間だ」「私は人生の落伍者だ」といった否定的な思考が，自分の意志とは関係なく自動的に生じてくることをいう。抑うつ気分などの感情は，自動思考によりもたらされる。

自動思考は「スキーマ」が「ネガティブなライフイベント」と「体系的な推論の誤り」の影響を受けて引き起こされるという。「スキーマ」は人が外的な刺激を受けたとき，その外的刺激をどのようにとらえるかという，幼児期からつくられた信念体系のことをいう。また「体系的な推論の誤り」には次のようなものがある。

自己関連づけ　自分の個人的意味に基づいて出来事を解釈する傾向のこと。たとえば「あの人が心臓発作にかかったのなら，私にもかかる可能性がある」と考えてしまう。

分極化した考え　ある出来事に対して，白か黒か，良いか悪いか，すばらしいかめちゃくちゃか，といったかたちのラベルを貼ること。たとえば，腕に引っかき傷

ができてしまったクライアントが，生命にかかわる感染症にかかってしまう可能性について考えこんでしまう。

　選択的抽出　文脈の中からある部分を抜き出し，そのために状況全体の重要性を見失ってしまうこと。たとえば算数以外のテストでは100点をとっているのに，算数のテストだけ60点と悪かったからといって「自分は勉強ができない」と考えてしまう。

　恣意的推論　証拠がない場合や実際にはまったく正反対の証拠がある場合に，ある結論に飛躍すること。たとえば，廊下で友だちとすれ違う際に目を合わしてくれなかっただけで「自分は友だちに嫌われている」と考えてしまう。

　過度の一般化　1つの出来事に基づいて妥当性のない一般化を行うこと。たとえば，一度間違いを犯しただけで「僕は何もまともにはできないんだ」と考えてしまう。

　認知療法ではこのような，不適切な感情をもたらす認知の変容を目標とする。たとえば，仕事で失敗してしまって自己嫌悪に陥っているクライアントに対して，ミスを犯した仕事は全体のうちほんのわずかであることをセラピストが伝えることで，認知を変え，自己嫌悪から脱却できるように促していく。

4．プレイセラピー

　子どもの心理療法では「プレイセラピー」がしばしば用いられる。プレイセラピーとは，子どもとセラピストの間で遊び（play）を通して行われる心理療法の一種である。「プレイルーム」とよばれる適度な広さの部屋で行われ，箱庭や落書き帳，人形，積木，粘土，トランポリン，ボールといったさまざま遊具が用意されている（図8-5）。

　プレイセラピーには「精神分析的プレイセラピー」，クライアント中心療法を理論的背景とする「子ども中心プレイセラピー」「認知行動プレイセラピー」などさまざまなモデルが存在する。ここでは，最も影響力のある子ども中心プレイセラピストの1人であるアクスライン（Axline, 1947）の8原則を紹介しよう。

　①セラピストはできるだけ早くよいラポート（親和感）ができるような，子どもとのあたたかい親密な関係を発展させなければならない。
　②セラピストは子どもをあるがままに受け入れる。
　③セラピストは，子どもが自分の気持ちを完全に表現できるような自由感を味わえるように，その関係におおらかな気持ちをつくり出す。
　④セラピストは子どもの表現している気持ちを油断なく認知し，子どもが自分の

3節　教育相談と心理療法

図8-5　プレイルームの一例

行動の洞察が得られるようなやり方で子どもの気持ちを反射する。
⑤セラピストは，子どもにそのようにする機会が与えられれば，自分で自分の問題を解決しうるその能力に深い尊敬の念をもっている。選択して，変化させる責任は子どもの責任である。
⑥セラピストはいかなる方法でも，子どもの行ないや会話を誘導しようとはしない。子どもが先導するのである。セラピストはそれに従うのである。
⑦セラピストは治療をやめようとしない。治療は緩慢な過程であって，セラピストはその緩慢な過程であることを認識している。
⑧セラピストは，治療が現実の世界に根をおろし，子どもにその関係における自分の責任を気づかせるのに必要なだけの制限を設ける。

5．エンカウンター・グループ

「エンカウンター・グループ（Encounter Group; EG）」とは自己理解，他者理解，自己と他者との深くて親密な関係の形成を目的（野島，2000b）としたグループ・アプローチの一種である。多くの場合，10名前後のメンバーと1〜2名のファシリテーター（多くの場合，臨床心理士などの専門家）が参加する。目的は心理的成長とされ，訓練や治療ではない。

世界的にみて，日本はEGの実践や研究が最も盛んな国の1つである。また野島（2000a）が「エンカウンター・グループはいろいろな領域で実践が行われるようになってきているが，とりわけ学校教育（小学校，中学校，高等学校，大学，専門学

校等）での実践が最も活発である」と述べているように，教育相談の分野で用いられることも多い。野島（1995）は学校現場にEGなどのグループ・アプローチを適用する理由について「学校のような人数が多いところでは，個人アプローチだけでは時間・労力がいくらあっても追いつかないことになりかねないが，グループアプローチは個人アプローチに比べて，時間的・労力的に経済的である。また，学校での教育は大部分の時間は集団場面で行われているので，集団を対象とするグループアプローチを受け入れやすい素地ができており，なじみやすい。さらに，グループにはグループ特有の効果的機制（愛他性，観察効果，普遍化，現実吟味，相互作用など）があり，かなりインパクトが強い」と述べている。EGは「心理的成長と教育」「人間関係の醸成」「グループ・カウンセリング」「スクールカウンセリングの周知」といった目的で学校現場に導入されている（押江，2012）。

　野島（2000a）はEGをその形式から「ベーシック・エンカウンター・グループ（ベーシックEG）」と「構成的エンカウンター・グループ（構成的EG）」に分類している。最近では両者を統合した「PCAグループ」という新しいEGが登場している。それぞれのEGについてみていこう。

(1) ベーシック・エンカウンター・グループ

　「非構成的エンカウンター・グループ」や「非構成型エンカウンター・グループ」ともよばれる。ベーシックEGは「自己理解や他者理解を深めるという個人の心理的成長を目的として，1〜2名のファシリテーターと10人前後の参加者のクローズドの小集団による，そこで起こる関係を体験しながら互いに語り合うことを中心とする，集中的なグループ体験（中田，2005a）」であり，個人の成長，個人間コミュニケーションおよび対人関係の発展と改善の促進が強調される（Rogers, 1970）。ベーシックEGはロジャーズ（1986）のパーソン・センタード・アプローチ（PCA）を理論的背景とする。ファシリテーターはグループの潜在力を信頼し，グループやメンバー個人に対して受容や共感的理解を示すことでグループ・プロセスの促進を図る。

(2) 構成的エンカウンター・グループ

　「構成的グループ・エンカウンター」「構成型エンカウンター・グループ」ともよばれる。國分（1981）は構成的EGを「ファシリテーターが主導権をとって，課題を与えたりエクササイズをさせたりするグループ」とよんでいる。國分（1981）は

その原理として「①ホンネを知る（自己覚知）」「②ホンネを表現する（自己開示）」「③ホンネを主張する（自己主張）」「④他者のホンネを受け入れる（他者受容）」「⑤他者の行動の一貫性を信ずる（信頼感）」「⑥他者とのかかわりをもつ（役割遂行）」の6点をあげ，それぞれを体験するエクササイズが用いられる。

構成的EGでは複数の理論や技法を必要に応じて使い分ける折衷主義を背景とし，多様なエクササイズが活用される。構成的EGのエクササイズはメンバーの自己開示と，一人ひとりの受け取り方の世界を尊重する実存主義的発想が基調となっていることが求められる（國分，2000）。多数のエクササイズが収録された事典も出版されている（國分ら，2004）。

(3) PCAグループ

鎌田ら（2004）は構成型・非構成型といった二分法によってEGを区分することで，EGが技法論に終始してしまう弊害を指摘している。鎌田ら（2004）や村山（2006）は両者を統合し，PCAの基本仮説（Rogers, 1986）に基づいた「PCAグループ」を提唱している。

PCAグループは実践仮説として次の6点を有している（白井，2010）。第1に「はじめに個人ありき」であり，まず個人があり，個々の人を認めることで集団が生まれると考える。第2に「所属感の尊重」で，個人を認めるといってもバラバラでよいわけではなく，集団への所属感をもつことが重要である。第3に「バラバラで一緒」で，みんな同じという一体感ではなく，違いをもちながらもそれを認めあえることを大切にする。第4に「心理的安全感の醸成」である。強い不安はまわりへの警戒を生み，もっている力が発揮しにくくなる。初期不安を減らし，安全感をつくることが重要となる。第5に「ありのままでいられる自分」の強調である。グループ前の感想には人からどうみられるかという不安が多く，ありのままでいられるよう保証することが大切である。第6に「自発性の発揮」である。安心感やありのままの自分を保証されると，自然と自分から動けるようになる。必修授業のグループでは特にやらされる感じが強いので，自発的に動きやすい環境を整える必要がある。構成型・非構成型といった形式にとらわれることなく，これらの基本仮説や実践仮説に基づき柔軟に技法を選択する点に特徴がある。

また，PCAグループの応用として「PCAGIP（ピカジップ）法」という新しい事例検討の手法が注目されてきている。PCAGIP法は「簡単な資料提出から参加スタッフの力を最大限に引き出し，知恵と経験から，取り組む方向を見いだしていくプ

ロセスを学ぶ（村山, 2012)」グループであり，学校現場などで活用されている。

第9章

教育相談と地域臨床

1節　コミュニティの視点

1．本当に役に立つ教育相談を展開するために

「子どもを取り巻く問題が深刻化している」といわれるようになって久しい。小・中学校における不登校児童生徒の数は増加の一途をたどり，平成11年度には13万人を超えている。文部科学省の「スクールカウンセラー活用事業補助」が開始された平成13年度よりいったん減少に転じ，その後増減はあるものの，約12万人で横ばいの状況が続いている。

また近年，発達障害と不登校との関連が指摘されている。発達障害とは広い意味では幼児期から思春期までに発症した脳由来の障害をさすが，最近よく使われる「発達障害」は発達障害者支援法で定められた発達障害を意味することが多く，特に教育界では自閉症，アスペルガー症候群その他広汎性発達障害（PDD），学習障害（LD），注意欠陥/多動性障害（ADHD）をさすことが多い（林，2009）。文部科学省（2003）は「今後の不登校への対応のあり方について（報告）」の中で不登校の背景や要因が多様化・複雑化していると指摘し，その1つとして学習障害や注意欠陥/多動性障害などをあげている。また，発達障害と不登校の関連を示す研究も数多く存在する（加茂・東條，2010）。

その他にもいじめに起因する自殺や児童虐待などの事件が毎日のように紙面を賑わせている。あなたも連日の報道に心を痛めていることだろう。

このような深刻化する問題に対応するべく，学校現場には臨床心理学の専門家として平成7年度よりスクールカウンセラー（SC）が派遣され，活用されている。村山（2002）はSCの活動として①児童生徒，保護者への直接援助，②教師へ

のコンサルテーション，③専門家としてのスキルの発揮，④校内研修会の講師，⑤PTAの講演会講師，⑥校内の事例検討会への参加，⑦外部機関への紹介，⑧教師との連携をあげ，「現場教師，保護者，児童生徒から高く評価され，文部省も概して好評と評価」と述べている。

このように，スクールカウンセリング事業はわが国の教育現場において大きな成果をあげている。しかし，SCを学校に配置しさえすれば問題が解決するわけではない。SCの活用にあたってさまざまな課題も指摘されてきている。

平野ら（2006）の調査では「SCを始めた当初，待っているだけでは来談がなく，戸惑った」「SCとして生徒の面接を行った後，教諭に面接の内容について聞かれて戸惑った」「SCの現場で，非行系の生徒は待っていても来ないという現実に戸惑った」「SCで勤務することになったとき，昼休みにこちらから出向いて子どもたちとトランプをするなど，理論や構造にこだわらずに，子どものニーズに合ったかかわりをおこなっていた。しかし，学校の先生たちからは，『面接室での個別療法』をおこなうような敷居の高い臨床心理士像や役割を求められたため，戸惑いを感じた」といった臨床心理士の「戸惑いの声」が報告されている。また，小学校に勤務するSCが抱える困難感や対処様式を明らかにすることを目的とした調査（齋藤ら，2009）では，「心理という視点から，構える先生が多く，話から逃げられる」「学校の風土として，SCへのニーズが少なく，SCに情報が入りにくかったり，動きにくい状況にもかかわらず，成果を求められる」といった声が取り上げられている。

ここまで読んでみて，あなたはどのように感じただろうか。病院と違って学校現場で「待っていても来談がない」というのはいかにもありえそうなことで，それなら面接室を出て校内巡視をすればいいのに，と不思議に感じただろうか。それとも，学校教員とSCとの連携の難しさに思いを馳せただろうか。

心理療法が大きな効果を有していることは数多くの研究から示されており（Cooper, 2008），SCが学校現場でうまく活用されないことは大変もったいないことといえる。では，なぜこのようなことになってしまうのだろうか。

2．コミュニティの視点

ここで，前章で取り上げた心理療法の理論を思い出してみてほしい。その多くが「セラピストが面接室で待機し，クライアントが来談する」場合を想定しており，「臨床心理士が面接室の外で援助を行う」ような場合は想定されていない。したがって，SCの面接室外での柔軟な発想や取り組みは，心理療法の理論からは生まれにくい。

どんな心理療法の理論にも，たとえば「校内巡視をする」とか「昼休みにこちらから出向いて子どもたちとトランプをする」といった動き方は書かれていない。「SCを始めた当初，待っているだけでは来談がなく，戸惑った」というSCの「戸惑いの声」は，臨床心理士が「クライアントの来談を待つ」ことを前提とした教育を受けてきた結果といえよう。

　このようなことになってしまうのは，コミュニティの視点が抜け落ちているためである。中田（2005）は「各地域の風土や雰囲気によって必要とされる援助のあり方は異なる」と述べている。考えてみてほしい。学習を目的とする学校と，治療を目的とする病院で，求められる援助のあり方が果たしてまったく同じでありうるだろうか？　教育熱心な地域と，あまりそうでない地域において，不登校の子どもに対する援助のあり方は果たして同じでありうるだろうか？　そもそも，日本と欧米において，援助のあり方は果たして同じでよいのだろうか？　多くが欧米出自の心理療法やカウンセリングの理論が，果たして日本の風土にそのまま適合しうるのだろうか？

　村山（2004）によれば，SCは「学校現場のニーズにできるだけ応える」「カウンセラーに役割を細かく規定せず，柔軟に対応」するとされている。SCのあり方は，それぞれの学校コミュニティの実際に合わせて柔軟でなければならない。しかし，ただ「柔軟に対応」といわれても，具体的に何をすればよいかわからない。学校教員もSCに何をしてもらえばよいかわからない。では，いったいどこから何を始めればよいのだろうか。

3．コミュニティ臨床と共創

　そこで参考になるのが「コミュニティ臨床」（下川，2012）の理論である。コミュニティ臨床とは，心理臨床家がコミュニティの中でさまざまな人々とつながったり人々をつないだりする「つながりの下地つくり」と，そのつながりを使った「人を支えるお手伝い」といった「つながりの中での臨床」をさす。コミュニティ臨床の考え方は，心理臨床家が当事者に対して専門的援助を提供する前の段階として，当事者が必要とする援助をコミュニティの中でどうやってつくっていけるのかを考えていくことが重要な視点となる。「つながりの下地づくり」にあたって心理臨床家はコミュニティメンバーに手あたりしだいに声をかけてみたり，誰かに紹介してもらったり，ケースを通じてかかわるようになったり，グループワークを開催してみたりとさまざまな取り組みを行いながら接点をもつための下地づくりを行い，右

往左往しながらもつながりをつくっていく。

　一般的に"臨床"と聞くと，面接室内で心理臨床家がクライアントと関係をつくり，その中でなされるかかわりあいがイメージされよう。しかしコミュニティ臨床の視点に立つと，面接室外，たとえば職員室でSCと教員が関係をつくり，つながっていくこともまた臨床として位置づけられる。たとえばあなたが職員室でたまたま見かけたSCにちょっと一言声をかけてみること自体，それはすでに臨床の第一歩，教育相談の第一歩なのだ。

　そもそもスクールカウンセリングは，学校教員とSCとのつながりによるところが大きい。普段から児童・生徒と最もよくかかわっているのは教育学の専門職である教員である。一方SCは，心理面接や心理アセスメントの知見を有し，子ども1人1人の気持ちや思いをていねいに理解しようとする心理学の専門職である。たとえばある生徒との接し方について，教員とSCが打ち合わせをしたとしよう。教員が示す指導のあり方は，SCからみると厳しすぎるかもしれない。SCが示す支援のあり方は教員からみると甘く，取るに足らないものとして映るかもしれない。専門性を異にする両者は時として「すれ違っていくやりとり（下川，2012）」をみせるかもしれない。

　しかし，両者がていねいに話し合うことで，その学校コミュニティのニーズや風土により合致した支援のあり方がみえてくる。行き詰まったときは特に，教員だけ，またはSCだけで抱えていては突破口は開けない。教員とSCという多様なメンバーがそれぞれの立場からともに知恵を絞るからこそ，それまで思いもつかなかったような支援の方法や，その学校コミュニティならではの柔軟な対応が生まれてくる。これを「共創（吉川，2008；押江，2010；下川，2012）」とよんでいる。

4．教員と臨床心理士との共創によるエンカウンター・グループの事例

(1) 事例の概要

　ではここで，教員と臨床心理士との共創の事例をみてみよう。定時制高校の事例（押江・小黒・稲田，2013；小黒・稲田・押江，2013）ではあるが，全日制または小・中学校を含むさまざまな学校で参考になると思われる。なお，個人情報保護の観点から，個人を特定される可能性のある情報については適宜改変して記述する。

　X高校の定時制課程昼間部には，不登校やいじめなどによる人間関係の課題と学力不振など学力面の課題を有した生徒が数多く在校している。このX高校でPCAグループ（村山，2006；エンカウンター・グループの一種。第8章を参照のこと）

を実施する運びとなった。本グループのメンバーはX高校の昼間部の1年生2クラスの生徒である。

　PCAグループを実施するまでのおおまかな流れは以下の通りである。まず，X高校より「特別支援教育の一環として大学院生と協働での取り組みを行いたい」との依頼が心理学を学ぶ大学院生にあり，ボランティアとしてX高校の支援を開始した。大学院生は，授業や夏休みの補習，休み時間や放課後，保健室などで生徒や教師とかかわりをもち，その中で生徒の現状を把握し，どのような取り組みが必要であるかの検討を行った。その折，X高校から「人にものを頼む場面，謝る場面，断る場面などを設定し，どのように応じればよいか考える機会を提供するソーシャルスキルトレーニングのようなグループワークを実施できる講師を紹介してほしい」との依頼があり，臨床心理士である筆者が講師として招かれた。筆者は大学院生とともにX高校を数回訪問し，綿密な打合せや授業の参与観察を行った。

　参加した美術や音楽の授業では，生徒同士で話し合ったり課題にみんなで取り組んだりするような場面がなかなかみられなかった。ソーシャルスキルトレーニングのような課題を集団で実施するのもきわめて困難であると思われた。そこで，ソーシャルスキルの獲得に向けてメンバー全員で一緒に取り組むようなトレーニングの"一歩手前のワーク"が必要と判断した。また2クラス間の生徒の交流がないことなどが教員から語られた。これらをふまえ，教員とも話し合いながら，グループの目的を①クラスや学年全体に生徒間のコミュニケーションの風土を促進すること，②1つの課題や問題を生徒同士で共有できる風土を促進することの2点とした。

　セッションには初期不安を緩和する工夫としてワーク「人間知恵の輪」を，「人にものを頼む場面，謝る場面，断る場面などを設定し，どのように応じればよいか考える機会」としてワーク「シナリオロールプレイ」を導入した。シナリオロールプレイでは登場人物AとBが会話をする場面を設定し，細かいプロフィールやその場面にいたる背景を，配布したシナリオをもとに説明する。生徒はAグループとBグループに分かれる。どのように会話を進めていけばよいか，各グループで話し合いながら考えていき，その方針に基づいてそれぞれのグループ代表1人ずつがA役とB役を演じる。途中言葉に詰まってしまったらいつでも一時中断して再びグループに相談する時間を設けることができる。途中代表を交代することもできる。なお，AグループとBグループには，それぞれ自分の役のシナリオしか渡されず，相手の細かい人物背景は知らされない。相手のシナリオをあえて知らせないことで，相手としっかりコミュニケーションをとらないと必要な情報が得られないような構成と

第9章　教育相談と地域臨床

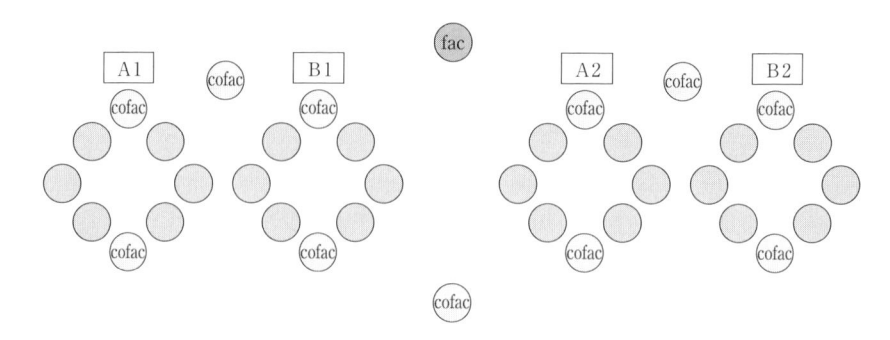

図9-1　グループ編成
facは「ファシリテーター」、cofacは「コ・ファシリテーター」を表す。

なっている。

　シナリオは筆者が作成し，打合せの際に教員・大学院生とともに検討した。筆者が作成したシナリオは文字のみで書かれたものであったが，美術の教員が生徒が理解しやすいようにとそれをもとにイラスト入りのシナリオを新たに作成した。また，教員や大学院生の提案で，シナリオ上の登場人物は実在の人物を模すことで生徒が理解しやすいように工夫した。グループの編成については担任の教員に依頼し，生徒の現状や普段の人間関係に配慮しながらグループを組んでもらった。A・Bグループを2組（A1・B1グループとA2・B2グループ）用意し，計4グループにわかれた（図9-1）。

　本グループのファシリテーターを筆者が，コ・ファシリテーターを5名の学部生・大学院生のボランティアと6名の教員が務めた。乗り気になれないメンバーにはワークへの参加を無理強いしないものの，グループの中でコ・ファシリテーターやメンバーとともに過ごしてもらった。

　セッション終了後に記入を求めた自由記述には「互いに意見を言い合って真剣に話し合っているはずなのに，とても笑えてすごく楽しかった」「すごく面白かった。普段あまり喋ったことのない人と喋れた」「自分は特に意見を言えなかったが，やっている人たちの話が面白くて楽しかった」といった声があった。アンケートでは約半数の生徒が「自分の意見が言えた」「これまで話したことのない人と話せた」と回答し，約8割の生徒が「自分のグループは居心地がよかった」と回答していた。その後，担任教員から「クラスや学年の雰囲気がよくなった」「人の前で話をしやすくなったようだ」などのフィードバックがあった。

(2) 事例の解説

メンバーのセッション内での様子や自由記述の内容などから，本グループはその目的を一定以上果たせたといってよいだろう。ワークを無理強いしないながらもともにいられる雰囲気つくりなど，個人を尊重するPCAグループの視点が本グループで活かされたといえる。

心理的な問題を抱えた生徒が数多く参加した本グループがうまく展開した要因として，生徒に関する情報を豊富にもっている教員にグループ編成を依頼したことや，シナリオを臨床心理士と教員，大学院生が協力しながら作成したこと，学部生・大学院生のボランティアと教員がコ・ファシリテーターを務めたことなど，臨床心理士と教員，ボランティアとの協働があげられる。PCAグループは臨床心理士ならではの技法だが，シナリオの構成やグループ編成など，本グループで教員の果たした役割は大きい。両者の間で共創がなされているといえる。

共創が実現した要因として，①心理学の知識をもつ大学院生がボランティアとしてX高校にかかわり，その現状や雰囲気，課題をあらかじめ知っていたこと，②大学院生が教員と臨床心理士とをつなぐ役割を担ったこと，③教員と臨床心理士，ボランティアの三者が適切に連携し，話し合いを通して本グループの目的や内容のすり合わせを図ったことしたことがあげられる。グループ実施以前から生徒や教員とかかわり続けた大学院生が果たした役割も大きい。

さらに，外部のボランティアや専門家を積極的に受け入れるX高校の風土によるところも大きい。つながりがうまく機能した中での綿密な打合せを通して，X高校の人間関係の課題を有する生徒の実態により合致したプログラムを作成することができたと思われる。

本事例は教員と臨床心理士，ボランティアの協働・共創による教育相談の新しいモデルの1つとして位置づけられよう。

2節　個人臨床から地域臨床へ

1．地域臨床の必要性

下川（2003）は「心理臨床に対するニーズは95年くらいを境に心理相談室内での個人的ニーズの増加から，被害者・児童虐待・スクールカウンセラーといった社会的ニーズへと明らかに質的に変化している。そのため臨床心理士を増やすことで量

的に対応しようとしても，個人臨床の枠組みでは対応しきれないことは明らか」としたうえで，「個人臨床から地域臨床へ」と視点の転換が必要と述べている。

　想像してみてほしい。臨床心理学が欧米からわが国へ"輸入"されてきたのはつい最近のことである。臨床心理学の輸入以前に，それが適切な支援であったかどうかは別として，苦労を抱えた人々を支えてきたのは臨床心理士ではなく,地域の人々であったはずだ。もし，地域が人々を支える力を取り戻したり新たに獲得したりすることができれば，「個人臨床の枠組みでは対応しきれない社会的ニーズ」にも応えられるようになっていくのではないだろうか。

　山本（1986）は「専門家は，利用可能な資源と自分の潜在的な影響力を広げるため，地域社会資源である人々（世話をしている人々）と協力し非専門的協力者を大切にする」「コミュニティ心理学には，地域社会のさまざまな資源を開発，訓練し，それを有効に利用していくよう方向づける仕事がある」と述べている。また串崎（2005）は「これからの支援はボランティアやセルフヘルプ・グループが中心となり，専門家は，その活動を背景から支えるような構造になっていく」と述べている。このように，専門家が地域の非専門家といかに協働し，いかに悩める人を支えていくかが，近年の心理臨床の主要な課題の1つとなっている。

2．教育相談におけるボランティアの活用

　先に取り上げた定時制高校の事例でもボランティアが活用されていた。その他の学校現場でも多くのボランティアが活躍している。ここではそのうちいくつかをみてみよう。

　ある地域では教育委員会と大学が連携し，臨床心理学を専攻する学生を心理的支援のために，ボランティアとして小・中学校に派遣するシステムが構築・運営されている。小学校では多動，注意集中困難，高い衝動性，意思疎通の困難さなどの特徴，あるいは家庭機能不全などを背景にした不適応行動を有している児童などに対して，学習指導補助を通しての心理的支援，他児との関係調整，観察事項の教師への報告などが行われている。また中学校では不登校傾向，教室不適応，対人関係の悩みなどの問題を抱えて相談室に来室する不特定生徒への支援がなされている。派遣先の各学校を対象としたアンケート調査では，小学校からは教師の安心，児童の落ち着き，観察情報などが得られたとの声が，また中学校からは生徒の良き話し相手，適切な支援や誠実な対応が得られたとの声があり，高い評価を得ている（黒沢・日髙，2009）。

2節　個人臨床から地域臨床へ

　ある高等学校では臨床心理学系大学院生がスクールカウンセリング・ボランティアとして参入し，来室生徒への対応などを含めSCの補助を行なっている（北林ら，2008）。
　ある地域の適応指導教室では大学生などのボランティアが子どもたちの学習タイムの指導補助，スポーツやゲームなどのリクリエーション活動の指導補助，自由時間における遊びの相手をしている（佐藤・川村，2005）。
　このように，小学校，中学校，高等学校，適応指導教室と幅広い学校種でボランティアが活用され，成果をあげている。一方で，さまざまな課題も指摘されている。
　南平（2002）は適応指導教室での学生ボランティアの活用について，役割・立場が明確でないこと，対処能力を超える事態が起こること，勤務日が固定されないことを問題点として指摘している。その対応策として事前に活動プログラムやその中での学生ボランティアの役割に関する認識を学生ボランティアと適応指導教室職員間で一致させておくと同時に子どもたちの学生ボランティア認識も確認しておくこと，活動を行う中では，心理・教育などの専門家が学生ボランティアに対して適宜サポートを提供すること，また学生ボランティアに子どもに対する自己の影響力や責任の自覚を促すような働きかけを行うことをあげている。
　黒住・前川（2008）は，特別支援教育にかかわる学生支援員（ボランティア）の中に，子どもの個別性や多様性に振り回され，教師の要求に応えられずにバーンアウト寸前となったり，実際にバーンアウトしてしまう者も出てくることを指摘し，学生支援員の支援が必要であることを論じている。
　南平（2002）や黒住・前川（2008）に共通するのは，非専門家のボランティアに対する心理・教育などの専門家による支援の必要性である。黒住・前川（2008）は学習会を実施し，ボランティアの心理的・教育的サポートを行なっている。また黒沢・日髙（2009）は学生ボランティアのグループ・スーパービジョンを大学の必修授業として組み込んでいる。
　このように，学校でボランティアを活用するうえでは，さまざまな課題が生じてくる。「ボランティアを導入すれば，たちどころに学校の問題が消失する」はずはもちろんなく，それに伴うさまざまな工夫や労力が学校には求められる。しかし，もし地域のボランティアをうまく活用することができれば，教育相談でできることの幅がかなり広がってくる。次にその一例をみてみよう。

3．地域における不登校や発達障害などの子どもの居場所づくりの事例

(1) 事例の概要

　この事例は地域における不登校や発達障害などの子どもの居場所づくりである。学校内での事例ではないものの，後に述べるように適応指導教室などに応用可能な事例である。なお，個人情報保護の観点から，個人を特定される可能性のある情報については適宜改変して記述する。

　筆者は不登校や発達障害などにより「学校に困難を感じている子ども」のフリースペースを月1回開室している。利用者の募集の際には対象を「学校に困難を感じている小学1～6年生の児童」としているが，要望があれば他学年の子どもも受け入れている。

　フリースペースにはボールやテレビゲーム，ボードゲーム，カードゲーム，折り紙，落書き帳，色鉛筆などさまざまな遊具を用意しているが，そこで何をするかはいっさい指示しない。学校への適応やコミュニケーション能力の獲得といった目標を設定せず，そこで何をするかはすべて子どもの主体性や自発性に任せている。仮に子どもが一人遊びを始めても，集団で遊ぶよう指示することはしない。フリースペースでは何をしてもよいし，何もしなくてもよい。この方法は「子ども中心プレイセラピー（第8章を参照のこと）」を下地としている。子どもたちは1人で黙々と持ち込んだ携帯ゲームを遊んでいたかと思えば，突如複数人でのボール遊びが始まることもある。一緒に遊びを楽しむ子どももいれば，まわりの様子を楽しそうに眺めている子どももいる。

　このフリースペースについて保護者から「このような場があるととても助かる」「フリースペースを利用するようになってから，適応指導教室に通い始めるなど，子どもに少しずつ動きが出てきた」「子どものチックが治まった」などの肯定的な声がある。このフリースペースは，治療的な側面を有しながらもそれを必ずしも目標としない，いわば「そのままでいられる場」として機能している（押江, 2009）。

　フリースペースにはスタッフとして大学生や大学院生，社会人など数多くの無償のボランティアが登録している。スタッフの多くは複数の大学の心理学系の学部生や大学院生だが，工学系の大学院生や，心理学とはまったく関係ない社会人もいる。活動終了後，スタッフミーティングを実施し，活動中に気になった点や感想などを自由に話し合っている。筆者（臨床心理士）がファシリテーターを務めている。

　面接調査（押江, 2009）で保護者はスタッフが子どもたちの"仲介役"を果たし

ていると述べている。スタッフは仲介役として子どものちょっとしたとりまとめをしたり，子どもが自分の立ち位置がわからなくなったときにそっと教えてあげたり，子ども同士のやりとりでしばしば生じる感覚のズレを修正したりといった，さまざまな役割を果たすのだという。

一方，スタッフ自身もフリースペースの活動を楽しんでいる様子で，普段の活動を通して「友だちの家に遊びに来たみたいな感じだった」「年下の子どもなのに同年代の友だちと遊ぶときと同じように遊んでいる感じがした」「子どもたちに遊んでもらえて楽しかった」「自分にとっても大切な場所になっている」などおよそスタッフとは思えないような声が聞かれる。スタッフの面接調査（押江，2012）でも「自分が遊んで楽しんでいる」「毎回笑って楽しく帰れる」「すごく癒やされている感じがする」「自分にとって日常を生きる糧になっている」「子どもに遊んでもらって癒やされる」といった声があり，フリースペースが子どもだけでなくスタッフにとっても「そのままでいられる場」として機能しているといえる。

(2) 事例の解説

公的機関による不登校児童生徒の居場所としては適応指導教室があげられる。適応指導教室とは「教育委員会が，教育センター等学校以外の場所や学校の余裕教室等において，不登校児童生徒の学校生活への復帰を支援するため，児童生徒の在籍校と連携を取りつつ，個別カウンセリング，集団での指導，教科指導等を組織的・計画的に行う施設として設置したもの」と定義される（文部科学省，2003）。適応指導教室が居場所としての機能を有するとする研究は数多く存在し（たとえば米田，1998；谷井，1999；植村・岸澤，2008；櫻井，2010），不登校の子どもの受け入れ先として機能している。

一方で，指導に困難が生じやすいなどの理由から「発達障害のある子どもは受け入れない」との規則を設ける適応指導教室があること（生島，2008）や，適応指導教室は中学生が中心で小学生の受け入れが十分ではないこと（文部科学省，2003；山崎，2008）などが指摘されている。適応指導教室はこれまでも地域において重要な役割を果たしてきているが，一方でさらなる工夫が求められるともいえるだろう。

本事例はボランティアを活用した居場所つくりの試みとして位置づけられる。子どももボランティアスタッフも安心してありのままでいられる雰囲気つくりによって，フリースペースは双方にとっての居場所として機能している。

ここで，本事例では臨床心理士による支援が子どもだけでなくボランティアに対

してもなされている点に着目したい。活動終了後，活動を通じてスタッフが感じた気持ちや思いをていねいに聴きとったり，フリースペースで起こったことを読み取り，それを言語化してスタッフに伝えたりと，この活動ではスタッフミーティングが大変重要な役割を果たしている。黒住・前川（2008）や黒沢・日髙（2009）がいうところの専門家によるボランティアの支援が，本事例ではスタッフミーティングでなされているといえよう。

これはあくまで筆者の印象であるが，学校教員や臨床心理士といった専門家は「問題を抱えた子どもへの支援」にばかり目がいきがちで，「ボランティアへの支援」を軽視する傾向にあるように思う。筆者が過去に実施したボランティアの面接調査（押江，2012）では，同様の活動をしている他団体との比較に関する声が多くあった。他団体では活動終了後のミーティングでは職員からの「ダメ出し」がなされることが多く，またそこには「活動を通して得た学びを必ず何か言わなければならない」雰囲気があるのだという。スタッフ間で口喧嘩になることもあり，「職員が怖い」「じゃま者のような扱いを受けることがある」「スタッフ間の関係がギスギスしている」といった声もあった。

筆者にとってスタッフは子どもと同じくフリースペースに参加するメンバーである。子どもだけでなくスタッフ1人1人の体験や思いをいかに大切にできるかが，ボランティアと協働するうえで重要であると筆者は考えている。

本事例は適応指導教室のあり方を発展させるうえで，参考になるモデルの1つといえるだろう。

3節　地域で子どもを育てる

近年，「開かれた学校づくり」がくり返し叫ばれている。奥津（2012）は，中央教育審議会の答申などで「学校が開かれるべき」という方向が相次いで出されている背景として，学校が抱える問題が多様化・複雑化しているという現状や，学校・教員の不祥事の増加や指導力の低下という現状などから学校が信頼されなくなっていることをあげ，「閉鎖的になってしまった学校への反省と，学校が抱えている諸問題を解決する方策として『開かれた学校』というものが要請されている」と述べている。

このように，子どもの教育はもはや学校単体ではなく，地域全体で行われる時代

になってきているといえる。それは教育相談においても同様であろう。先にあげた居場所づくりに関する面接調査で，ある保護者に次のように指摘されたことがある（押江，2009）。

「昔は縦の年齢の異なる子どもたちと遊んでいたんです。いまの子ってそれがほとんどないんです。同級生とは遊ぶけど，違う学年になるといまは子ども会とか親が設定した遊びの中では一緒にいるけど，リーダー的な存在になったり，小さい子を遊ばせてるというお子さんはいません。だから，異年齢で遊ぶっていうのがいいなあって思います」

学生ボランティアとの協働によるEGや居場所づくりは，一昔前なら地域で自然に行われていた「年上が年下の面倒を見る，遊び相手になる」ような動きを，現代という時代に合わせて取り戻す，または新たに獲得する試みといえるのではないだろうか。つまり「地域で子どもを育てる」という発想こそが重要なのである。学校はあくまで地域コミュニティの一部である。子どもを学校だけで抱えるのではなく，地域の資源をも含めて抱えるにはどうすればよいかを考える。その際に，他職種との連携，協働，共創が鍵となるであろう。

一方で，このような発想が「昔はよかった。みんな昔に戻ればいいんだ」というような「回顧的認知行動パターン（飯田，2002）」による原理主義へと安易に陥りがちであることも合わせて指摘しておきたい。回顧的認知行動パターンとは，伝統的な基層文化に立脚し，過去に範を求めて回帰するような対応をさす（飯田，2002）。個人や家族，社会のあり様は時代の流れとともに常にゆれ動き続けており，過去のコミュニティのあり方にそのまま回帰すればすべてが解決するといったようなことはありえない。そもそも，過去の社会は果たして地域住民が自律的かつ主体的にお互いを支えあうユートピアであったか。精神障害の歴史はそのまま差別の歴史でもある。ノスタルジックで原理主義的な回帰を求めるのではなく，現代という時代に適合した新しいコミュニティのあり方を模索する必要があるといえるだろう。

第10章 教師のためのメンタルヘルス

1節 学校メンタルヘルスの現状

　文部科学省が行った「平成24年度教職員のメンタルヘルスに関する調査」によれば、心の病を抱える教師が増加傾向にある（図10-1）。適応障害やうつ病などの精神疾患で休職した公立学校の教師はこの10年間で2倍となり、2011年度は在職者の0.6％にあたる5274人にのぼった。また、その約半数は、異動で勤務先が変わってから2年未満に休職しているという。校種別では中学校に多く、小学校の約1.5倍、高校の約2倍となっている。年齢的には、50歳代が最も多く、続いて40歳代、30歳代となっており、学校組織の中での責任の重圧や孤立感が精神疾患につながること

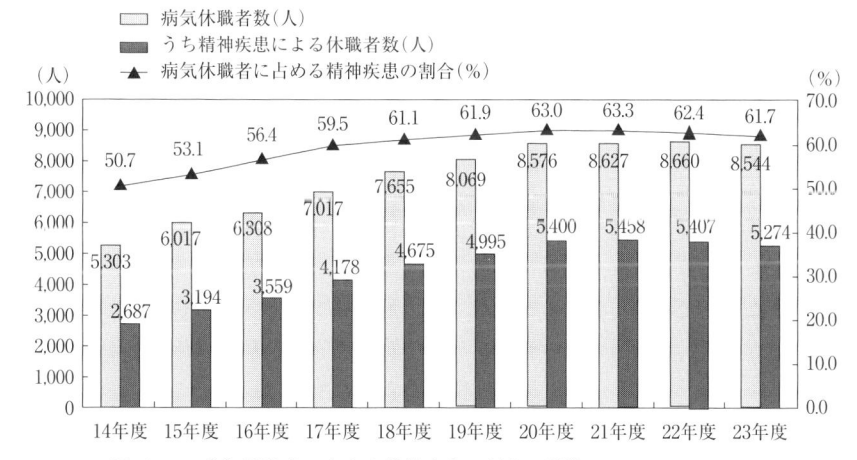

図10-1　病気休職者に占める精神疾患の割合の推移（文部科学省, 2012）

が考えられる。さらに，全国公立学校の初任教師のうち病気を理由に退職した者の9割前後が精神疾患による退職である。

　ベネッセ教育研究開発センター（2010）の「第5回学習指導基本調査（小・中学校版）2010年」によれば，「教師の悩み」として小・中学校教師ともに，「教材準備の時間が十分にとれない」「作成しなければならない事務書類が多い」「休日出勤や残業が多い」など日々の忙しさに関する悩みが上位に挙がっている。また，中学校教師は，「学習内容が定着していない」「学習意欲が低い」など生徒に関する悩みも比率が高い。この調査の中で，3年前と比べて最も増加したのは「保護者や地域住民への対応が負担」という項目であり，小学校で4.7％，中学校で4.5％増加している。

　これに関しては，近年，「モンスターペアレント」という言葉がささやかれるようになり，保護者対応に関する書物が数多く出版されるようになった。その一例として，嶋﨑（2008）は，「学校崩壊と理不尽クレーム」という書物の中で，学校や教師に対して自己中心的で理不尽な要求やクレームをくり返す保護者が出現し，教師がその対応に追われている状況とその社会背景そして具体的な対応方法について論じている。

　以上のデータや状況が示しているように，現在の教師は，生徒指導や事務業務，保護者への対応などに神経を擦り減らし，多くのストレスを抱えながら日々の仕事をこなしていることが推察される。

　真金（2013）は，ある病院の精神神経科外来を初診した現職教師300名あまりを対象に調査を行い，うつ病から適応障害までをひとくくりに「教師のうつ」としてまとめると，全体の約7割弱に相当し，その原因となったストレス主要因として，「児童生徒への指導上のストレス」およびそれに付随する「保護者対応のストレス」，そして「職場内部の人間関係のストレス」があることを指摘している。これは学校現場がさまざまな立場の人間関係が複雑に絡み合う「重層的な人間関係の構造」をもっていることを意味しており，教師の仕事が人と人との信頼関係を基盤として成り立つ感情労働であり，なおかつ教師よりも児童生徒や保護者のニーズを優先させなければならないことが教師のメンタルヘルスにさまざまな影響を及ぼしていることを示唆している。

2節 教師の仕事の特色

1．教師という職業の独自性

　教師のメンタルヘルスについて考えていく場合には，教師という職業がもつ独自の特徴について知っておく必要がある。福田（2004）は，教師業務の特性として，①対人関係性，②独立性，③評価困難性，④専門性，⑤拡張性，⑥応答性，⑦代替不能性の7つをあげている。

　先の文部科学省の調査によれば，教師は，一般企業の労働者よりも疲労度が高く，一般企業では，とても疲れる14.1％，やや疲れる58.1％に対して，教師ではとても疲れる44.9％，やや疲れる47.6％となっている。また，仕事や職業生活におけるストレスを相談できる者の有無については，一般企業の場合，いる89.0％，いない11.0％に対して，教師の場合，いる45.9％，いない6.6％，未回答47.5％となっている。これらの結果は，一般企業と比べ，教師の仕事は疲れやすく，相談できる者が少ない状況にあることを示しているが，注目すべきは，教師の「未回答」の多さである。

　学校組織は，一般企業の「ピラミッド型組織」とは異なり，「鍋蓋型組織」といわれている。一般企業では社長，役員，部長，課長，一般社員というようにタテ関係が貫かれており，命令系統が上部組織から下部組織へと明確に伝わる構造となっている。また，製造や営業，経理や人事・企画などの組織が明確に分かれているのが特徴である。これに対して，学校組織は，蓋にあたる部分が管理職であり，校長と教頭がこれを担い，それ以外の教員はおおまかに言えば，横並びの位置にある。さらに，横並びの組織は，「学年」「校務分掌」「教科」という3つの領域の兼務と調整を図りながら学校経営をしていかなければならない。したがって，物事は協力して進めることが基本である一方で，集団が一部の教師の個性に引っ張られやすく，助けてもらえるために遠慮が必要という同調性の高い風土になりやすい。その結果として，教師が互いに本音や弱音を出しにくくなる可能性がある。また，特に小学校の学級担任制は，担任がクラスのさまざまな問題を抱え込みやすいというマイナス面があるといわれている。

　このように教師という仕事は独自の大変さを有しており，特にメンタルヘルスの観点からストレスにつながりやすい要因をまとめると，次の5つが考えられる。①業務のほとんどが人を相手にする感情労働であること。感情労働では，肉体や頭を使うだけでなく，感情のコントロールが必要とされる。特に，教師の場合，複数の

子どもたちや保護者と同時にかかわり，なおかつ一人ひとりを大切にするというバランス感覚が求められる。②責任の重い仕事であるが，成果がすぐに現われるものでないこと。③「これで十分」という限界がなく，特に，問題が発生した場合などは時間と労力の限界設定が難しいこと。④業務の評価・成果軸が多様かつあいまいであり，客観的な形としては見えにくいこと。⑤基本的には対等な関係の中で運営される組織であり，学級担任制など閉鎖的になりやすい組織体制であること。さらに，⑥教師は，正義，平等，公正など，常にポジティブな立場と役割を担うよき人であることを期待されていること。教師の仕事は，以上のような独自の特徴をもっており，そのためにストレスを抱えやすい職業であることが考慮されなければならない。

2．時代背景

　また，現代という時代の中で教師の仕事が精神的なストレスを生じやすくしている側面がある。たとえば，対応の難しい子どもの増大，過度な要求や対応にエネルギーを要する保護者の増大，学校にさまざまな教育的要素がもち込まれ期待される社会状況，児童生徒の安全や管理面での厳密さの増大，「記録」や「報告書」などパソコンを用いた業務の増大による多忙化，などを指摘することができる。児童生徒にかかわる問題としては，発達障害や被虐待児への理解や対応など，これまでのやり方では対応しづらい子どもたちを教室で抱える状況が増えている。また，いじめが発生したときの対応や不登校の子どもをクラスや学校で抱えた場合の支援には，多大なエネルギーが費やされることになる。保護者にかかわる問題としては，子どもの問題をめぐって過度な要求をしてくる一部の保護者の存在による心理的プレッシャーと実際にその対応に追われる状況が発生しやすくなっている。さらに，教師間の問題として，多忙化や世代間ギャップにより教師同士の関係が希薄化していく傾向にあり，困難な状況を教師1人が抱え込むことになりやすい。教師のメンタルヘルス上の問題が発生するのは，これらの背景が重なった場合である。

　さらに，教師間の連携が難しくなっている背景として，もともと教師という職業がもつ独立性や専門性に加え，教師の年齢構成上の歪みやベテラン教師と若手教師の世代ギャップから教師同士のタテ関係が機能しづらくなっている状況がある。パソコンを用いた業務が増えたことが，この状況に拍車をかけていることも考えられる。

3節　バーンアウト発生のメカニズムとリスク因子

　仕事や職場においてストレスとなる刺激のことを，キャリア・ストレッサーとよぶが，キャリア・ストレッサーには，大きく組織内ストレッサーと組織外ストレッサーの2つがあり，前者には，仕事量，組織での役割，昇進など職務に本質的なもの，職場における人間関係，組織構造や風土が，後者には，家庭，人生危機，経済的困難などの個人的状況と事情が含まれる。表10-1は，クーパーとマーシャル（Cooper & Marshall, 1976）のモデルを参考に，キャリア・ストレッサーの種類を示したものである。

　次に，バーンアウトは，1970年代半ば米国で提唱された概念であり，燃え尽き症候群ともいわれている。伊藤（2002）は，これを単なる疲労とは異なり，「仕事に情熱を傾け働き続けていた人が精根を使い果たし，専心していた仕事を疎ましく思い意欲さえ失ってしまう，疲弊した状態像」と定義している。バーンアウトは，強い消耗感と幻滅感を伴っていることが特徴であり，職務の達成に高い理想を求めれば求めるほど生じやすいともいわれている。教師のバーンアウト発症の背景には，子どもの問題をきっかけに，教師の側にイライラや抑うつなどの心理的不調が発生し，そのことが教育の質をさらに低下させるという負のスパイラルが形成される。このような悪循環の中で，無力感と消耗感を深めていった結果，教師はバーンアウトにいたる。図10-2は，伊藤（2013）が提示した教師がバーンアウトにいたる際に生じている悪循環の図を一部改変したものである。

　また，バーンアウトする前後においては，さまざまな心身の症状が発生する。表10-2は，牧（2009）による教職員のメンタルヘルス資料を参考に，教師がうつ病をはじめとする精神的不調にいたる際に生じてくる具体的な心身の症状を示したも

表10-1　キャリア・ストレッサー（Cooper & Marshall, 1976を参照）

〈組織内ストレッサー〉
・職務に本質的なもの…仕事量，組織での役割，昇進など
・職場における人間関係
・組織構造や風土

〈組織外ストレッサー〉…個人が抱える事情
・家庭…家族メンバーの変化，家族の病気・不調，生活上の変化
・人生危機…中高年の危機
・経済的困難

第10章　教師のためのメンタルヘルス

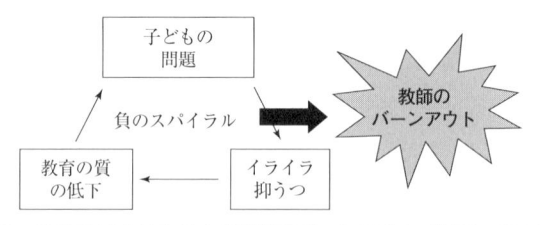

図10-2　負のスパイラルによる教師のバーンアウト（伊藤，2013を改変）

表10-2　不調における心身の症状（牧，2009を参照）

〈身体症状〉
(1) 睡眠…寝つけない，眠りが浅く途中で目が覚める，朝早く目が覚める，過眠，朝目覚めたときにゆううつ，睡眠不足から頭痛や肩こりに悩まされる，など
(2) 食欲…食欲がなくなる，何を食べても美味しいと思えない，体重減少（または，過食による増加），胃がもたれ，むかつきがある，など
(3) 自律神経系…微熱が続く，動いていないのに疲れやすい，時々めまいがする，身体の動きが遅くなる，息切れがする，トイレが近くなる，冷や汗や寝汗をかく，便秘・下痢に悩まされている，身体がだるい，など
(4) ホルモン系…生理不順が続く，異性への興味が落ちる，など

〈精神症状〉
・気持ちが沈み，ゆううつな気分になる
・悲しい気持ちになる
・これまで好きだったことへの興味や喜びがなくなる
・気力が低下し，何をするにもおっくうになる
・人づきあいがおっくうになる
・身だしなみに関心を払わなくなる
・過去の小さなことを思い出してはくよくよ悩む
・焦ってイライラする
・いつもの自分より怒りっぽくなる

のである。

　ここで一例をあげてみよう。ある40歳代の女性教師は，反抗的で扱いが難しい数人の子どもへの対応に追われ，クラス全体をまとめていくことができなくなった。その後，学級は崩壊状態となっていくが，女性教師は誰にも助けを求めることができず，しだいに周囲の教師からも孤立を深めていった。不眠やめまいなど心身の不調が現われたことで管理職が気がつき，随時他の教師がクラスに入って指導するなどの支援を行ったが，クラスの状況は改善せず，休職にいたった。

　学校現場において急がれることは，この手前の段階でいかに助け合える関係をつ

3節　バーンアウト発生のメカニズムとリスク因子

くれるかということである。1人の教師が周囲からの協力を得られることなく問題を1人で抱え込むとき，教師のバーンアウトの危険性はにわかに高まる。不調を起こす手前の時点での，ソーシャルサポートとよばれる周囲の者によるなんらかのサポートや教師自身による「セルフケア」が重要となる。これらがうまく機能しない場合，うつ病などの精神疾患へと発展することになる。このケースの場合，指導困難な子どもへの対応による精神疲労→感情の抑圧→身体症状→適切な指導力の低下→さらなる疲労の蓄積という負のスパイラルが生じていた。

また，教師が不調を起こす背景には，たとえば，家族の死（愛着対象の喪失），子どもの誕生，単身赴任，子どもの独立（進学，就職，結婚），離婚などによる家族メンバーの変化や家族の病気，親の介護，転勤，転居，改築，借金問題，ローンの返済苦などの生活パターンの変化がみられることもある。あるいは，自分の子どもの不登校・ひきこもり，パートナーのうつ病，DV，認知症の親の介護など，家庭の問題や個人的事情を抱える教師もいる。山本（2007）は，病院の外来を訪れた現職教員とのカウンセリング経験をふり返り，教師のメンタルヘルスを悪化させる要因として，子どものことや夫婦関係，親世代との関係など家庭の問題が予想以上に多かったことを報告している。

バーンアウトの背景に，これらの負の出来事のいくつかが同時に重なっていることは少なくない。このような教師に対しては，そのことを考慮したメンタルヘルスサポートが重要である。少なくとも職場の管理職がそのことを認識していてくれるだけでも精神的に楽になることもあるし，必要に応じて，スクールカウンセラーや学校外の専門家のところに相談に行けるよう助言することも可能である。このように管理職による教職員のメンタルヘルスサポートのことを「ラインケア」とよぶ。

以上，職場内外でのストレス要因となる諸事象を取り上げたが，これらをあらかじめバーンアウトの可能性を高めるリスク因子として位置づけることは，予防的支援につながる。まず，教師を取り巻く「環境側のリスク因子」としては，対応の難しい児童生徒および保護者への長期的対応，および突発的な出来事への対応をはじめとする「指導上の問題に関する因子」をはじめとし，評価的で考え方の違いを認めない職員室風土や管理職の不十分なリーダーシップ，サポートしてくれていた上司や同僚の異動などの「職場環境に関する因子」，さらに，担当授業数や校務分掌，部活動，授業研究，校内研修会など仕事そのものの多さという「仕事量の多さに関する因子」や転勤および職場の配置転換などの「異動に関する因子」などをあげることができる。

表10-3　教師を取り巻くリスク因子

〈環境側のリスク因子〉
　①指導上の問題に関する因子…対応の難しい児童生徒および保護者への長期的対応，および突発的な出来事への対応など
　②職場環境に関する因子…評価的で考え方の違いを認めない職員室風土，管理職の不十分なリーダーシップ，サポートしてくれていた上司や同僚の異動など
　③仕事量の多さに関する因子…担当授業数や校務分掌，部活動，授業研究，校内研修会など仕事そのものの多さ
　④異動に関する因子…転勤，配置転換，昇進，初めての校務分掌などの異動など

〈性格や行動特徴に関するリスク因子〉
　①生真面目因子…まじめでがんばり屋
　②被援助困難性因子…SOSを出して周囲の者の力を借りるのが苦手
　③断り下手因子…人一倍周囲に気を遣い，頼まれたら断ることができない
　④べき思考因子…「こうあるべきだ」という思考が強く常識の幅が狭い
　⑤自責傾向因子…何でも自分とつなげ，ネガティブな意味づけをする傾向，例えば，自分が嫌われているから××されたなど

　次に，教師自身のもともとの「性格や行動特徴に関するリスク因子」としては，元来まじめでがんばり屋（生真面目因子），自分からSOSを出して周囲の者の力を借りるのが苦手（被援助困難性因子），人一倍周囲に気を遣い，頼まれたら断ることができない（断り下手因子），「こうあるべきだ」という思考が強く常識の幅が狭い（べき思考因子），何でも自分とつなげてしまい，ネガティブな意味づけをする傾向（自責傾向因子）などをあげることができる。表10-3は，筆者が教師の不適応にかかわるリスク因子を整理したものである。

　特に，表10-3の〈性格や行動特徴に関するリスク因子〉の④にあるように，教師は「べき」思考にとらわれやすく，自分の中に生じた他者に対する陰性の感情を自覚しにくい傾向が高いといわれている。したがって，カウンセリングにおいては，子どもや保護者，職場の同僚や上司などのさまざまな対人関係の中で蓄積された陰性感情に気づき，それを信頼できる他者に言葉にしていくことが支援として意味をもつものと考えられる。

　教師が仕事上のミスが増えることや，心身の不調を訴えてきた場合，管理職はその状態を疾患として治療したほうがよいかどうかの判断を求められるが，その際の留意点としては，①その人のそれまでの仕事ぶりとの違い，②個人の悩みのレベルを超えて，職業人として問題化している点は何か，③管理職・同僚サイドでどこまで介入できるか，④サポートできる家族はいるか，⑤専門機関への相談，紹介は可

能か，などの観点から状態を判断していくことが必要である。

　また，心身に不調が生じている教師に対しては，周囲の人たちの配慮あるかかわりが求められる。ただ，職場の人たちから，仕事を減らしてもらえるなどの配慮を受けることは，「一人前に働ける教師」の役割を降りることを意味する。一時的にでも，その人が病者として認識され，そのことを自身が受け入れるということは，周囲の者から特別な配慮を受けられることと引き換えに，「病者」の役割を引き受けることを意味する。その際，本人が病者として配慮されることへの抵抗感から，それ以上無理をすることのないよう，管理職は本人の納得感を大切にしながら，専門家とも連携を取りながら支援の方向について検討していかなければならない。

　さらに，本人が休職にいたった場合には，回復状況に応じた復職支援が必要である。復職が可能かどうかの一般的な見極めポイントとしては，①生活リズムの回復，②安全に通勤できるか，③活動量の向上，④感情コントロールとコミュニケーション能力，⑤集中力，課題遂行能力，などが考えられる。いずれにしても，復職時の職場の状況そのものを事前に再現することはできないので，実際には無理のないところから復職を開始しながらその後調整していくことになる。

4節　教師のメンタルヘルスに必要なこと

1．リジリエンス

　リジリエンスとは，精神的回復力，自発的治癒力，復元力を意味する。端的に言えば，リジリエンスとは，極度の不利な状況に直面しても正常な平衡状態を維持することができる能力のことである。小塩（2012）は，リジリエンスをもつ教師の特徴として，①物事への前向きなとらえ方，②失敗を受けとめそこから何かを学ぶ姿勢，③ユーモアの感覚，④新しいアイデアを探索する力，⑤ヘルプケア意識，を抽出している。

　また，このような姿勢が取れるためには，本人の自尊感情が安定していることや他者と円滑なコミュニケーションを行える能力が必要であろうし，それを支える環境として，安定した家族や支え合える風土のある職場であることが重要である。管理職の立場にある者は，日頃から教師の勤務状況や健康状態への気配りをし，気になる教師に対しては必要に応じて話を聞き，専門機関を紹介することが求められる。

2．「セルフケア」意識の育成

　メンタルヘルスのためのキーワードの1つに「セルフケア」がある。「セルフケア」とは，自分が自分をケアできる資質と能力を意味する。セルフケアの心得としては，ストレスがかかってきているときや心身の不調に対して早目に気づくことが重要であり，気づいたら自分なりに調整を行うことである。たとえば，上司や同僚に相談してしばらく残業を減らす，専門機関を受診するなどの対処がこれにあたる。そして，何よりも本人自身が，困難を抱えたら誰かに援助を求めるという意識をもつことが重要である。

　また，「セルフケア」の1つにその人が日頃から行っているストレス解消法というものがある。一般的なものとしては，入浴（温泉），睡眠，食べる，ショッピング，お酒，散歩，旅行，カラオケ，映画を観る，読書，スポーツ観戦，ジョギング，音楽を聴く，ペットと戯れる，たばこ，テレビ，会話，相談する，アロマテラピーなどがあげられる。いずれも「ほどほどに」が原則であり，度が過ぎると健康を損なうことにもなる。どのようなものであっても，仕事のことを忘れて没頭できる何かをもつことがポイントとなる。自分に合った独自の健康法を工夫してみることも大切である。

　伊藤（2006，2013）は，教師が求める時間に関する調査結果をふまえ，教師がうつ状態に陥ることを防ぐためには，教材研究などの仕事の時間を確保するだけではなく，教師という鎧を脱ぐことができる「私の時間」や「私の世界」を守ることが必要であるという。さらに，支え合い，学び合える人間関係を職場内だけでなく，職場外にもっておくことも大切であることを指摘している。これらのことは，職場を唯一の拠り所とせず，より広く豊かな仕事以外の世界や人間関係をもつことを意味している。仕事とは別の世界をもつことは，一時的に職場の自分から離れることになり，職場での自分のあり方を客観視し，リフレッシュして仕事に取り組めることにもつながる。

3．教師支援システム

　一般企業のメンタルヘルスでは，メンター制度を活用している職場が増えている。メンター制度とは，会社や配属部署における上司とは別に，指導・相談役となる先輩社員が新入社員をサポートする制度のことをいう。メンターとはもともと「よき指導者」あるいは「優れた助言者」という意味があり，年齢や社歴の近い先輩社員

表10-4　メンタルヘルスケアの形態，担当者，および内容 (福田，2004を一部改変)

ケアの形態	指針によるケア担当者	学校におけるケア担当者	ケアの主な内容
セルフケア	厚生労働省	教職員	ストレスへの気づきと自身による対処
ラインによるケア	管理監督者	校長・教頭等	職場環境への改善 個別の相談，対応 セルフケア推進の支援
事業場内産業保健スタッフによるケア	産業医・衛生管理者等 保健師・心の健康づくりスタッフ等	養護教諭・スクールカウンセラー等	職場環境への改善助言 個別の相談，対応 ラインへの教育研修，支援 連携ネットワークの形成
事業所外資源によるケア	事業所外でメンタルヘルスの支援を行う機関 主治医や臨床心理士・産業カウンセラー等の専門家	教育委員会相談部門 教職員共済組合心の相談部門や医療機関等 主治医や臨床心理士等メンタルヘルス支援の専門家等	直接のサービスの提供 ネットワークへの参加

が，新入社員の仕事における不安や悩みの解消，業務の指導・育成を担当する。新入社員は上司とは別の相談相手ができることで，必要なスキルや技術を身につけながら，会社に馴染むことができる。逆に，指導・育成にあたる先輩社員にとっても，それがマネジメントの技術を身につけるための場にもなり，大手企業を中心に活用されているという。学校においても若手教師の先輩教師によるサポート体制を整えていくことは大切な試みである。表10-4は，福田（2004）が，「事業場における労働者の心の健康づくりのための指針」（労働省，2000）に基づいて，メンタルヘルスケアの形態，担当者，内容についてまとめたものに一部修正を加えたものである。

　以上のことから，メンタルヘルスを考えていくうえで最も重要なことは，日頃から予防的支援が行き届いていることであるといえる。予防的支援の中心にくるものは，支持的風土の職員室づくりである。具体的に言えば，教師同士が支え合える風土，管理職からのサポート，メンターや同僚からのサポート，これらが十分に機能している職員室をつくっていくことである。たとえば，1人の教師が対応困難な児童生徒や保護者を抱えた場合，その状況を複数の教師間で共有していく動きが自然に発生するような職員室がその好例である。あるいは，日頃から教師同士が児童生徒のことについて話し合う習慣が，職場に根づいていることも大切なことである。そのためには，管理職だけでなく一人ひとりの教師が，日頃からあいさつをかわし，お互いの苦労を認め合う言葉かけを実践することから始めなければならない。職場で

のちょっとした気遣いや言葉かけが，大きな問題を手前で防ぐことにつながることはめずらしくない。

　また，メンタルヘルス研修会に参加することで，教師が自身の「セルフケア」の意識をもつきっかけを用意していくことも予防的支援の1つである。指導が困難な児童生徒を抱えている学校であれば，ケース検討会を開催することでキーパーソンとなっている教師をサポートすることも重要であるし，不調が見え隠れしている教師に対しては，管理職が話を聞くだけでなく，養護教諭やスクールカウンセラーあるいは学校外のサポートリソースを利用することを助言することなども予防的支援につながる。

4．中高年期への支援

　これまで，さまざまな局面での管理職の役割の重要性を指摘してきたが，精神疾患による休職者が最も多いのは，実は40代後半から50代にかけての世代である。この時期は人生の前半を折り返し，後半の人生をどのように生きていくかを自分自身に立ち返って考えなければならない時期であるといえる。さらに，この時期は教師が管理職を任される時期と重なる。この時期におけるメンタルヘルスの基本は，それまでの働き方を見直し，キャリアのゴールに向けて自分なりの人生の総仕上げを図ることである。しかし，現状では，この年代は家庭と仕事の両面において非常に多忙な時期でもあり，これまでの自分自身の働き方や人生そのものをふり返り，これからの人生をどう生きたいかを考えるゆとりをもてない人たちが数多く存在することが予想される。

　現実には，この時期に人生の軌道修正を図れなかったために，50代になって心身に不調をきたしているケースが少なくない。これが，中高年者の自殺の多さとも関連していることが推察される。40代までの人生の前半は，より強く，より大きく成長していくイメージをもっていても，それ以降は，肉体的な衰えをはじめとする老いがやってくる。この時期に，自分のそれまでの働き方に修正を図れなかった人の中には，うつ病や心身症をはじめとするメンタルヘルス上の問題を抱える人も出てくる。言い換えれば，不調を起こしたことが人生後半に向けての軌道修正を図るうえで重要な意味をもっている。

　産業カウンセリングでは，これまでの働き方に無理がなかったかをふり返り，自分らしさをもう一度認識し直し，仕事の中でやりがいを感じられるように，理想と現実のはざまでの最大限の工夫を行っていく。そのためには，仕事以外にも，ゆっ

たり過ごせる時間をもつことも大切なことである。増井（2001）は，職場のメンタルヘルスの要は，心身の休養をいかにじょうずに取るかという「休養学」にあるとし，仕事も含めた生活全体を少しでも自分らしく過ごせるための時間の使い方について考えていくことが重要であることを指摘している。産業カウンセラーは，クライアントがこれまでの自分の働き方を見直すことを通して，人生後半の発達課題をより内面の充実へと向かえるようサポートしていく。それは，そのクライアントがどんなことを楽しいと感じ，やりがいがあると思えるかを掘り起こし，それをもう一度職場の中で生かせるようになることを支援するものである。その意味で，職場で不調を抱えた者に対する支援は，当事者一人ひとりの人生を視野に入れたかかわり，すなわち，自分らしく生きることへの支援でなければならない。それは，単に不適応を改善するための場ではなく，その人がこれまでの人生と向き合い，これからの人生について主体的に取り組む場である。限られた人生の時間の中で自分らしい生き方を模索し，自分なりの目標をもって生きられるようになることが，メンタルヘルスの最も重要な基盤であり課題であると考えられる。

引用・参考文献

■第1章

Beecher, H. K.（1955） The Powerful Placebo. *Journal of the American Medical Association*, **159**, 1602-1606.

Quinn, G. E., Shin, C. H., Maguire, M. G., & Stone, R. A.（1999） Myopia and ambient lighting at night. *Nature*. **399**, 113-114.

Rosenthal, R., & Jacobson, L.（1968） *Pygmalion in the classroom*. New York: Holt, Rinehart & Winston.

南風原朝和・市川伸一・下山晴彦（編）（2001） 心理学研究法入門――調査・実験から実践まで 東京大学出版会

酒井聡樹（2006） これから論文を書く若者のために 共立出版

Shannon, C. E.（1948） A Mathematical Theory of Communication. *Bell System Technical Journal*, **27**, 379-423, 623-656.

■第2章

青木多寿子（2010） ブロンフェンブレンナーの生態学的発達モデル 森 敏昭・青木多寿子・淵上克義（編） よくわかる学校教育心理学 ミネルヴァ書房 pp.102-103.

青木多寿子・丸山（山本）愛子（2010） ヴィゴツキーの社会文化的視点 森敏昭・青木多寿子・淵上克義（編） よくわかる学校教育心理学 ミネルヴァ書房 pp.100-101.

Bronfenbrenner, U.（1979） *The ecology of human development*. President and Fellows of Harvard College. 磯貝芳郎・福富護（訳）（1996） 人間発達の生態学 川島書店

Bruner, J. S., Olver, R. R., Greenfield, P. M. et al.（1966） *Studies in cognitive growth*. NY: John Wiley. 岡本夏木・奥野茂夫・村川紀子・清水美智子（訳）（1968） 認識能力の成長 明治図書出版

Cole, M., & Cole, S.（1989） *Knowledge of language: Its nature, origin and use*. NY: Praeger.

堂野佐俊（1994） 子どもから大人へ――発達すること 堂野佐俊・福田広・吉田一誠・田頭穂積・熊谷信順（編）心理学から見た教育の世界 北大路書房 pp.17-48.

Erikson, E.（1959） *Identity and the life cycle*. International Universities Press.

Golton, S. F.（1883） *inquires into human faculty*. Cambridge, UK: Cambridge University Press.

今林俊一（2004） 大事に育てたい親子の愛情 無藤隆・岡本祐子・大坪治彦（編）よくわかる発達心理学 ミネルヴァ書房 pp.24-25.

Jensen, A. R.（1968） Social class race, and genetics: Implicatono tor education, *American Educational research Journal*, 1-41.

Kohlberg,L.（1984） *The Psychology of Moral Development. Essays onMoral Development.vol.2*. New York: Harper and Row.

厚生労働省 http://www.mhlw.go.jp/topics/2010/01/tp0127-2/24.html

Kuhn, D.（1999） A developmental model of critical thinking. *Educational Researcher*, **28**, 16-26.

文部科学省（2011a） http://www.mext.go.jp/a_menu/shotou/new-cs/index.htm （2013年11月7日参照）

文部科学省（2011b） http://www.mext.go.jp/a_menu/shotou/new-cs/gengo/1300857.htm （2013年11月7日参照）

引用・参考文献

文部科学省（2011c）　http://www.mext.go.jp/b_menu/hakusho/nc/1319005.htm　（2013年11月7日参照）
森　敏昭（2010）　発達段階に応じた学習指導　森敏昭・青木多寿子・淵上克義（編）よくわかる学校教育心理学　ミネルヴァ書房　pp.30-31.
中原　淳（2010）　職場学習論　東京大学出版会
西山　啓・山内光哉（監修）（1978）　目でみる教育心理学　ナカニシヤ出版
沖林洋平・神山貴弥・西井章司・森保尚美・川本憲明・鹿江宏明・森敏昭（2006）　児童生徒における情報倫理意識と規範意識の関係　日本教育工学会論文誌，30(Suppl.), 181-184
沖林洋平・山田洋平・米沢崇・栗原慎二（2013）　包括的生徒指導としての協同学習が学校適応感に及ぼす影響（2）　日本教育心理学会第56回総会発表論文集
Stanovich, K. E.（2009）　What Intelligence Tests Miss: The Psychology of Rational Thought. Yale University Press.
Stern, W.（1911）　Über Psychologie der individuellen Differenzen.（Psychology of individual diffences.）Leipzig. Barth.
上田信行（2009）　Playful thinking　宣伝会議
内田伸子（2007）　発達をとらえる――ヒトから人・人間へ　内田伸子・氏家達夫（編）発達心理学特論　日本放送出版協会　pp.9-22.
ヴィゴツキー，L. S.（1932）／柴田義松（訳）（1967）思考と言語　明治図書
Watson, J. B.（1930）　Behaviorism.（rev.ed.）NY: Norton.　安田一郎（訳）　行動主義の心理学　河出書房

■第3章

Atkinson, R. C., & Shiffrin, R. M.（1968）　Human memory: A proposed system and its control processes. In K. W. Spence and J. T. Spence (Eds.), *The psychology of learning and motivation (Volume 2)*. New York: Academic Press, pp. 89-195.
Baddeley, A. D.（1992）　Working memory. *Science*, **255**, 556-559.
Brown, R., & Kulik, J.（1977）　Flashbulb memories. *Cognition*, 5, 73-99.
Casasanto, D., & Dijkstra, K.（2010）　Motor action and emotional memory. *Cognition*, **115**, 179-185.
Damisch, L., Mussweiler, T., & Plessner, H.（2006）　Olympic medals as fruits of comparison? Assimilation and contrast in sequential performance judgments. *Journal of Experimental Psychology: Applied*, **12**, 166-178.
Darwin, C. J., & Turvey, M. T.（1972）　An auditory analogue of the sperling partial report procedure: Evidence for brief auditory storage. *Cognitive Psychology*, **3**, 255-267.
Ebbinghaus, H.（1885）　*Memory: Acontribution to Experimental Psychology*. New York: Teachers College, Columbia University.
Fravell, J. H.（1976）　Metacognitive aspects of problem solving. *Nature of intelligence*. **12**, 231-236.
Godden, D. R., & Baddeley, A. D.（1975）　Context-dependent memory in two natural environments: On land and under water. *British Journal of Psychology*, **66**, 325-331.
Holland, M. K., & Lockhead, G. R.（1968）　Sequential effects in absolute judgments of loudness. *Perception & Psychophysics*, **3**, 409-414.
Johansson, P., Hall, L., Sikström, S., & Olsson, A.（2005）　Failure to detect mismatches between intention and outcome in a simple decision task. *Science*, **310**, 116-119.

近藤あき・新美亮輔・高橋康介・渡邊克巳（2011） 物体と顔の魅力度評定における系列効果　信学技報, 111, 63-68.

Kornell, N., Rhodes, M. G., Castel, A. D., & Tauber, S. K. （2011） The ease-of-processing heuristic and the stability bias: Dissociating memory, memory beliefs, and memory judgments. *Psychological Science*, 22, 787-794.

Loftus, E. F., & Palmer, J. C. （1974） Reconstruction of auto-mobile destruction: An example of the interaction between language and memory. *Journal of Verbal Learning and Verbal Behaviour*, 13, 585-589.

Malpass, R. S., & Devine, P. G. （1981） Guided memory in eyewitness identification. *Journal of Applied Psychology*, 66, 343-350.

Miller, G. A. （1956） The magical number seven, plus or minus two: Some limits on our capacity for processing information. *Psychological Review*, 63, 81-97.

Neisser, U. （1982） Snapshots or benchmarks? In U. Neisser & I. E. Hyman (Eds.), *Memory observed: Remembering in natural contexts*. San Francisco: Worth Publishers. pp. 68-74.

Page, L., & Page K. （2009） Last shall be first: A field study of biases in sequential performance evaluation on the Idol series. *Journal of Economic Behavior & Organization*, 73, 186-198.

Payne, J. D., Tucker, M. A., Ellenbogen, J. M., Wamsley, E. J., Walker, M. P., Schacter, D. L., & Stickgold, R. （2012） Memory for Semantically Related and Unrelated Declarative Information: The Benefit of Sleep, the Cost of Wake. *PLoS ONE*, 7, e33079.

Postman, L., & Phillips, L. W. （1965） Short-term temporal changes in free recall. *Quarterly Journal of Experimental Psychology*, 17, 132-138.

Rubin, D. C., Wetzler, S. E., & Nebes, R. D. （1986） Autobiographical memory across the adult lifespan. In D. C. Rubin (Ed.), *Autobiographical memory*. Cambridge: Cambridge University Press, pp. 202-221.

Scoville, W., & Milner, B. （1957） Loss of recent memory after bilateral hippocampal lesions. *Journal of Neurology, Neurosurgery and Psychology*, 20, 11-21.

Shallice, T., Fletcher, P., Frith, C. D., Grasby, P., Frackowiak, R. S. J., & Dolan, R. J. （1994） Brain regions associated with acquisition and retrieval of verbal episodic memory. *Nature*, 368, 633-635.

Smith, S. M. （1979） Remembering in and out of contexts. *Journal of Experimental Psychology: Human Learning and Memory*, 5, 460-471.

Smith, S. M. （1988） Environmental context-dependent memory. In G. M. Davis and D. M. Thomson (Eds.), *Memory in context: Context in memory*. New York: Wiley, pp. 13-33.

Smith, M. S., Glenberg, A., & Bjork, R. A. （1978） Environmental context and human memory. *Memory & Cognition*, 6, 342-353.

Sperling, G. （1960） The information available in brief visual presentations. *Psychological Monographs: General and Applied*, 74, 1-29.

Strack, F., Martin, L., & Stepper, S. （1988） Inhibiting and facilitating conditions of the human smile: A nonobtrusive test of the facial feedback hypothesis. *Journal of Personality and Social Psychology*, 54, 768-777.

Tulving, E., Kapur, S., Craik, F. I. M., Moscovitch, M., & Houle, S. （1994） Hemispheric encoding/retrieval asymmetry in episodic memory: Positron emission tomography findings. *Proceedings of the National Academy of Science of the United States of America*, 91, 2016-2020.

Tulving, E., & Thomson, D. M.（1973） Encoding specificity and retrieval processes in episodic memory. *Psychological Review*, 80, 352-373.

■第4章

Baltes, P. B., Staudinger, U.M., & Lindenberber, U.（1999） Lifespan Psychology: Theory and Application to Intellectual Functioning. In J.T. Spence, J. M. Darley, and D. J. Foss (Eds.), *Annual Review of Psychology*, 50, 471-507. AnnualReviews Inc.

Bandura, A.（1977） Social learning theory. New York: Prentice-Hall. 原野広太郎（監訳）（1979）社会的学習理論 金子書房

Carver, C. S., & Scheier, M. F.（1981） *Attention and selfregulation: A control theory approach to human behavior*. NU: Springer-Verlag.

Chase, W. G., & Simon, H. A.（1973） Perception in chess. *Cognitive Psychology*, 4, 55-81.

Cronbach, L. Z., & Snow, R.（1977） *Aptitude and Instructional Methods: A Handbook for Research on Interections*. New York: Irvington. 森　敏昭（訳）（2010）森　敏昭・青木多寿子・淵上克義（編）よくわかる学校教育心理学　ミネルヴァ書房

Ericsson, K. A., & Smith, J.（1991） Prospects and limits of the empirical study of expertise: An introduction. IN K. A. Ericsson and J. Smith (Eds.), *Toward a general theory of expertise: Prospects and limits*. Cambridge University Press.

深谷優子（2006）　適性処遇交互作用　森敏昭・秋田喜代美（編）　教育心理学キーワード　有斐閣　pp.130-131.

藤江康彦（2010）　発見学習　森敏昭・青木多寿子・淵上克義（編）　よくわかる学校教育心理学　ミネルヴァ書房　pp.64-65.

Glaser, R., & Chi, M. T. H.（1988） Overview. In M. T. H. Chi, R. Glaser, & M. J. Farr (Eds.) *The nature of expertise*. Hillsdale. NJ: Lawrence Erlbaum Associates.

井上智義（編）（2006）　視聴覚メディアと教育方法 Ver.2　北大路書房

石田　潤（1995）　学習　石田　潤・岡　直樹・桐木建始・富永大介・道田泰司　ダイアグラム心理学　北大路書房　pp.79-94.

岩男卓実（2006）　思考－知性の働き　鹿毛雅治（編）　教育心理学　朝倉書店　pp.100-119.

伊藤毅志・松原仁・ライエルグリンベルゲン（2004）　将棋の認知心理学的研究（2）　情報処理学会誌, 45, 1481-1492.

Kunzmann, U., & Baltes, P. B.（2005） the psychology of wisdom: theoretical and empirical challenges. In R. J. Sternberg, and J. Jordan (Eds.) *Handbook of wisdom psychological perspectives*. NY: Cambridge University Press. pp.110-135

楠見　孝（2011）　生涯にわたる批判的思考の育成　楠見孝・子安増生・道田泰司（編）　批判的思考を育む　有斐閣　pp.225-237.

三宅なほみ・白水始（2003）　掲示板による協調学習　三宅なほみ・白水　始（編）　学習科学とテクノロジ　放送大学教育振興会

水越敏行（1981）　発見学習入門　明治図書出版

森　敏昭（2006）　コンピュータによる協調学習（CSCL）　森敏昭・秋田喜代美（編）　教育心理学キーワード　有斐閣　pp.222-223

森　敏昭（2010a）　21世紀型学力とは何か　森敏昭・青木多寿子・淵上克義　よくわかる学校教育心理

学　ミネルヴァ書房　pp.14-15.
森　敏昭（2010b）　個人差に応じた学習指導　森敏昭・青木多寿子・淵上克義（編）　よくわかる学校教育心理学　ミネルヴァ書房　p.29.
野島久雄（2006）　熟達化　大島純・野島久雄・波多野誼世夫　新訂教授・学習過程論　学習科学の展開　日本放送出版協会　pp.62-76.
大浦容子（2007）　初心者と熟達者のちがい　稲垣佳世子・鈴木宏昭・大浦容子（編）　新訂　認知過程研究——知識の獲得とその利用　日本放送大学出版協会　pp.48-58.
Scardamalia, M., & Bereiter, C.（1994）. Computer support for knowledge-building communities. *The Journal of the Learning Sciences*, **3**(3), 265-283.
Schunk, D. H., & Zimerman, B. J.(Eds.).（1998）　*Self-reglated learning: From teaching to Self-reflective practice*. New York: Gilford Press.
豊田弘司（2008）　教育心理学入門　小林出版
Zimmeman, B. J., & Schunk, D. H. (Eds.)（2001）　*Self-Regulated learning and Academic Achievement*. Lawrence Erlbaum Associates.　塚野州一（2006）　自己調整学習と学力の諸理論——概観と分析　塚野州一（編訳）　自己調整学習の理論　北大路書房　pp.1-36.
Zimmerman, B. J.（1986）　Development of self-regulated learning: which are the key subpropcess? *Contemporary Educational Psychology*, **16**, 307-313.

■第5章

青戸泰子（2013）　第3章　特別支援教育と発達障害　松原達哉（編）　教育心理学　丸善出版　pp.37-60.
Bandura, A.（1977）　Self-efficacy: Toward a unifying theory of behavior change. *Psychological Review*, **84**, 191-215.
Deci, E. L.（1971）　Effects of externally mediated rewards on intrinsic motivation. *Journal of Personality and Social Psychology*, **18**(1), 105-115.
Deci, E. L., & Ryan, R. M. (Eds.)（2002）　*Handbook of self-determination research*. University of Rochester Press.
Dweck, C. S.（1975）　The role of expectation and attributions in the alleviation of learned helplessness. *Journal of Personality and Social Psychology*, **31**, 674-685.
Elliott, A.J., & Dweck, C. S.（1988）　Goals: An approach to motivation and achievemet. *Journal of Personality and Social Psychology*, **54**, 5-12.
Greene, D., & Lepper, M. R.（1974）　Effects of extrinsic rewards on children's subsequent Intrinsic interest. *Child Development*, **45**, 4, 1141-1145.
速水敏彦（2006）　他人を見下す若者たち　講談社現代新書
速水敏彦（2012）　感情の動機づけ理論の展開——やる気の素顔　ナカニシヤ出版
市川伸一（1995）　現代心理学入門3　学習と教育の心理学　岩波書店
鹿毛雅治・並木博（1990）　児童の内発的動機づけと学習に及ぼす評価構造の効果　教育心理学研究, **38**(1), 36-45.
村山航（2010）　認知と動機づけ　日本認知心理学会（監修）　市川伸一（編）　現代の認知心理学5　発達と学習　北大路書房　pp.104-128.
中谷素之（2006）　動機づけ　海保博之（監修）　鹿毛雅治（編）　朝倉心理学講座8　教育心理学　朝

倉書店　pp.120-137.
中山勘次郎（1989）　児童の動機づけ志向と教師の指導態度の認知　教育心理学研究, 37(3), 276-282.
西林克彦（1994）　間違いだらけの学習論──なぜ勉強が身につかないか　新曜社
西村多久磨・河村茂雄・櫻井茂男（2011）　自律的な学習動機づけとメタ認知方略が学業成績を予測するプロセス──内発的な学習動機づけは学業成績を予測することができるのか？　教育心理学研究, 59(1), 77-87.
西村多久磨・櫻井茂男（2013）　小中学生における学習動機づけの構造的変化　心理学研究, 83(6), 546-555.
Ryan, R. M., & Deci, E. L.（2000）　Intrinsic and extrinsic motivations: Classic definitions and new directions. Contemporary Educational Psychology, 25, 54-67.
下村英雄（2009）　キャリア教育心理学　大人は，子どもと若者に何を伝えたいか　東海大学出版会
櫻井茂男（1991）　子どもの動機づけに及ぼす教師の激励の効果　心理学研究, 62(1), 31-38.
櫻井茂男（2009）　自ら学ぶ意欲の心理学──キャリア発達の視点を加えて　有斐閣
Seligman, M. E. P., & Maier, S. P.（1967）　Failure to escape traumatic shock. Jouranal of Experimental Psychology, 74, 1-9.
田邊敏明（2012）　教科教育における「わかり方」についてメタファを通して理解する　福田廣・名島潤慈（監修）　田邊敏明（編）　心理学へのいざない研究テーマから語るその魅力　北大路書房　pp.66-68.
上淵　寿（2008）　感情と動機づけの発達心理学　ナカニシヤ出版
山口大学教育学部附属光中学校（2012）　よりより授業づくりのために　山口大学教育学部附属光中学校地域支援事業関連資料
山口大学教育学部附属光小学校・中学校（2012）　小・中連携研究紀要「学ぶ意欲」を育てる（2年次）　山口大学教育学部附属光小学校・中学校研究紀要
Weiner, B.（1979）　A theory of motivation for some classroom experiences. Journal of Educational Psychology, 71, 3-25.

■第6章
秋山邦久（2005）　子どもの身体が語る心のサイン　児童心理, 832, 16-21.
青木紀久代（2005）　親が子育ての難しさに直面したとき──対応の基本姿勢　児童心理, 828, 2-10.
青木省三（2001）　初回面接で必要な精神医学的知識　臨床心理学, 1(3), 304-309.
新井英晴（2008）　「気になる子ども」の教育相談ケース・ファイル　ミネルヴァ書房
秦　政春（1999）　生徒指導　放送大学教育振興会
福岡教育大学心理学研究室（編）（1980）　教育心理学図説　北大路書房
本間友巳（2010）　スクールカウンセリングでの親面接　臨床心理学　特集スクールカウンセラーと親と教師　10(4), 506-511.
袰岩菜々（2006）　自分勝手な親が変わるとき　児童心理, 850, 25-29.
細井啓子（2002）　成熟した親の条件──親として，子どもとして　児童心理, 717, 1-10.
兵藤啓子（2005）　学習態度や生活習慣に表れるサイン　児童心理, 832, 28-32.
石隈利紀（1999）　学校心理学　教師・スクールカウンセラー・保護者のチームによる心理教育的援助サービス　誠信書房
伊藤美奈子（2011）　不登校・スクールカウンセリングと面接技法──学校現場で求められる面接技法

臨床心理学．11(2), 205-209.
小泉英二（1988）　教育相談の立場からみた不登校の問題　児童青年精神医学とその近接領域．29(6), 359-366.
栗原慎二（2002）　新しい学校教育相談の在り方と進め方　教育相談係の役割と活動　ほんの森出版
前田由紀子（2005）　学習態度や生活習慣に表れるサイン　児童心理．832, 44-49.
文部科学省（2010）　生徒指導提要http://www.mext.go.jp/b_menu/houdou/22/04/__icsFiles/afieldfile/2011/07/08/1294538_02.pdf
文部科学省初等中等教育局児童生徒課（2012）不登校児童生徒の割合の推移　（1,000人あたりの不登校児童生徒数）平成23年度「児童生徒の問題行動等　生徒指導上の諸問題に関する調査」について　p. 49.
村本邦子（2006）　自分勝手な親にならないために　児童心理．850, 99-105.
鍋田恭孝（2007）　思春期臨床の考え方・進め方　新たなる視点・新たなるアプローチ　金剛出版
布柴靖枝（2006）　「自分勝手な親」は子どもにどのような影響を与えるか　児童心理．850, 12-18.
大石英史（2010）　「現代型不登校」に関する一考察(1)　山口大学大学院教育学研究科附属臨床心理センター紀要．1, 3-13.
Olweus, D.（1993）　Bullying at school: What we know and what we can do.　松井賚夫・角山　剛・都築幸恵（訳）1995　いじめ　こうすれば防げる──ノルウェーにおける成功例　川嶋書店
佐藤　曉（2005）　発達障害のある子をもつ保護者への支援　児童心理．828, 58-63.
嶋﨑政男（2001）　生徒指導の基礎と実際 シリーズ31　生徒指導担当教師のための教育相談基礎の基礎　学事出版
菅井正彦（2005）　母親たちのインフォーマル・ネットワークづくりへの支援　児童心理．828, 25-32.
菅野　純（2004）　教師から見た「困った親」　児童心理．813, 2-10.
高垣忠一郎（2011）　教師に求められる臨床的視点──教育相談の担い手　子どもの心を"聞く"　春日井敏之・伊藤美奈子（編）　よくわかる教育相談　ミネルヴァ書房
高山恵子（2000）　第2回山口県ADHDを考える会　公開講座資料
田邊敏明（2002）　生徒指導・教育相談における「支え」と「引き上げ」およびそのせめぎ合い　山口大学教育学部教育実践総合センター研究紀要．15, 213-227.
田邊敏明（2011）　臨床心理学に見られる弁証法的手法　山口大学大学院教育学研究科附属臨床心理センター紀要．2, 11-20.
田中康雄・高山恵子（2002）　ボクたちのサポーターになって!! 2　改訂版　AD/HDにできること・できないこと　NPO法人えじそんくらぶ
鑪幹八郎・名島潤慈（1989）　心理療法家の手引き　誠信書房
氏家　治（1991）　「自らの目標に向かって」　新生．3月号．26-29.
山岸俊男（2002）　こころでっかちな日本人　集団主義文化という幻想　日本経済新聞社
山下一夫（1999）　生徒指導の知と心　日本評論社

■第7章
青木省三（2012）　ぼくらの中の発達障害　ちくま書店
土井隆義（2004）　「個性」を煽られる子どもたち──親密圏の変容を考える　岩波書店
傳田健三（2008）　子どものうつ病と大人のうつ病をつなぐ鍵概念──発達障害の視点から　臨床精神医学．37(9), 1167-1170.

引用・参考文献

H. カーシェンバウム・V. L. ヘンダーソン（編）／伊東博・村山正治（監訳）（2001） ロジャーズ選集（上） 誠信書房
貴戸理恵（2011） 不登校は終わらない　新曜社
小泉英二（1973） 登校拒否　学事出版
厚生労働省（2012） 児童相談所での児童虐待相談対応件数
鯨岡　峻（2010） 「発達の障碍」と「発達障害」を考える　教育と医学. 680, 174-183.
文部科学省（2012） 通常の学級に在籍する発達障害の可能性のある特別な教育的支援を必要とする児童生徒に関する調査結果について
鍋田恭孝（2012） 思春期・青年期の病像の変容の意味するもの／「やみ切れなさ」「症状の出せなさ」――現代型うつ病・不全型神経症（軽症対人恐怖症など）・ひきこもりから考える　精神療法, 38(2), 164-171.
岡田尊司（2011） 愛着障害　光文社
大石英史（2003） 不登校の今日的傾向とその課題　山口大学教育学部研究論叢, 53(3), 35-46.
大石英史（2004） 学校臨床における保護者および専門機関との連携　山口大学教育学部研究論叢, 54(3), 31-43.
大石英史（2009） 「現代型不登校」の理解と援助　青年期の危機とケア　ふくろう出版　pp.41-58.
大石英史（2010） 「現代型不登校」に関する一考察（1）（2）　山口大学大学院教育学研究科附属臨床心理センター紀要, 1, 3-13,15-24.
大石英史（2012） 学校臨床場面における不登校について，実際の支援を通して理解する　福田廣・名島潤慈・田邊敏明（編）　心理学へのいざない――研究テーマから語るその魅力　北大路書房　pp.129-149.

嶋﨑政男（2008） 学校崩壊と理不尽クレーム　集英社新書
杉山登志郎（2011） 発達障害のいま　講談社
滝川一廣（2002） 問題行動の精神医学化に寄せて――精神科医としての課題　教育と医学. 583, 87-97.

■第 8 章
Axline, V. M.（1947） *Play therapy*, Boston: Houghton-Mifflin.　小林治夫（訳）（1972） 遊戯療法　岩崎学術出版社
Beck, A. T.（1976） *Cognitive therapy and the Emotional disorders*. NY: International Universities Press.　大野裕（訳）（1990） 認知療法――精神療法の新しい発展　岩崎学術出版社
Ellis, A., & Harper, R. A.（1975） *A New Guide to Rational Living*. Englewood Cliffs, NY: Prentice-Hall.　北見芳雄（監修）　國分康孝・伊藤順康（訳）（1981） 論理療法――自己説得のサイコセラピィ　川島書店
Freud, S.（1900） *The Interpretation of Dreams*. Standard Edition, Vol.4, 5. trans. Strachey J, London: Hogarth Press, 1953. 高橋義孝（訳）（1968） フロイト著作集(2)――夢判断　人文書院
Freud, S.（1905） *Three Essays on the Theory of Sexuality*. Standard Edition, Vol.7. trans. Strachey J, London: Hogarth Press, pp125-254, 1953. 懸田克躬・高橋義孝・他（1969） フロイト著作集(5)――性欲論三篇　人文書院　pp.7-94.
Freud, S.（1923） *The Ego and the Id* . Standard Edition, Vol.19. trans. Strachey J, London: Hogarth Press, pp67- 102, 1961. 井村恒郎・小此木啓吾・他（訳）（1970） フロイト著作集(6)――自我とエス

人文書院　pp.263-299.
鎌田道彦・本山智敬・村山正治（2004）　学校現場におけるPCA Group基本的視点の提案——非構成法・構成法にとらわれないアプローチ　心理臨床学研究．22(4), 429-440.
河村茂雄（2006）　学級づくりのためのQ‐U入門——「楽しい学校生活を送るためのアンケート」活用ガイド　図書文化社
窪内節子・吉武光世（2003）　やさしく学べる心理療法の基礎　培風館
國分康孝（1981）　エンカウンター——心とこころのふれあい　誠信書房
國分康孝（2000）　育てるカウンセリングとしての構成的グループ・エンカウンター　國分康孝（編）　続・構成的グループ・エンカウンター　誠信書房　pp.3-13.
國分康孝・國分久子（総編集）片野智治（編集代表）　朝日朋子・大友秀人・岡田弘・鹿嶋真弓・河村茂雄・品田笑子・田島聡・藤川章・吉田隆江（編）（2004）　構成的グループエンカウンター事典　図書文化社
小杉考司（2013）　生活アンケートFIT http://psycho.edu.yamaguchi-u.ac.jp/?page_id=429　（閲覧日：2013年11月21日）
村山正治（2006）　エンカウンターグループにおける「非構成・構成」を統合した「PCA-グループ」の展開——その仮説と理論の明確化のこころみ　人間性心理学研究．24(1), 1-9.
村山正治（2012）　PCAGIP法とは何か　村山正治・中田行重（編）　新しい事例検討法PCAGIP入門——パーソン・センタード・アプローチの視点から　創元社　pp.12-21.
中田行重（2005a）　問題意識性を目標とするファシリテーション——研修型エンカウンター・グループの視点　関西大学出版部
中田行重（2005b）　心理療法の３つの学派　中田行重・串崎真志（編）　地域実践心理学——支えあいの臨床心理学へ向けて　ナカニシヤ出版　pp.17-25.
野島一彦（1995）　教師と生徒のためのグループアプローチ　山本和郎・村山正治（編）　スクールカウンセラー——その理論と展望　ミネルヴァ書房　pp.130-139.
野島一彦（2000a）　日本におけるエンカウンター・グループの実践と研究の展開——1970-1999　九州大学心理学研究．1, 11-19.
野島一彦（2000b）　エンカウンター・グループのファシリテーション　ナカニシヤ出版
押江 隆（2012）　日本の学校臨床におけるエンカウンター・グループの文献的展望　山口大学教育学部附属教育実践総合センター研究紀要．34, 97-106.
Rogers, C.（1951）　*Client-Centered Therapy: Its Current Practice, Implications, and Theory*. Oxford, England: Houghton Mifflin.　保坂亨・諸富祥彦・末武康弘（訳）(2005)　ロジャーズ主要著作集(2)——クライアント中心療法　岩崎学術出版社
Rogers, C.（1957）　The Necessary and Sufficient Conditions of Therapeutic Personality Change, *Journal of Consulting Psychology*, 21(2), 95-103.　伊東博（訳）(2001)　セラピーによるパーソナリティ変化の必要にして十分な条件　伊東博・村山正治（監訳）　ロジャーズ選集（上）　カウンセラーなら一度は読んでおきたい厳選33論文　誠信書房　pp.265-285.
Rogers, C.（1961）　A Therapist's View of the Good Life: The Fully Functioning Person. In *On Becoming a Person*. Boston: Houghton Mifflin, pp.184-196.　伊東博（訳）(2001)　十分に機能する人間——よき生き方についての私見　伊東博・村山正治（監訳）　ロジャーズ選集（下）　カウンセラーなら一度は読んでおきたい厳選33論文　誠信書房　pp.190-204.
Rogers, C.（1970）　*Carl Rogers On Encounter Groups*. New York: Harper and Row.　畠瀬稔・畠瀬直子（訳）

（1982）　エンカウンター・グループ——人間関係の原点を求めて　創元社

Rogers, C.（1986）　A Client-centered/Person-centered Approach to Therapy. In Kuash, I., & Wolf, A. (Eds.), *Psychotherapist's Casebook*. Jossey-Bass, pp.197-208.　中田行重（訳）（2001）　クライエント・センタード／パーソン・センタード・アプローチ　伊東博・村山正治（監訳）ロジャーズ選集（下）誠信書房　pp.162-185.

白井祐浩（2010）　PCAグループ的視点から見た学級集団形成尺度の作成　心理臨床学研究，28(4), 523-528.

高橋雅春・高橋依子（1995）　臨床心理学序説　ナカニシヤ出版

飯田紀彦（編）　寺嶋繁典・岡田弘司・井上澄江（2006）プラクティカル医療心理学　金芳堂

Wolpe, J.（1969）　*The Practice of Behavior Therapy*. NY: Pergamon Press.内山喜久雄（監訳）（1971）　行動療法の実際　黎明書房

■第9章

Cooper, M.（2008）　*Essential research findings in counselling and psychotherapy: the facts are friendly*. Sage, Los Angeles: London. 清水幹夫・末武康弘（監訳）（2012）　エビデンスにもとづくカウンセリング効果の研究——クライエントにとって何が最も役に立つのか　岩崎学術出版社

林　隆（2009）　発達障害の基礎的理解　斎藤美麿・野口幸弘・青木邦男・藤田久美・松本耕二・林隆（著）発達障害の理解と支援　ふくろう出版　pp.2-22.

平野直己・牧野高壮・菅原英治・高野創子・小田切亮・後藤龍太・山元隆子・渡辺美穂・小林亜希子（2006）心理臨床のローカルな観点——地域実践から臨床心理学を再考する　学校臨床心理学研究　北海道教育大学大学院教育学研究科学校臨床心理学専攻研究紀要，4, 23-37.

飯田紀彦（2002）　ゆれ動く若者と家族——現代芸術からのメッセージ　関西大学出版部

生島博之（2008）　発達障害と適応指導教室　教育臨床事例研究，19, 2-11.

加茂　聡・東條吉邦（2010）　発達障害と不登校の関連と支援に関する現状と展望茨城大学教育学部紀要（教育科学），59, 137-160.

北林幸子・菊池優子・中川知佳・鵜飼美昭（2008）　高等学校における院生スクールカウンセリング・ボランティアの報告　心理臨床学研究，26(3), 347-352.

黒沢幸子・日髙潤子（2009）　臨床心理的地域援助としての学校支援学生ボランティア派遣活動のシステム構築　心理臨床学研究，27(5), 534-545.

黒住早紀子・前川あさ美（2008）　学生支援員への支援——特別支援教育で大学がコミュニティに提供できること　東京女子大学紀要論集，59(1), 147-167.

串崎真志（2005）　地域実践心理学への第一歩　中田行重・串崎真志（編）　地域実践心理学——支えあいの臨床心理学へ向けて　ナカニシヤ出版　pp.1-6.

南平由実子（2002）　適応指導教室への学生ボランティア導入に伴う諸問題について　お茶の水女子大学発達臨床心理学紀要，4, 27-34.

文部科学省（2003）　今後の不登校への対応の在り方について（報告）　不登校問題に関する調査研究協力者会議報告

村山正治（2002）　スクールカウンセラー制度　楡木満生（編）　スクールカウンセリングの基礎知識　新書館　pp.226-233.

村山正治（2004）　学校臨床活動の多様性　教育と医学，52, 4-12.

村山正治（2006）　エンカウンターグループにおける「非構成・構成」を統合した「PCA-グループ」の

展開——その仮説と理論の明確化のこころみ　人間性心理学研究，**24**(1), 1-9.
中田行重（2005）　臨床心理学の概観　中田行重・串崎真志（著）地域実践心理学——支えあいの臨床心理学へ向けて　ナカニシヤ出版　pp.7-16.
奥津秀昭（2012）　地域とつながる開かれた学校の在り方——中学校における地域との関係を深める学習活動を中心に　山形大学大学院教育実践研究科年報，**3**, 156-163.
小黒明日香・稲田一善・押江　隆（2013）　定時制高校におけるPCAグループの実践的研究（Ⅱ）——グループ実施以前の要因の検討　日本学校メンタルヘルス学会第16回大会プログラム・抄録集，76.
押江　隆（2009）　地域における無目的志向のフリースペースの意義——「そのままでいられる場」としてのフリースペース　人間性心理学研究，**27**(1)(2), 45-56.
押江　隆（2010）　地域実践における共創アプローチ——2事例の検討から　関西大学心理臨床カウンセリングルーム紀要，創刊号，21-28.
押江　隆（2012）　相互援助コミュニティの心理臨床モデルに関する実践的研究——パーソンセンタードアプローチの新たな展開としてのコミュニティアプローチ　関西大学大学院心理学研究科博士論文
押江　隆・小黒明日香・稲田一善（2013）　定時制高校におけるPCAグループの実践的研究（Ⅰ）——PCAグループの効果とそれをもたらした要因の検討　日本学校メンタルヘルス学会第16回大会プログラム・抄録集，52.
齋藤暢一朗・福原俊太郎・川西智也・細川直人（2009）　困難状況の対処様式から見た若手小学校スクールカウンセラーの関係性の多重性と階層性　学校メンタルヘルス，**12**(1), 51-58.
櫻井裕子（2010）　不登校の中学生にとって適応指導教室のありかた——エスノグラフィー的記述を用いて　奈良女子大学社会学論集，**17**, 277-294.
佐藤　静・川村水脈子（2005）　スクールカウンセリングの創造(4)——学生ボランティアの活用について　宮城教育大学紀要，**40**, 261-268.
下川昭夫（2003）　ママ・ネットとボル・ネット——個人臨床から地域臨床へ　東亜大学大学院心理臨床研究，**3**, 37-48.
下川昭夫（2012）　コミュニティ臨床の理論　下川昭夫（編）コミュニティ臨床への招待——つながりの中での心理臨床　新曜社　pp.1-91.
谷井淳一（1999）　多様化する不登校の回復過程——適応指導教室・保健室・自然体験事業　こころの科学，**87**, 37-42.
植村勝彦・岸澤正樹（2008）　適応指導教室が不登校生徒に対してもつ機能の現状と期待——正規校としての位置づけを求めて　愛知淑徳大学論集コミュニケーション学部・コミュニケーション研究科篇，**8**, 109-124.
山本和郎（1986）　コミュニティ心理学——地域臨床の理論と実際　東京大学出版会
山崎　透（2008）　医療従事者による子どもの精神保健活動——フリースペースの運営を中心に　小児の精神と神経，**48**(1), 45-47.
米田　薫（1998）　「心の居場所」としての適応指導教室に関する研究　日本教育社会学会大会発表要旨集録，**50**, 226-227.
吉川麻衣子（2008）　沖縄における「戦争体験者中心の語り合いの場」の共創に関する研究　九州産業大学大学院国際文化研究科博士学位論文

■第10章
ベネッセ教育研究開発センター（2010）　第5回学習指導基本調査（小・中学校版）

引用・参考文献

Cooper, C. L. & Marshall, J.(1976) Occupational sources of stress: a review of the literature relating to coronary heart disease and metal ill health. *Journal of Occupational Psychology*, 49, 11-28.
福田憲明(2004) 学校教師のメンタルヘルス 臨床心理学,4(1),52-57.
伊藤美奈子(2002) 教師のバーンアウトとそれを取り巻く学校状況 教育と医学,50(3),39-46.
伊藤美奈子(2006) 教師のバーンアウト──燃え尽きる教師たち 発達,106,11-17.
伊藤美奈子(2013) 教師のバーンアウトとその支援 奈良女子大学第11回研究フォーラム
真金薫子(2013) 教師のうつ こころの科学,169,88-93.
牧由美子(2009y) 教職員のメンタルヘルス──うつ病を中心に 公立学校共済組合:関東中央病院健康管理科医長(精神科・教職外来)労働衛生コンサルタント
増井武士(2001) 職場の心の処方箋──産業カウンセリングルームへようこそ 誠信書房
文部科学省(2012) 教師のメンタルヘルスの現状
小塩真司(2012) レジリエンスのある教師 指導と評価,12月号,25-27.
労働省(2000) 事業場における労働者の心の健康づくりのための指針 労働省労働基準局安全衛生部労働衛生課
嶋﨑政男(2008) 学校崩壊と理不尽クレーム集英社新書
山本 力(2007) 教師メンタルヘルスの現状と課題──私の経験した事例から考える 広島大学大学院心理臨床教育研究センター紀要,6,14-17.

人名索引

■あ
青木紀久代　107
青木省三　92
青木多寿子　16
青戸泰子　67
秋山邦久　106
アクスライン（Axline, V. M.）　150
新井英晴　93

■い
石隈利紀　88,102
市川伸一　69
伊藤美奈子　91,173
岩男卓実　57,58

■う
ヴィゴツキー（Vygotsky, L. S.）　16,19,24
上淵　寿　77,78
ウォルピ（Wolpe, J.）　147
氏家　治　86
内田伸子　15,24

■え
エインズワース（Ainsworth, M.）　27
エリオット（Elliott, A. J.）　72
エリクソン（Erikson, E.）　23,26,27
エリックソン（Ericsson, K. A.）　56
エリス（Ellis, A.）　148

■お
大石英史　97
大浦容子　56
オーズベル（Ausubel, D.）　51
沖林洋平　28
オルウェーズ（Olweus, D.）　89

■か
鹿毛雅治　72
カンズマン（Kunzmann, U.）　58

■く
クーパー（Cooper, C. L.）　173
クーン（Kuhn, D.）　23
鯨岡　峻　124
楠見　孝　58
栗原慎二　85,86,87
グリーン（Greene, D.）　65
グレイサー（Glaser, R.）　56
クロンバック（Cronbach, L. J.）　55,56

■こ
小泉英二　96
コール（Cole, S.）　16
コール（Cole, M.）　16
ゴールトン（Galton, S. F.）　15
コールバーグ（Kohlberg, L.）　20,21

■さ
サイモン（Simon, H. A.）　57
櫻井茂男　66-68,76-79
佐藤　暁　109

■し
ジェンセン（Jensen, A. R.）　16
ジマーマン（Zimmerman, B. J.）　60
嶋﨑政男　87,101,170
下村英雄　76
シュテルン（Stern, W.）　16
ジョンソン（Johnson, D. W.）　61

■す
スカーダマリア（Scardamalia, M.）　63
菅野　純　109

人名索引

■す
スキナー（Skinner, B. F.） 47,49
スタノヴィッチ（Stanovich, K. E.） 19
スノー（Snow, R. E.） 56
スパーリング（Sperling, G.） 31
スミス（Smith, J.） 56

■せ
セリグマン（Seligman, M. E. P.） 72

■た
高山恵子 94,95
鑪幹八郎 91
田中康雄 95
田邊敏明 75,87,110

■ち
チー（Chi, M. T. H.） 56
チェズ（Chase, W. G.） 57

■て
デシ（Deci, E. L.） 65,66

■と
ドウェック（Dweck, C. S.） 71,72
堂野佐俊 15
豊田弘司 59

■な
中原 淳 22
中山勘次郎 79
中谷素之 71,72
名島潤慈 91
鍋田恭孝 98,117
並木 博 73

■に
西林克彦 74
西村多久磨 76
西山 啓 18,19

■ぬ
布柴靖枝 107

■の
野島久雄 57

■は
ハヴィガースト（Havighurst, R. J.） 26,27
秦 政春 87
パブロフ（Pavlov, I. P.） 47-49
速水敏彦 69,70
バルテス（Baltes, P. B.） 58
バンデューラ（Bandula, A.） 53,70

■ひ
ピアジェ（Piaget, J.） 18,19,24
兵藤啓子 104

■ふ
深谷優子 55
福岡教育大学心理学研究室 90,97,103
藤江康彦 51
ブルーナー（Bruner, J. S.） 17,24,51
フロイト（Freud, S.） 140
ブロンフェンブレンナー（Bronfenbrenner, U.） 16

■へ
ベック（Beck, A. T.） 149
ベライター（Bereiter, C.） 63

■ほ
ボウルビィ（Bowlby, J.） 27
細井啓子 107
襃岩菜々 108
本間友巳 101

■ま
マーシャル（Marshall, L.） 173
前田由紀子 102
増井武士 181
マズロー（Maslow, A. H.） 27

■み
水越敏行 51

三宅なほみ　　63

■む
村本邦子　　107
村山航　　70

■も
森　敏昭　　54,55
文部科学省　　85,90,93,101

■や
山内光哉　　18,19
山岸俊男　　90
山口大学教育学部附属光小学校　　73,82
山口大学教育学部附属光中学校　　73,80,82
山下一夫　　86

■ら
ライアン（Ryan, R. M.）　　66

■れ
レッパー（Lepper, M. R.）　　65

■ろ
ローゼンタール（Rosenthal, R.）　　6
ロジャーズ（Rogers, C. R.）　　131,144

■わ
ワイナー（Weiner, B.）　　69,71
ワトソン（Watson, J. B.）　　16

事項索引

■あ
愛着（アタッチメント） 23
アイデンティティ 26
アイデンティティの危機 26
アスペルガー症候群 93,95
アセスメント 90-92,97,98,102
アタッチメント 23
アンダーマイニング効果 66

■い
eラーニング 63
意識 141
いじめ 89,90,100,106
いじめ防止対策推進法 124
一斉授業 59
遺伝 15,16
イド 142
異年齢交流 53
居場所 164
意味記憶 33
因果関係 2
因果性 73,74
インクルーシブ教育 124
陰性転移 143
インフォームドコンセント 7

■う
WISC-Ⅳ 137
WPPSI 137
WAIS-Ⅲ 137
ウェクスラー式知能テスト 137

■え
エクソシステム 16
SR連合 51
HTPテスト 139
HTPPテスト 139

エピソード記憶 33
エビングハウスの忘却曲線（保持曲線） 37
FIT 140
MMPI 138
エンカウンター・グループ 151
援助サービス 88-90
エントレイメント 23

■お
横断的研究 13
応答的環境 77
オペラント条件づけ 47,49,148

■か
外因性 92
外発の動機 68
外発の動機づけ 65-69,72
カウンセリング・マインド 86,87,131
カウンターバランス 13
学習意欲 61
学習サイクル 60
学習された無気力 72
学習障害（LD） 93
学習スタイル 55
学習内容の重要性 69
学習の効利性 69,70
学習方略 57
学習目標 72
学習理論 48
仮説実験授業 81
仮想的有能感 69
家族画テスト 139
価値的基準 103,104
学級経営 48
学校知 54
感覚記憶 30
環境 15,16

環境説　16
環境要因　16
関係発達論　124
観察学習　53
慣習的水準　20
感情労働　171

■き
記憶課題　57
記憶の干渉　39
危機対応　100
疑似相関　4
機能の自律　69
逆説　110
逆転移　143
キャリア教育　67,76,77
キャリア・ストレッサー　173
Q-U　140
休養学　181
教育相談　85,86,90,101
境界性パーソナリティ障害　98
共感的理解　146
共創　158
協同学習　60,61
去勢不安　142
起立性調節障害　93

■く
具体的操作期　18
クライアント中心療法　144

■け
系統的脱感作法　147
系統発生　15
系列位置効果　36
系列効果　45
結果期待　70
原因帰属（理論）　69-71
言語化　104,105
顕在記憶（宣言的記憶）　33
検索　30
現代型不登校　97,116

原理的水準　20

■こ
高機能自閉症　93
恒常化　11
口唇期　142
構成主義的心理学　61
構成的エンカウンター・グループ　152
行動化　104,105
行動観察　136
行動療法　147
広汎性発達障害（PDD）　93
肛門期　142
効力期待　70
個体発生　15
古典的学習理論　48,52
古典的条件づけ（理論）　47,48,147
子ども中心プレイセラピー　164
個別の知識　75
コミュニティ心理学　162
コミュニティ臨床　157
コンピテンス　77

■さ
再帰属訓練　71
再生　29
再認　29
サステイナブルな学力　54
参加者間計画　12
参加者内計画　12

■し
CAI　62
CSCL　61,63
シェーピング法　148
自我　142
刺激　48
自己一致　131,146
思考力　25,57
自己決定性　67
自己決定理論　66,70
自己構造　144

199

事項索引

自己効力感　70,108
自己調整　60
自己調整学習　60,79
自己調整能力　79
自己評価　73
自己ベースの原理　59
指示対象　51
実験　10
実験者効果　6
実現傾向　131,144
実践　10
実体的知能観　78
質的データ　10
質問紙法　137
自伝的記憶　33
自動思考　149
自発的フィードバック・ループ　60
自閉症　93
自閉症スペクトラム障害（ASD）　93
社会的学習（理論）　48,53,148
社会的規範　20
従属変数　4
縦断的計画　13
十分に機能する人間　146
自由連想法　143
熟達（化）　56,58
守秘義務　102
受容　146
受理面接　90,91,101
昇華　143
生涯発達　58
条件刺激　48
条件反応　48
情報処理能力としての知能　58
剰余変数　4
除外学習法　148
自律性　68
事例史　91
心因性　92
親近性　73,75
神経症的不登校　116
身体化　104,105

人物画テスト　139
信頼性　7
心理アセスメント　136
心理社会的発達　20
心理性的発達段階　142
心理テスト　136
心理療法　91,92

■す
遂行目標　72
スキーマ　51,149
スキナー箱　49
スクールカウンセラー（SC）　88,99-102,106,155
鈴木・ビネー知能検査　137
ストレス対処行動　104
スモール・ステップの原理　59

■せ
性器期　142
成熟説　16
精神分析　140
精神分析的心理療法　140
生態学的発達モデル　16
生徒指導　85-87,95
生物学的要因　16
積極的反応の原理　59
接続的知識　75
セルフケア　178
前意識　141
前慣習的水準　20
先行オーガナイザー　51
潜在記憶（非宣言的記憶）　33
前操作期　18
選択盲　43
潜伏期　142

■そ
相関関係　3
相互作用説　16
増大的知能観　78
相対評価　73

■た
怠学傾向　96,97
体系的な推論の誤り　149
体験（経験）　144
退行　143
タイムアウト法　148
達成目標理論　70,72
妥当性　7
田中・ビネー知能検査　137
短期記憶　30,57
男根期　142

■ち
地域臨床　161
知識構築　61
知的好奇心　76-79,83
知・徳・体のバランス　25
知能検査　137
チャンク　57
注意欠陥多動性障害（ADHD）　93-95
中1ギャップ　95
抽象的概念　51
中心発問　80
長期記憶　30,57
調査　9
超自我　142
貯蔵　30
治療構造　101

■て
TEG　138
TAT　139
DSM-Ⅴ　121
適応指導教室　165
適性処遇交互作用（ATI）　55
テスト不安　55
手続き記憶　34
転移　143

■と
同一化による調整　67
投影法　138
統合による調整　67
統合論　85,86
到達度評価　73
道徳性（の）発達　19,22
道徳性発達段階　22
道徳的価値　20
逃避　143
トークン・エコノミー法　148
独立変数　4
取り入れによる調整　67

■な
内因性　92
内発的動機づけ　65-69,72,73,79
鍋蓋型組織　171
ナレッジフォーラム　63

■に
二次障害　123
二次被害　126
21世紀型学習理論　54
21世紀型学力　48,54
日常知　54
認知行動療法　91
認知的学習理論　48,51,52
認知療法　149
認知論　70

■は
パーソン・センタード・アプローチ　144
バーンアウト　173
バウムテスト　139
発達障害　88,92,93,102,110
発達段階説　17
発達の最近接領域（ZPD）　16,19
バランス化　11
判断力　25
反動形成　143
反応　48

事項索引

反復練習　51

■ひ
ピアサポート　53
P-Fスタディ　139
PCAグループ　153
ピグマリオン効果（教師期待効果）　6
ビネー式知能テスト　137
批判的思考　58
描画テスト　139
表現力　25
病理的基準　103
ピラミッド型組織　171
ヒント後退の原理　59

■ふ
不安階層表　147
輻輳説　16
符号化　30
不登校　87,90-93,95,96,98,105,110
ブラインドテスト（盲検法）　5
プラシーボ（偽薬）効果　4
フラッシュバルブ記憶（閃光記憶）　40
フラッディング法　148
フリースペース　164
プレイセラピー　150
プログラム学習　59,62
文化的知識としての知能　58
文化・文脈依存説　16
文章完成法　139
文脈依存効果（文脈一致効果）　34

■へ
平均的基準　103
ベーシック・エンカウンター・グループ
　152
弁証法的考え方　108,109

■ほ
防衛機制　143
包摂性　73,75,76
法則的知識　75

ポータブルな学力　54

■ま
マイクロシステム　16

■み
見立て　90,91

■む
無意識　140
無作為化　11
無条件刺激　48
無条件の愛情　107,108
無条件の肯定的配慮　146

■め
メゾシステム　16
メタ認知　54,57
メタファ　75,81
面接　136
メンター制度　178

■も
モデリング学習　53
モデリング法　148
モンスター・ペアレント　111

■や
役割分担論　85,86,88

■ゆ
有意味学習　51
有意味受容学習　51,75
優生学　15
優等生の息切れ型　96
有能感　66,69,73,78,79
夢判断　140

■よ
陽性転移　143
欲求階層説　27

202

■ら
ラインケア　175
ラセン型カリキュラム　17

■り
リジリエンス　177
リーダーシップ　62
リハーサル　39
リビドー　141
量的データ　10
両輪論　85

■れ
レミニセンス　38
連合関係　48
練習効果　12

■ろ
ロールシャッハ・テスト　139
論理療法　148

執筆者紹介【執筆順】

田邊敏明(たなべ・としあき)[はじめに，5章，6章担当]
1956年　山口県に生まれる
1981年　広島大学大学院教育学研究科博士課程前期修了　文学修士
現　在　山口大学教育学部教授　臨床心理士　学校心理士
主著・論文
　比喩から学ぶ心理学——心理学の新しい見方（単著）　北大路書房　1991年
　教室でどう教えるかどう学ぶか——認知心理学からの教育方法学（共著）　北大路書房　1992年
　心理学へのいざない——研究テーマから語るその魅力（編集）　北大路書房　2012年
　心理学概念の理解と保持における比喩的説明の効果——比喩の特性と用法に関して　教育心理学研究　第38巻2号，166-173，1990年
　大学生におけるネガティブストレスタイプと対処行動の関連——性格類型およびストレス認知・反応を通した分析　教育心理学研究　第47巻2号，239-247，1999年

小野史典(おの・ふみのり)[1章，3章担当]
1978年　岡山県に生まれる
2006年　広島大学大学院教育学研究科博士課程後期修了　博士（心理学）
現　在　山口大学教育学部講師
主著・論文
　心理学へのいざない——研究テーマから語るその魅力（共著）　北大路書房　2012年
　心理学研究の新世紀 第1巻 認知・学習心理学（共著）　ミネルヴァ書房　2012年
　連続呈示される顔刺激の魅力判断における系列効果　心理学研究　第85巻3号　2014年
　Attention can retrospectively distort visual space. *Psychological Science*, 22(4), 472-477. 2011年
　The effect of perceived motion-in-depth on time perception. *Cognition*, 115(1), 140-146. 2010年
　Intertrial temporal contextual cuing: Association across successive visual search trials guides spatial attention. *Journal of Experimental Psychology: Human Perception and Performance*, 31(4), 703-712. 2005年

沖林洋平(おきばやし・ようへい)[2章，4章担当]
1976年　兵庫県に生まれる
2002年　広島大学大学院教育学研究科博士課程後期修了　博士（教育学）
現　在　山口大学教育学部准教授
主著・論文
　学習科学ハンドブック　森敏昭・秋田喜代美（監訳）　培風館　2009年
　児童・生徒のための学校環境適応ガイドブック——学校適応の理論と実践　石井眞治・井上弥・沖林洋平・栗原慎二　協同出版　2009年

心理学へのいざない――研究テーマから語るその魅力（編集）　北大路書房　2012年
　　ガイダンスとグループディスカッションが学術論文の批判的な読みに及ぼす影響　沖林洋平　教育心理学研究　53(2)，241-254，2004年
　　特集「批判的思考」の編集にあたって　沖林洋平・藤木大介・楠見孝　認知科学 19(1)，3-8，2012
　　The effect of collaborative learning over developmental student instruction in the junior high school in Japan Okibayashi, Y., Oishi, E., Kurihara, S., Ishii, S. *the Anuual conference of Australian Psychological Society* 2012年

大石英史（おおいし・えいじ）［7章，10章担当］
1960年　山口県に生まれる
1989年　九州大学大学院教育学研究科博士後期課程単位取得退学　博士（学術）
現　在　山口大学教育学部教授　臨床心理士
主著・論文
　　エピソード　教育臨床　（共著）　創元社　2014年
　　青年期の危機とケア　（共著）　ふくろう出版　2009年
　　事例に学ぶスクールカウンセリングの実際　（共著）　創元社　2007年
　　病者とのかかわりのなかで生起する「治癒の場」　心理臨床学研究　第18巻第3号，233-242．2000年
　　「抱え」によるアプローチが関係への依存を誘発した一事例――過食症難治例への対応をめぐって　心理臨床学研究　第14巻第4号，436-447．1997年

押江　隆（おしえ・たかし）［8章，9章担当］
1979年　大阪府に生まれる
2012年　関西大学大学院心理学研究科博士課程後期課程修了　博士（心理学）
現　在　山口大学教育学部講師　臨床心理士
主著・論文
　　コミュニティ臨床への招待――つながりの中での心理臨床（共著）　新曜社　2012年
　　新しい事例検討法PCAGIP入門――パーソン・センタード・アプローチの立場から（共著）　創元社　2012年
　　M-plusとRによる構造方程式モデリング入門（共著）　北大路書房　2014年
　　地域における無目的志向のフリースペースの意義――「そのままでいられる場」としてのフリースペース　人間性心理学研究　第27巻　1・2号，45-56．2009年
　　大学生のピア・サポート資源の探索――ソーシャル・サポート，対処方略，大学生活不安との関連から　ピア・サポート研究　8，38-47．2011年

明日から教壇に立つ人のための
教育心理・教育相談

2014年5月10日　初版第1刷印刷	定価はカバーに表示
2014年5月20日　初版第1刷発行	してあります。

著　　者　　田　邊　敏　明
　　　　　　大　石　英　史
　　　　　　沖　林　洋　平
　　　　　　小　野　史　典
　　　　　　押　江　　　隆

発　行　所　　㈱北大路書房

〒603-8303　京都市北区紫野十二坊町12-8
　　　　　　電　話　(075) 431-0361㈹
　　　　　　F A X　(075) 431-9393
　　　　　　振　替　01050-4-2083

©2014　製作／ラインアート日向・華洲屋　印刷・製本／亜細亜印刷㈱
　　　　検印省略　落丁・乱丁本はお取り替えいたします。
　　　　ISBN978-4-7628-2861-4　　　　Printed in Japan

・JCOPY〈㈳出版者著作権管理機構 委託出版物〉
本書の無断複写は著作権法上での例外を除き禁じられています。
複写される場合は，そのつど事前に，㈳出版者著作権管理機構
(電話 03-3513-6969,FAX 03-3513-6979,e-mail: info@jcopy.or.jp)
の許諾を得てください。